JN016045

改訂版

全国 通訳案内士試験 合格！対策

［著］河島泰斗　［監修］True Japan School

地理

三修社

はじめに

全国通訳案内士とは

　「全国通訳案内士」とは、日本に来た外国人のお客様に付き添い、外国語を用いて旅行のご案内を行うということを、報酬を得て ── つまり職業として ── 行うことのできる人です。そして全国通訳案内士は「全国通訳案内士試験」という国家試験に合格した人たちのことを言い、高度な外国語能力と日本（地理・歴史・文化・観光など）に関する豊富な知識を持つことを試験の合格により証明されています。そして、全国通訳案内士は都道府県の登録を受けた人たちでもあります。

全国通訳案内士試験とは

　「全国通訳案内士試験」とは、観光庁が主管する国家試験であり語学関連では唯一の国家資格です。そして、1949年の通訳案内士法の施行当時から行われてきた本試験は、当初合格率は３％程度で最も難しい国家資格の一つと言われていました。法律の施行から70年という時代の流れの中で、試験方法や形式も複数回にわたって見直しが加えられ、合格率自体は当初の３％程度から30％台にまで上昇したこともありました。

通訳案内士法の改正について

　日本に来た外国人のお客様に対する満足度の高い旅行の提供に貢献してきた通訳案内士制度ですが、近年の急増する訪日外国人旅行者数と、多様化するニーズに対応しきれない状況にありました。その状況を受け、2018年に通訳案内士法は1949年の施行から初めて改正されることとなりました。

　この改正を受け、これまで「通訳案内士」と呼ばれていた資格は「全国通訳案内士」という名称に改められ、試験制度も大きく見直されることになりました。

通訳案内士法の改正と試験の変更について

《試験全体の変更》

科目数の増加

　試験全体の変化としては、2018年度の試験より1次試験の邦文科目に「通訳案内士の実務」という科目が追加され、試験科目数が従来の4科目から5科目に増えました。

《地理科目の出題範囲の変更》

ガイドライン改定による変化

　今回の法改正より前にはなりますが、平成27年度（2015年度）に通訳案内士試験全体のガイドラインの改定が行われました。以下に改定前後のガイドラインを比較してみます。

	改定後 <平成27年度（2015年度）>	改定前 <平成26年度（2014年度）>
Ⅳ．日本地理筆記試験について （1）試験方法	・試験は、日本の観光地等に関連する日本地理についての主要な事柄（日本と世界との関りを含む。）のうち、外国人観光客の関心の強いものについての基礎的な知識を問うものとする。	・日本の地理についての主要な事柄（日本と世界の関りを含む。）のうち外国人観光略の関心の強いものについての知識を問うものとする。
	記載なし	・内容は、中学校及び高校の地理の教科書並びに地図帳をベースとし、地図や写真を使った問題を3割程度出題する。
（2）合否判定	・合否判定は、原則として70点を合格基準点として行う。	・合否判定は、平均点が60点程度となることを前提に、概ね60点を合格基準点として行う。

■ 出題範囲の拡大

2014年までのガイドラインで言及されていた「中学校及び高校の地理の教科書並びに地図帳をベースとし」という記載が、2015年の改定以降削除されました。代わりに「日本の観光地等に関連する日本地理について」という文言が追加されました。

それにより試験の出題内容が、一般的に中学校や高校等で学習する範囲の内容だけに留まらず、広く観光地に関連した地理の内容へとシフトしました。

■ 合格基準点の上昇

2014年までのガイドラインでは、100点満点の地理試験の合格基準点を60点と設定していました。しかし、ガイドライン改定後はそれが70点に引き上げられています。

本書はこういった新しい時代の全国通訳案内士試験の、特に1次試験の日本地理試験に対応するために、日本最大の通訳案内士団体である新日本通訳案内士協会と、通訳案内士試験対策予備校である True Japan School がタッグを組んで執筆したものです。共著者である True Japan School 講師の河島泰斗氏は、日本全国を隅から隅まで知り尽くした現役の全国通訳案内士でもあります。

このプロの講師が、新しい出題傾向の日本地理にも対応できる分かりやすい解説と、豊富なエピソードやこぼれ話を詰め込んで本書を仕上げました。

本書でしっかりと解法の基礎を学んだら、True Japan School の公開模試や各種 E ラーニング等を活用して本番の試験に対応できる力を身に付けましょう。

合格まで、これから一緒に頑張っていきましょう。

新日本通訳案内士協会　会長
特定非営利活動法人日本文化体験交流塾副理事長
山口和加子

本書を利用される皆様へ

「丸暗記」だけで日本地理の試験問題に正解できるのか？

「地理は暗記が多くて苦手だ。」とよく聞きます。

確かに、地理は暗記すべき情報の量が多い分野であり、全国通訳案内士試験の「日本地理」の対策においても、地名、観光資源名、人名などの暗記を避けて通ることができません。

しかし、情報を個別に丸暗記するだけで試験問題に正解できるのでしょうか？例えば、「日本三名園の一つに数えられる茨城県水戸市の庭園で、梅の花で有名な庭園の名前は何か？」（正解：偕楽園）という問題があるとします。これに正解するためには、少なくとも偕楽園が茨城県水戸市に存在するという知識が必要です。また、「梅の花で有名」という関連知識も正解にたどりつく重要な手掛かりとなります。

そう、試験問題に正解するためには、問題文に記載されている情報を出発点として、これらと脳内にインプットされている情報との関連性を紐解き、最適な情報を引き出さねばならないのです。

「地理」とは「つながり」の学問である

少し難しくなりますが、地理学の定義は「地球の表面付近の物事の相互関係を研究する学問」と言えます。つまり、地理という分野の本質は「相互関係」、もっと分かりやすく言えば「つながり」なのです。

地理学の最も普遍的な問いに、「ある物事がなぜそこにあるのか？」というものがあります。これは「つながり」の一種である「因果関係」を問うものです。

例えば、「偕楽園にはなぜ梅が植えられているのか？」という問いに対しては、

一例として、「偕楽園を造った水戸藩9代藩主・徳川斉昭が、春に他に先駆けて咲く梅を好み、かつ非常食として梅干しを確保するために数多くの梅を植えたと言われている。」と答えることができます。この問答は、何だかお客様とガイドの会話のようだと思いませんか？

　全国通訳案内士として活躍するためには、このように、ある一つの観光資源を出発点として、お客様の興味・関心がある方向に話題を広げ、楽しませる能力が不可欠です。そして、日本地理試験においては、まさにこのような「つなげる」能力が問われるのです。

好きこそ物の上手なれ ～○○地理のススメ～

　では、地理に対して苦手意識を持っている人が、地理試験の正解に必要とされる「個別の地理情報」と「地理情報どうしのつながり」を、どうやって身に着けていけば良いでしょうか？

　そのヒントは、「好きこそ物の上手なれ」ということわざにあります。皆さんも「好きな物事の知識やスキルを、あまり苦労せずに身に着けられた」という経験があるのではないでしょうか。

　ここで、あなたが好きなものを一つ思い浮かべてみてください。食べ物でも、お酒でも、着物でも、食器でも、お祭りでも、動物や植物でも、何でも構いません。ただし、日本国内で幅広く分布するものが良いと思います。

　例えば、あなたが無類の「おでん好き」だとすれば、全国のおでんの味付けや具材の違いを比較し、記憶するのは楽しい作業だと思います。例えば、「関西のおでんのつゆは関東と違って色が薄い。出汁の材料には昆布とうすくち醤油などが使われる。昆布はかつて北海道から「北前船」で運ばれていた。うすくち醤油は兵庫県のたつの市の特産品である…」というように、試験対策として必要な情報を

つなげていくことができるでしょう。

　もちろん、この方法が万能であるとは言いません。しかし、好きなものをきっかけに「つながり」を実感することは、地理という分野への心理的なハードルを下げ、効果的な学習法を身に着けるうえで大いに役立つでしょう。

地理の「つなげる」能力はガイド業務でも役に立つ

　地理の「つなげる」能力は、試験勉強だけではなく、ガイド現場でもとても役立ちます。ここで一つの具体例として、私自身の体験談をお話ししましょう。

　私は、ガイドデビューの業務として、オランダ人グループのハイキングを担当することになりました。ハイキングのルートは日本人ならば小学校低学年の生徒でも歩けるルートであり、しかも事前に「お客様は歩くのをそんなに苦にしない」との情報がありました。

　しかし、私はここでオランダの地形を想像しました。オランダは国土の大半が干拓地で、最高地点の標高は約300mであり、日本の地形と大きく異なります。もしかすると、平地を歩くのは苦にしなくても、坂道を歩くのは苦手かもしれないと考え、事前の計画に加えて短縮コースを想定しておきました。

　そして当日、お客様の様子を観察したうえで短縮コースをご案内し、最後に「丁度良いハイキングだった」とのお言葉を頂きました。

　また、これは歴史の分野になりますが、この時ちょうどオランダ国王ご夫妻が来日されていたこともあって、両国関係の歴史などを復習し、話題を準備し、そのおかげで楽しく会話ができた場面もありました。

　このように、お客様の国・地域と日本の情報を相互につなげ、それを踏まえて準備することによって、より楽しんで頂くことができるのです。

本書に込めた願い ～地理学習から広がる豊かな世界～

　本書の執筆においては、試験で出題の可能性が高い情報を掲載するとともに、皆さんに様々な「つながり」を見出してもらうための手掛かりを出来るだけ記載することを心掛けました。

　もし、皆さんが本書を読む中で「面白い！」「好きだ！」「興味がある！」と思う物事があれば、ほんの少しでも良いので、試験勉強からはみ出して好奇心が赴くままにインターネットや書籍などで調べてみてください。また、できれば実際に訪問したり味わったりしてみてください。そんなことをするのは遠回りだと思われるかもしれませんが、試験対策、そして合格後のガイド業務の土台づくりに大きく役立つ経験となるでしょう。

　本書をきっかけとして、皆さんが地理の知的な冒険に旅立ち、日本や世界のことをもっと「好き」になり、この「好き」に強力に後押しされて試験に合格し、全国通訳案内士として活躍されることを願っています。

河島泰斗

本書の使い方

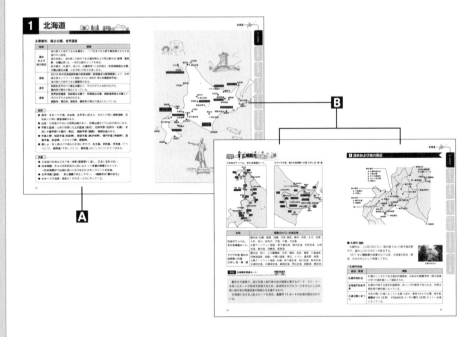

A

各地方の主要都市、国立公園、世界遺産、地形、気象といった概要をまとめています。本書は日本全国を7つの地方に分類し、各地域1章を設けて解説しています。この最初のページで地域の全体像を確認しておきましょう。

B

- できる限り写真やイラスト、地図などを掲載し、視覚的にも印象に残るようにしています。
- 地図は各地方のなかでさらにエリアごとに分けて掲載しているので地名と場所をこまめに確認できます。

C

- キーワードごとにリストにしてあるので覚えやすい構成になっています。
- 「解説」や「テーマで整理」などもコラム感覚で読めるので、すんなりと頭に入ってきます。

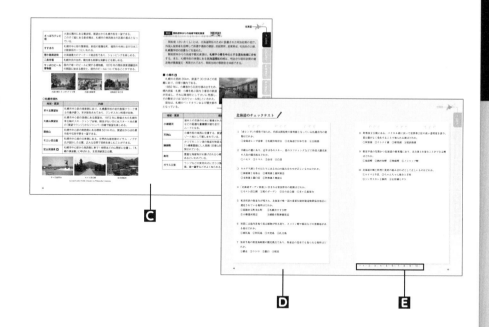

- ★ をつけて、全国通訳案内士試験対策における重要度を示しています。
- 過去の全国通訳案内士試験を踏まえ、今後も引き続き出題・言及されると考えられる項目に星印（★★★、★★、★）をつけています。
- これらは、地理の知識・情報を「幹」となる基本的事項ばかりです。最初に星印がついている項目を固め、その後無印の項目へ広げるという勉強法も効果的かと思います。

D

各章の終わりにチェックテストを掲載しています。地方ごとに読み進め（好きな地方からでも構いません）、その章の知識がしっかりと記憶として定着したかどうかを確認しましょう。

E

チェックテストの答えです。

試験概要

全国通訳案内士試験とは

「全国通訳案内士として必要な知識及び能力を有するかどうかを判定すること」
（通訳案内士法第五条）を目的とした国家試験。

■受験資格

不問。

■試験科目

第1次（筆記）と第2次（口述）に分かれて構成される。
第1次（筆記試験）★該当資格者は免除あり。
・外国語（英語、フランス語、スペイン語、ドイツ語、中国語、イタリア語、ポルトガル語、ロシア語、韓国語、タイ語）
・日本地理
・日本歴史
・産業・経済・政治及び文化に関する一般常識並びに通訳案内の実務。
・2018年の法改正により、筆記（第1次）試験に「通訳案内の実務」が追加。

第2次（口述試験）
通訳案内の実務（筆記試験で選択した外国語による、通訳案内の現場で必要とされるコミュニケーションを図るための実践的な能力を判定するための面接形式の試験）。

■試験日

第1次（筆記）：8月中旬頃
第1次（筆記）合格発表：9下旬〜10月上旬頃
第2次（口述）：12月上旬頃
最終合格発表：翌年2月上旬頃
＊例年のおおまかなスケジュールですが、毎年変動しますので、詳しくは日本政府観光局（JNTO）HPをご確認ください

１次試験（筆記）とは

■**評価方法**

・ 試験は、外国人観光旅客が多く訪れている又は外国人観光旅客の評価が高い観光資源に関連する日本地理についての主要な事柄（日本と世界との関わりを含む。）のうち、外国人観光旅客の関心の強いものについての基礎的な知識を問うものとする。
・ 試験の方法は、多肢選択式（マークシート方式）とする。
・ 試験時間は、30 分とする。
・ 試験の満点は、100 点とする。
・ 問題の数は、30 問程度とする。
・ 内容は、地図や写真を使った問題を中心としたものとする。

■**合否判定**

・ 合否判定は、原則として 70 点を合格基準点として行う。

＊ 日本政府観光局（JNTO）HP をもとに作成しています（2024 年 3 月現在）。
　 最新情報は HP をご確認ください。

目　次

はじめに………………………………… 2
本書を利用される皆様へ……………… 6
本書の使い方…………………………… 10
試験概要………………………………… 12

1章 北海道

26

1　道央および旭川周辺…………… 28
2　道南……………………………… 37
3　道北……………………………… 40
4　道東……………………………… 42
　チェックテスト ………………… 48

2章 東北地方

52

1　青森県…………………………… 55
2　岩手県…………………………… 62
3　宮城県…………………………… 68
4　秋田県…………………………… 74
5　山形県…………………………… 78
6　福島県…………………………… 86
　チェックテスト ………………… 92

3章 関東地方

96

1　東京都…………………………… 99
2　神奈川県………………………… 118
3　千葉県…………………………… 129
4　埼玉県…………………………… 135
5　群馬県…………………………… 140
6　栃木県…………………………… 145
7　茨城県…………………………… 153
　チェックテスト ………………… 158

4章 中部地方

162

1　新潟県…………………………… 165
2　富山県…………………………… 172
3　石川県…………………………… 178
4　福井県…………………………… 184
5　山梨県…………………………… 189
6　長野県…………………………… 196
7　岐阜県…………………………… 210
8　静岡県…………………………… 216
9　愛知県…………………………… 224
　チェックテスト ………………… 230

5章 近畿地方

236

1	京都府	238
2	滋賀県	260
3	三重県	265
4	奈良県	270
5	和歌山県	276
6	大阪府	282
7	兵庫県	289
✎ チェックテスト		294

6章 中国・四国地方

300

1	鳥取県	302
2	島根県	306
3	岡山県	312
4	広島県	317
5	山口県	322
6	徳島県	327
7	香川県	331
8	愛媛県	336
9	高知県	341
✎ チェックテスト		347

7章 九州・沖縄地方

352

1	福岡県	354
2	佐賀県	363
3	長崎県	366
4	熊本県	372
5	大分県	376
6	宮崎県	381
7	鹿児島県	385
8	沖縄県	393
✎ チェックテスト		403

さらに合格を確実なものにするために
〜 3 Step advice 〜 …………… 406
著者紹介および関連組織紹介…… 409

　以下は、平成30年度の実際の試験問題です。実例に沿って、正解の絞り込み方法を考えてみましょう。

　おそらく、「**観光資源の所在地・名称・内容**」をセットで押さえることの重要性を理解して頂けると思います。

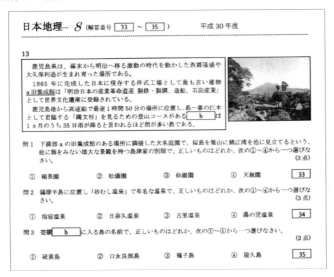

◆**全体問題文の内容**

・冒頭に「鹿児島県」と明示されているので、各問題の選択肢から県外に所在するものを消去できる。<u>＜所在地による絞り込み＞</u>

◆**問1：大名庭園の名前（正解：③仙巌園）**

・選択肢のうち、鹿児島県にあるものは「③仙巌園」のみなので、これで特定可能。<u>＜所在地による特定＞</u>

・問題文の「桜島を築山に錦江湾を池に見たてる」から、「③仙巌園」を特定可能。<u>＜内容による特定＞</u>

◆**問2：温泉の名前（正解：①指宿温泉）**

・「①指宿温泉」と「③古里温泉」は鹿児島県、「②日奈久温泉」と「④湯の児温泉」は熊本県だが、②～④は知名度が低く、所在地による絞り込みは困難。

・問題文の「砂むし温泉」から、「①指宿温泉」を特定可能。<u>＜内容による特定＞</u>

◆**問3：島の名前（正解：④屋久島）**

・①～④のいずれも鹿児島県の島であり、所在地による絞り込みは不可能。

・問題文の「縄文杉」から、「屋久島」を特定可能。<u>＜内容による特定＞</u>

1 グローバルな視点から見た 日本の地理的特徴

　日本の自然や文化のおおまかな特徴は、グローバルな視点から見た日本の地理的条件に由来しています（例：プレート境界部に位置する日本は火山が多く、かつ雨が多くで水が豊富なため温泉が多く、それに伴い湯治などの文化が発達した）。

　本章では、後の各章で取り上げる個々の知識の土台として、このような「グローバルな視点から見た日本の地理的特徴」を解説します。

（1）国土と海域

　日本は「小さな島国」だというイメージを持たれがちだが、実際はどうなのでしょうか。さまざまな統計指標を見ていきましょう。

■＜陸域の国土と人口＞　日本は小さな国ではない？

　まず、陸域のさまざまな数値を見てみると、「総面積」は世界の中位であり、これ以外の「総人口」「人口密度」「森林率」はいずれも上位となっています。また、国際的な統計が存在しない「南北の長さ」についても、世界の上位と推測されます。

　つまり、日本は、世界の中でも「やや狭い場所に沢山の人が暮らしている国」、そして「南北に長い国」という特徴があるといえるでしょう。

指標	日本の数値	世界の順位等	日本と世界の比較
総面積	約38万km²	63位／235か国・地域（2020年、FAO）※パラグアイ、ドイツ、ジンバブエとほぼ同じ。	面積で見れば、日本は大きな国とはいえないが、もっと小さな国は沢山ある。
総人口	約1億2,570万人	11位／236か国・地域（2021年、国連）	人口で見れば、日本は「大国」といえる。
人口密度	340人／km²	35位／218か国・地域（2021年、世界銀行）	人口密度が高く、人が住めない森林の比率が高いことから、日本は「狭い国」といえる。
森林率	68.4%	18位／192か国・地域（2020年、世界銀行）	

南北の長さ	約3,000km	国際統計は存在しないが、日本と面積が同じくらいのドイツは約900km。米国本土は約3,000km。	日本は「南北に長い国」といえる。

■＜海岸と海域＞　日本は世界有数の海洋国家

　次に、海岸と海域を見てみましょう。こちらは、「海岸線の長さ」「排他的経済水域等の面積」ともに世界の上位です。また、参考として示した「世界の漁獲量・養殖量に占める割合」でも上位となっています。

　つまり、日本は、世界の中でも「海からの影響や、海との関わりが深い国」といえるでしょう。

指標	日本の数値	世界の順位等
海岸線の長さ	29,751km	6位／197か国・地域 （2005年、CIA World Factbook）
排他的経済水域等の面積	447万km²	6位／母数は不明 （2008年、水産庁ホームページ）
（参考）世界の漁獲量・養殖量に占める割合	1.9%	11位／229か国・地域 （2021年、FAO）

各国の排他的経済水域等の面積と国土面積の順位

	国名	排他的経済水域等の面積
1位	米国	762万km²
2位	オーストラリア	701万km²
3位	インドネシア	541万km²
4位	ニュージーランド	483万km²
5位	カナダ	470万km²
6位	日本	447万km²

日本の国土面積は38万km²。日本の排他的経済水域等の面積は国土の約12倍。

国連海洋法条約により、各国による主権的な漁業活動が可能な範囲は、排他的経済水域等の範囲内（自国から200海里＝約370kmまで）に限られる。

（水産庁ホームページ）

＜国土と海域の要点＞
★日本の陸域面積は小さくないが、狭い平野部に沢山の人が暮らしている。
★日本の国土は南北に長く、南北の気候風土の差異が大きい。
★日本は海からの影響や、海との関わりが深い。

(2) 気象

■日本の位置と気象の関係

ユーラシア大陸の南岸〜東岸部は、「季節風（モンスーン）」の影響が強く、夏は大洋から大陸に向かって、冬は反対に大陸から大洋に向かって風が吹き、変化が激しい気候となります。

日本はこのモンスーン地帯の東端に位置し、夏は南東季節風が吹き、冬は北西季節風が吹く。この「季節風」が、日本の気象に大きな影響を与えています。

■日本は世界有数の多雨・多雪地域であり、しかも季節変動が大きい

日本の年平均降水量は約1,700mmと、世界の年平均の約2倍にあたり、インドネシアやマレーシアなど赤道直下の国には及ばないものの、タイの年平均降水量を上回ります。

そのうえ、降水量の季節変動が大きく、太平洋側では梅雨や台風がある夏季〜秋季、日本海側では雪が降る冬季に降水量が多くなっています。

また、気温についても、一般に海に近い場所は気候が穏やかになり、気温の季

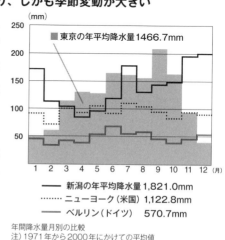

年間降水量月別の比較
注）1971年から2000年にかけての平均値
国立天文台「理科年表2005」（2004年12月）から作成
出典：国土交通省ホームページ
http://www.mlit.go.jp/river/pamphlet_jirei/bousai/saigai/kiroku/suigai/suigai_3-1-1.html

節変動は小さくなるのですが、日本は例外的に、季節風の影響で同じ緯度の他地域と比べて気温の季節変動が大きくなっています。

<気象の要点>
★日本の降水量は、熱帯の国に匹敵するほど多い。
★日本の降水量と気温は季節変動が大きく、四季の変化が明瞭であるといえる。
★日本海側は冬に降雪・降雨が多く、太平洋側は夏季〜秋季に降雨が多い。

---

(3) 地形・地質

■4つのプレートで構成される日本

　地球の表面は、「プレート」と呼ばれる厚さ100kmほどの岩盤でおおわれています。プレートは複数に分割されており、それぞれ少しずつ移動しています。

　プレートには、大陸プレートと海洋プレートがあり、海洋プレートは大陸プレートよりも強固で密度が高いため、2つがぶつかると海洋プレートは大陸プレートの下に沈んでいきます。

　日本の国土は、図に示したように、大陸プレートである「ユーラシアプレート」と「北米プレート」、海洋プレートである「太平洋プレート」と「フィリピン海プレート」の4つで構成されており、後者2つが前者2つの下に沈み込んでいます。

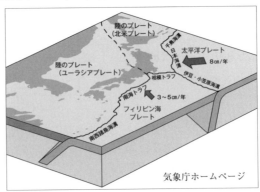

■日本に「火山」と「温泉」が多い理由

　プレートが海溝から地球内部に沈み込み、深さ100〜150kmほどのところに達すると岩石が融けてマグマが形成されます。マグマは軽いので浮力により上昇し、

地上に達して火山を作ります。

　4つのプレートで構成されている日本の国土は、マグマが形成される場所の真上にあたるため、世界有数の火山地域となっています。

　そして、火山の「熱」と、豊富な降水による「水」が出合うことによって、日本の各地で「温泉」が形成されています。

　温泉は火山活動が活発な北海道・東北・関東・中部・九州地方で特に多く分布しており、逆に、活発ではない中国地方や、活動がない近畿・四国ではそれほど多くありません。

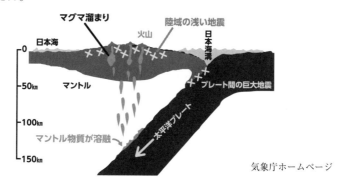

気象庁ホームページ

<地形・地質の要点>
★日本は4つのプレートの境界部に位置する。
★プレートの境界付近からマグマが上昇するため、火山と温泉が多い。
★但し、国内でも火山と温泉が「多い場所／少ない場所」がある。

(4) 森林

■古くから利用されてきた森林資源

　前述のように、日本の森林率は世界でも上位であり、先進国だけで見るとフィンランドに次ぐ第2位となっています。

　そして、もう一つの日本の森林の特徴は、人工林が多いことです。世界の人工林率が10%に達しないのに対して、日本の人工林率は約40%にものぼります。

　日本の森林利用の歴史は古く、縄文時代の三内丸山遺跡では、クリが植林されて建築材や食料などとして利用されていました。そして現在でも、木造建築、家具、道具、和紙などに広く森林資源が用いられています。

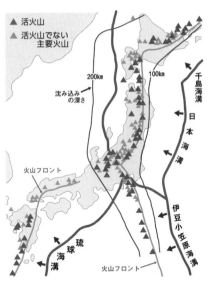

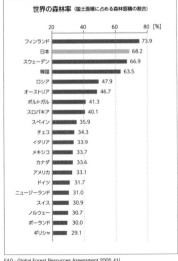

世界の森林率（国土面積に占める森林面積の割合）

国	[%]
フィンランド	73.9
日本	68.2
スウェーデン	66.9
韓国	63.5
ロシア	47.9
オーストリア	46.7
ポルトガル	41.3
スロバキア	40.1
スペイン	35.9
チェコ	34.3
イタリア	33.9
メキシコ	33.7
カナダ	33.6
アメリカ	33.1
ドイツ	31.7
ニュージーランド	31.0
スイス	30.9
ノルウェー	30.7
ポーランド	30.0
ギリシャ	29.1

FAO - Global Forest Resources Assessment 2005 より

＜森林の要点＞
★日本の森林率は世界的に見て高い。
★日本では人工林率が高く、森林資源が高度に利用されてきた。

（5）国内各地域を個性付ける「天・地・人」

　これまで記載してきた「国土と海域」、「気象」、「地形・地質」といった大きな要素は、世界の中の日本を特徴付けるとともに、国内各地域の個性と深く関わっています。

　そして、各地域の個性を語る上では、これらに加えて「人間活動」による影響も見逃すことができません。

　つまり、「天」（気象）・「地」（国土・海域・地形・地質）・「人」（人間活動）の組み合わせによって、各地域の個性が生まれ、その結果として多彩な観光資源が形成されています。

　この一例として、「そば」の例を挙げます。

＜そば栽培の適地（＝稲作に向いていない土地）＞

・寒冷地（気候が稲作に向いていない）

・火山地域（土壌が稲作に向いていない）

・山がちな地域（急峻な地形が稲作に向いていない）

地域	そばに関するデータ等	そばが特産物になった要因
北海道	・そばの収穫量1位	＜天＞…寒冷地 ＜地＞…火山地域（東日本火山帯）
岩手県	・三大そばの一つ「わんこそば」の産地	＜天＞…寒冷地（冷害を受けやすい） ＜地＞…山がちな地域（都道府県別可住地面積比率39位）
長野県	・そばの収穫量2位 ・三大そばの一つ「戸隠そば」の産地	＜天＞…寒冷地（標高が高い） ＜地＞…山がちな地域（都道府県別可住地面積比率41位） ＜地＞…火山地域（東日本火山帯）
島根県	・三大そばの一つ「出雲そば」の産地	＜地＞…山がちな地域（都道府県別可住地面積比率46位） ＜人＞…江戸時代に長野県松本藩から転封してきた殿様がそばを奨励

　次の章から、各地域の観光資源の解説に入ります。その際、本章で解説した大きな視点からの知識が、少しでも記憶定着の助けとなればと願います。

1章

北海道

1 北海道

主要都市、国立公園、世界遺産

地域	概要
道央 および 旭川周辺	・ 道内最大の都市である**札幌市**と、ハブ空港である**新千歳空港**がある北海道の中心地域。 ・ 道央地域と、道内第二の都市である**旭川市**および周辺観光地（**美瑛・富良野・大雪山**等）は、一体的な観光エリアを形成。 ・ 都市観光（札幌市、旭川市、**小樽市**等）と自然観光（**支笏洞爺国立公園、大雪山国立公園、ニセコ**等）の両方を楽しめる。
道南	・ **2016年**の北海道新幹線の**新青森駅－新函館北斗駅間開業**により、新幹線全国ネットワークと接続（さらに**2030年度末**に札幌延伸予定）。 ・ 道内第三の都市である**函館市**がある。
道北	・ **利尻礼文サロベツ国立公園**など、手付かずの大自然が広がる。 ・ **稚内市**が観光の拠点となっている。
道東	・ 世界自然遺産・**知床国立公園**や、**阿寒国立公園、釧路湿原国立公園**など、手付かずの大自然が広がる。 ・ **釧路市、帯広市、根室市、網走市**が観光の拠点となっている。

地形

◆ **海洋**：オホーツク海、日本海、太平洋に囲まれ、本州との間に**津軽海峡**、国後島との間に**根室海峡**がある。

◆ **山岳**：北海道の中央には**石狩山地**があり、**日高山地**などの山地が南北に走る。

◆ **平野と盆地**：山地の西側には**上川盆地**（旭川）、**石狩平野**（石狩川・札幌）、東側に**十勝平野**（十勝川・帯広）、**釧路平野**（釧路）、**根釧台地**がある。

◆ **半島と岬**：知床半島（知床岬）、根室半島（納沙布岬）、積丹半島（神威岬）、渡島半島、宗谷岬、ノシャップ岬、襟裳岬、地球（チキウ）岬がある。

◆ **島しょ**：有人島はどの島も日本海に浮かび、**礼文島、利尻島、天売島**（てうりとう）、**焼尻島**（やぎしりとう）、**奥尻島**（おくしりとう）の5つがある。

気象

◆ 北海道の気候は日本で唯一**冷帯（亜寒帯）**に属し、気温と湿度が低い。

◆ **日本海側**…冬は北西季節風が山地にあたって**多量の降雪**をもたらす。
　→日本海側かつ山地に近いニセコなどにスキーリゾートが立地。

◆ **太平洋側（道東）**…夏は濃霧が発生しやすい。→釧路市は「**霧のまち**」。

◆ **オホーツク沿岸**…流氷が1月半ば～3月にやってくる。

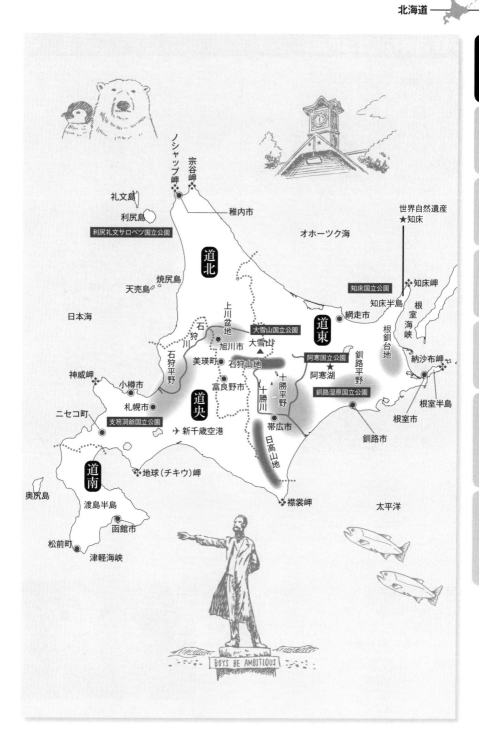

北海道

1 北海道

2 東北地方

3 関東地方

4 中部地方

5 近畿地方

6 中国・四国地方

7 九州・沖縄地方

ノシャップ岬
宗谷岬
礼文島
利尻島
稚内市
オホーツク海
世界自然遺産
★知床
利尻礼文サロベツ国立公園
焼尻島
天売島
道北
知床国立公園
知床岬
日本海
上川盆地
石狩川
大雪山国立公園
大雪山
知床半島
網走市
根室海峡
道東
根釧台地
納沙布岬
旭川市
石狩平野
美瑛町
石狩山地
阿寒国立公園
阿寒湖
釧路平野
神威岬
小樽市
富良野市
十勝川
十勝平野
釧路湿原国立公園
根室半島
ニセコ町
札幌市
道央
釧路市
根室市
支笏洞爺国立公園
新千歳空港
帯広市
地球(チキウ)岬
日高山地
道南
奥尻島
渡島半島
襟裳岬
太平洋
函館市
松前町
津軽海峡

BOYS BE AMBITIOUS

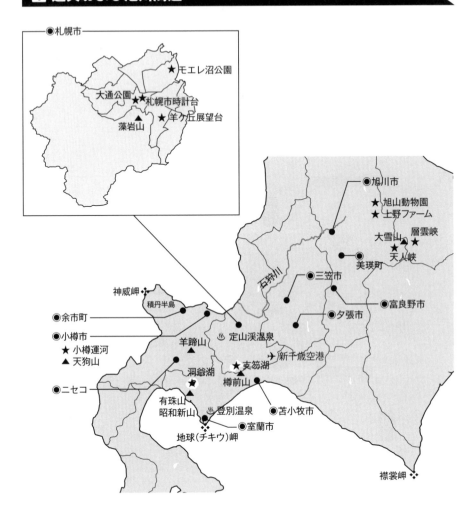

■ 札幌市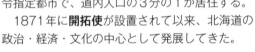

　札幌市は、人口約200万人（国内第5位）の政令指定都市で、道内人口の3分の1が居住する。

　1871年に**開拓使**が設置されて以来、北海道の政治・経済・文化の中心として発展してきた。

札幌市時計台

北海道

1 北海道

2 東北地方

3 関東地方

4 中部地方

5 近畿地方

6 中国・四国地方

7 九州・沖縄地方

◎札幌市街地

地域・資源	概要
札幌市時計台	札幌のシンボルである歴史的建築物。当初は札幌農学校（現北海道大学）の演武場として建設された。
北海道庁旧本庁舎	札幌を代表する歴史的建築物。赤レンガの愛称で知られる。内部は開拓使の資料館となっている。
大通公園とまつり	市民の憩いの場となっている幅108m、東西4kmの公園。毎年**札幌雪まつり（2月）、YOSAKOIソーラン祭り（6月）**のメイン会場となっている。
さっぽろテレビ塔	大通公園内にある電波塔。展望台から札幌市街を一望できる。このすぐ脇にある創成橋は、札幌市の東西南北の区画の基点となっている。
すすきの	札幌市中心部の繁華街。新宿の歌舞伎町、福岡の中洲と並び日本三大歓楽街の一つといわれる。
狸小路商店街	北海道最大のアーケード商店街であり、ショッピングを楽しめる。
二条市場	札幌市民の台所。観光客も新鮮な海鮮などを楽しめる。
サッポロビール博物館	国内で唯一のビールに関する博物館。1876年の開拓使麦酒醸造所の開設に始まる歴史と、現代のビールについて知ることができる。

大通公園とさっぽろテレビ塔

大通公園展望

北海道庁旧本庁舎

◎札幌市郊外

地域・資源	内容
羊ケ丘展望台	札幌市中心部の南東側にあり、札幌農学校の初代教頭クラーク博士の像が建つ。羊が放牧されており、ジンギスカンが名物。
大倉山展望台	札幌市中心部の西側にある展望台。1972年に開催された札幌冬季五輪のスキージャンプ会場。競技がない日にはスタート地点裏の「展望ラウンジ」からジャンパー目線で眺望を楽しめる。
藻岩山	札幌市中心部の南西側にある標高531mの山。展望台からは札幌市街や石狩平野を一望できる。
モエレ沼公園	札幌市中心部の北東側にある、世界的な彫刻家のイサム・ノグチ氏が設計した公園。広大な空間で芸術を楽しむことができる。
定山渓温泉 ⭐	札幌市中心部から南西側に車で1時間ほどの山間部に位置し、「札幌の奥座敷」と呼ばれる。支笏洞爺国立公園。

羊ケ丘展望台

モエレ沼公園

定山渓温泉

Licensed under Public Domain via Wikimedia Commons

解説 開拓使ゆかりの地域や観光資源

　開拓使（かいたくし）とは、北海道開拓のために設置された明治初期の官庁。外国人技術者を招聘して鉄道や道路の建設、炭鉱開発、産業育成、屯田兵の入植、札幌農学校の設置などを進めた。
　開拓使ゆかりの地域や観光資源は、**札幌や小樽を中心とする道央地域に分布**する。また、札幌市街の東側にある**北海道開拓の村**は、明治から昭和初期の建造物が移築復元・再現されており、開拓当時の雰囲気を体感できる。

■ 小樽市 ★

　札幌の北西約35km、鉄道で30分ほどの距離にあり、日帰り圏内である。

　1882年に、小樽港から石炭を積み出すため、幌内炭鉱・札幌・小樽を結ぶ鉄道が完成し、それ以降港町として大いに発展し、その繁栄ぶりは「北のウォール街」といわれた。

　現在は、札幌のベッドタウンおよび観光都市となっている。

小樽運河
Licensed under Public Domain via Wikimedia Commons

地域・資源	概要
小樽運河	道外との交易のために整備された運河。運河沿いには旧篠田倉庫などの**石造り倉庫群**が建ち並び、夜はライトアップされ幻想的なムードとなる。
天狗山	小樽市街の南西に位置する。展望台とスキー場があり、身近なリゾート地として親しまれている。
鰊御殿	かつてのニシン漁の隆盛を物語る住宅兼漁業施設（番屋）として、「**小樽市鰊御殿**」が公開されている。また、ニシン漁経営者の邸宅である**旧青山別邸**も見学することができる。
寿司	豊富な海産物が水揚げされる小樽市街には、約100店の寿司屋があるといわれている。
ガラス工芸	ランプなどの実用向けにガラス製造が始まり、のちに工芸へと発展。**北一硝子**などがよく知られる。

1 北海道

2 東北地方

3 関東地方

4 中部地方

5 近畿地方

6 中国・四国地方

7 九州・沖縄地方

■ 余市町・積丹半島

地域・資源	概要
ニッカウヰスキー余市蒸溜所	創業者である竹鶴政孝が、スコットランドに似た気候風土を備えた余市に蒸溜所を建設したのが始まり。工場見学は観光客に人気がある。
積丹半島	沿岸は切り立った海蝕崖であり、雄大な景色を見せる。先端に神威岬がある。

神威岬

■ ニセコ ★（ニセコ町・倶知安町ほか）

　冬のスキー・スノーボード、夏のラフティング・トレッキング等、多彩なアクティビティを楽しむことができる。近年はオーストラリアなどからの外国人旅行者が急増している。

地域・資源	内容
ニセコアンヌプリ	山腹のスキー場はパウダースノーで知られる。また、山麓にはニセコ湯本温泉や昆布温泉等がある。
羊蹄山 ★	美しい山容から「蝦夷富士」とも呼ばれる。支笏洞爺国立公園。 ニセコから見た羊蹄山
尻別川	ニセコのラフティングのメッカ。

■ 支笏洞爺国立公園

　道央の北海道観光の中心地。「生きた火山の博物館」ともいわれ、個性的な山岳風景や温泉を楽しむことができる。2009年に洞爺湖有珠山ジオパークとして、新潟県の糸魚川ジオパーク、長崎県の島原半島ジオパークとともに日本初の世界ジオパークに認定された。

地域・資源	概要
支笏湖 ★ 樽前山（千歳市）	新千歳空港や札幌から日帰り圏内に位置する、周囲40kmほどのカルデラ湖。1～2月に支笏湖氷濤まつりが開催される。 南側の樽前山は、お皿の上にプリンがのったようなユニークな形状の活火山。

洞爺湖 ★ (壮瞥町・洞爺湖町) 有珠山 ★ ・昭和新山 (壮瞥町)	周囲46km ほどの中央に島があるカルデラ湖。湖畔に**洞爺湖温泉**がある。 南側の**有珠山**は、何回も噴火を繰り返してきた活発な火山であり、ロープウェイで登ることができる。 また、有珠山の東にある**昭和新山**は、昭和初期のわずか2年で、平坦な田園地域が隆起して火山となったもの。
登別温泉	湯量の豊富さと泉質の多様さ (9種類) から「温泉のデパート」と呼ばれる。周囲には**登別地獄谷、登別クマ牧場**などの観光地がある。
定山渓温泉 ★	(札幌市で紹介)
羊蹄山 ★	(ニセコで紹介)

洞爺湖

登別温泉地獄谷

テーマで整理! 世界ジオパーク

ジオパークとは、「地球・大地 (ジオ：Geo) の公園 (パーク：Park)」を組み合わせた言葉で、地球や大地について学び、楽しむことができる場所をいう。

2023年5月現在、国内には、日本ジオパーク委員会に認定された日本ジオパークが46地域あり、そのうち次の10地域が**ユネスコ世界ジオパーク**にも認定されている。

洞爺湖有珠山ジオパーク (北海道)
アポイ岳ジオパーク (北海道)
糸魚川ジオパーク (新潟県)
島原半島ジオパーク (長崎県)
山陰海岸ジオパーク (鳥取県、兵庫県、京都府)
室戸ジオパーク (高知県)
隠岐ジオパーク (島根県)
阿蘇ジオパーク (熊本県)
伊豆半島ジオパーク (静岡県)
白山手取川ジオパーク (石川県)

1 北海道
2 東北地方
3 関東地方
4 中部地方
5 近畿地方
6 中国・四国地方
7 九州・沖縄地方

■ 室蘭市、苫小牧市、白老町、日高地方

地域・資源	内容
室蘭市	「鉄のまち」として知られ、石炭の積出港と製鉄業で栄えてきた。南端に地球（チキウ）岬がある。
苫小牧市	北海道最大の工業都市であり、製紙業が盛んで「紙のまち」として知られている。ラムサール条約登録湿地のウトナイ湖などが東側にある。
白老町 ★	2020年7月、ポロト湖の湖畔に、アイヌ文化の復興・創造・発展のための拠点として、国立アイヌ民族博物館などで構成される民族共生象徴空間（ウポポイ）が開業した。
日高地方	サラブレッドの飼育が行われており、種畜牧場の町新冠（にいかっぷ）がある。海岸は昆布の産地。 様似町のアポイ岳は、2015年に世界ジオパークに認定。
襟裳岬	日高山脈の南端であり、断崖絶壁が続く。

解説　ラムサール条約

条約の正式名称は「特に水鳥の生息地として国際的に重要な湿地に関する条約」。1971年にイラン・ラムサールの国際会議で採択されたことからラムサール条約と呼ばれている。日本では、2021年11月現在で53か所の湿地（湿原、湖沼、干潟、海岸など）が登録されている。

■ 夕張市、三笠市（石狩炭田）

札幌の東方に位置する石狩炭田（北部を空知炭田、南部を夕張炭田と呼ぶこともある）は、かつて国内最大の炭田だった。戦後は石油の普及に伴い数多くの鉱山が閉鎖されたが、一部は観光資源として存続している。

地域・資源	概要
夕張市 ★	明治時代の坑道に入ることができる夕張市石炭博物館や、映画「幸福の黄色いハンカチ」のロケ地となった炭鉱住宅などがある。特産品の夕張メロンでも有名。
三笠市	三笠ジオパーク（日本ジオパーク）は、幌内炭鉱の遺跡とアンモナイトの化石で有名。

■ 旭川市、富良野市、美瑛町周辺

地域・資源	内容
旭川市 ★	北海道第二の都市。札幌から交通の便がよく、道北や道東方面への交通・観光拠点にもなっている。市内には、動物の**行動展示**で人気がある**旭山動物園**、「北海道ガーデン街道」の一つである**上野ファーム**、石狩川の渓谷が美しい**神居古潭**などの見所がある。 旭山動物園
美瑛町 ★	上川盆地と富良野盆地の間の丘陵地帯。大雪山系を背景に田園風景を楽しめる「**パッチワークの路**」や、透き通ったブルーの**青い池**などがある。
富良野市 ★	北海道の中央の「**へその町**」として知られる。 **ラベンダー畑**の風景で知られ、日本最大のラベンダー園として知られる**ファーム富田**、ラベンダー畑と十勝岳を一望できる**日の出公園**などが有名。 その他に、「北海道ガーデン街道」の一つである**風のガーデン**、パウダースノーの富良野スキー場などもある。
トマム ★（占冠村）	トマム山付近にはリゾート施設があり、山頂近くの**雲海テラス**は、約50%の確率で雲海が見られると言われる。

1 北海道
2 東北地方
3 関東地方
4 中部地方
5 近畿地方
6 中国・四国地方
7 九州・沖縄地方

美瑛町

テーマで整理！ 北海道ガーデン街道 ★

北海道の代表的な美しい8つのガーデンを結ぶ全長約250kmの街道であり、次の8つのガーデンがある。

＜上川町＞　① 大雪森のガーデン
＜旭川市＞　② 上野ファーム
＜富良野市＞　③ 風のガーデン
＜十勝地域＞　④ 十勝千年の森（清水町）、
　　　　　　　⑤ 真鍋庭園（帯広市）、
　　　　　　　⑥ 十勝ヒルズ（幕別町）、
　　　　　　　⑦ 紫竹ガーデン（帯広市）、
　　　　　　　⑧ 六花の森（中札内村）

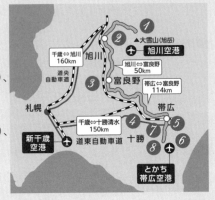

■ 大雪山国立公園

北海道の中央にある日本で最も広い国立公園。大雪火山群を中心に、トムラウシ山から十勝岳連峰などの雄大な山々や、石狩川と十勝川の源流地域を含む。

標高は2000m前後であるが、緯度が高いため本州の3000m級に匹敵する高山環境を有し、高山植物や野生動物の宝庫である。

地域・資源	内容
大雪山 ★	単独の山ではなく火山群の総称。「お鉢平」と呼ばれる直径約2kmのカルデラの周囲を、北海道最高峰の**旭岳**（2291m）、**黒岳**（1984m）などが取り巻く。 旭川市街と大雪山
層雲峡 ★（上川町）	大雪山の北東側、石狩川上流の24kmにわたって続く大峡谷。高さ200m前後の断崖が続く**大函・小函**や、**銀河の滝、流星の滝**が有名。層雲峡温泉から黒岳へとロープウェイで行ける。 銀河の滝・流星の滝

天人峡（美瑛町、東川町）	大雪山の南西側、忠別川上流の峡谷。二股に分かれた峡谷の北側には**旭岳温泉**と**羽衣の滝**があり、そこからロープウェイで**姿見の池**や旭岳に向かうことができる。南側には**天人峡温泉**と**敷島の滝**がある。  天人峡（羽衣の滝）

1 北海道

2 東北地方

3 関東地方

4 中部地方

5 近畿地方

6 中国・四国地方

7 九州・沖縄地方

2 道南

- ◉ 奥尻島
- ◉ 江差町
- ◉ 松前町
- ★ 大沼
- ◉ 函館市
  - ★ 元町末広町
  - ★ 金森赤レンガ倉庫
  - ▲ 函館山
  - ✿ 立待岬
  - ★ 五稜郭
  - ♨ 湯の川温泉

■ 函館市 ★

　天然の良港に恵まれ、江戸時代から北前船の寄港地であったが、日米和親条約（1854年）締結で下田とともに開港され、以降は国際的な交通の要衝として発展してきた。西洋の影響を受けたエキゾチックな街並みが大きな魅力。道南の政治・経済・文化の中心として発展してきた。

地域・資源	概要
元町末広町	和洋折衷の街並みであり、北海道で唯一の重要伝統的建造物群保存地区。
金森（かねもり）赤レンガ倉庫	元町末広町伝統的建造物群保存地区内にある明治期建設の赤レンガ倉庫。観光施設として改装され、ショッピングモールやレストランが入る。
函館ハリストス正教会	我が国最初の正教の教会が建設された場所。現在の建築は大正時代に再建されたものである。

トラピスチヌ修道院	日本最初の女子修道院。現在も修道女が暮らしており、建物内に入ることはできないが、前庭を見学できる。土産物のケーキやクッキーが有名である。
トラピスト修道院（北斗市）	日本最初の男子修道院。内部見学可能（事前申込制）であるが、男子のみしか受け付けない。土産用のバターやクッキーが有名である。
函館山	市街地の南西に位置する。ロープウェイで登れる山頂からの夜景は、日本三大夜景の一つである。
立待岬	函館山の南東側の岬。与謝野鉄幹・晶子夫妻の歌碑がある。
五稜郭 ★	日本初の西欧式要塞として1859年に徳川幕府が建造した。戊辰戦争では榎本武揚率いる箱館戦争の舞台となり、土方歳三は箱館の町で戦死した。
湯の川温泉	市街地の西側に位置する温泉地。「函館の奥座敷」と呼ばれている。

金森赤レンガ倉庫

函館ハリストス正教会

函館山

五稜郭

テーマで整理！ 日本三大夜景

・北海道函館市の**函館山**から望む、北海道函館市の夜景
・兵庫県神戸市の**摩耶山掬星台**から望む、兵庫県神戸市などの夜景
・長崎県長崎市の**稲佐山**から望む、長崎県長崎市の夜景

北海道

1 北海道

2 東北地方

3 関東地方

4 中部地方

5 近畿地方

6 中国・四国地方

7 九州・沖縄地方

■ 大沼国定公園

地域・資源	内容
大沼	北海道駒ケ岳の噴火による土石流が、山麓の窪地をせき止めて形成されたせき止め湖であり、100以上の島が点在する景勝地。函館から日帰りで観光が楽しめる。

大沼と北海道駒ヶ岳

■ 江差町、松前町、津軽海峡、奥尻島

地域	概要
江差町	北前船の寄港地およびニシン漁で栄え、網元が建てた鰊御殿が残る。民謡の江差追分でも有名。旧幕府軍の軍艦・開陽丸が、当地で復元・展示されている。
松前町	日本最北端かつ北海道唯一の城下町。アイヌ交易の窓口となった港町としても知られる。松前城付近は約250種1万本もの桜が植えられ、花見の名所として知られる。
青函トンネル	北海道と本州（青森県）との間にある津軽海峡には、かつては青函連絡船が通っていた。1988年3月に青函トンネル（全長53.85km）が営業を開始した。
北海道新幹線	2016年3月に、新青森から新函館北斗までの約149kmが開通し、東京と新函館北斗駅が約4時間で結ばれた。 その先の新函館北斗〜札幌間は、2030年度末の開業に向けて工事が進められている。
奥尻島	渡島半島西側の日本海に浮かぶ島。海岸の奇岩や、豊かな海の幸で有名。

松前城

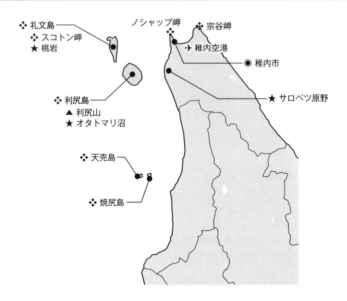

■ 利尻礼文サロベツ国立公園

山岳、お花畑、海食崖、湿原、海岸砂丘など変化に富んだ景観を誇る日本最北の国立公園。

地域・資源	概要
利尻島	外周約60kmの円錐形の火山島。美しい山体の利尻山（標高1721m）は**利尻富士**の別名を持つ。原生林の中に佇むオタトマリ沼も有名。
礼文島	南北約30kmの細長く、緩やかな起伏の島（最高標高490m）。初夏には島内各地で高山植物が咲き誇る。北端の**スコトン岬**、南端の桃岩などの景勝地がある。
サロベツ原野	サロベツ川流域に形成された広大な泥炭地で、湿原植生が広がっている。釧路湿原や尾瀬ヶ原とともに、我が国に残る代表的な湿原。

利尻島

礼文島

■ 稚内

　道北の交通の要衝であり、稚内空港から空路で新千歳空港・羽田空港と結ばれ、また、稚内港から利尻島・礼文島への航路が発着する。

地域	概要
宗谷岬	一般人が行くことのできる日本最北端の地であるため、「**日本最北端の地**」**の石碑**が建てられている。 宗谷岬
ノシャップ岬	稚内灯台があり、晴天時には利尻島、礼文島、樺太が望める。稚内市立ノシャップ寒流水族館、青少年科学館、土産物店などが並ぶ。

⚠ 間違いに注意！

◆**ノシャップ岬**…道北の稚内市、樺太や利尻島・礼文島の眺め。

◆**納沙布岬**…道東の根室市、北海道最東端、北方領土の眺め。

※両方とも語源は同じで、アイヌ語で「岬がアゴのように突き出たところ」、「波のくだける場所」という意味だといわれている。

■ 天売島・焼尻島（羽幌町）

　道北の日本海側、利尻島・礼文島よりも南に、自然豊かな小さな2つの島が浮かぶ。

地域・資源	概要
天売（てうり）島	ウミガラス（オロロン鳥）やウトウなどの海鳥の繁殖地であり、国の天然記念物に指定されている。
焼尻（やぎしり）島	緑豊かな島であり、イチイ等の原生林が国の天然記念物に指定されている。サフォーク羊の飼育でも有名。

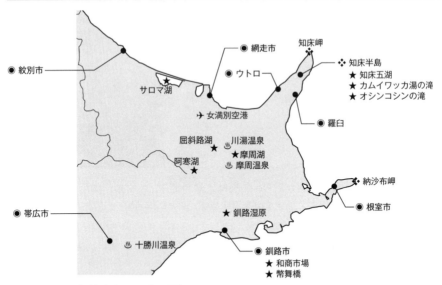

- ◎ 紋別市
- ★ サロマ湖
- ◉ 網走市
- ● ウトロ
- 知床岬
- ❖ 知床半島
  - ★ 知床五湖
  - ★ カムイワッカ湯の滝
  - ★ オシンコシンの滝
- ✈ 女満別空港
- ◎ 羅臼
- ★ 屈斜路湖
- ♨ 川湯温泉
- ★ 摩周湖
- ♨ 摩周温泉
- ★ 阿寒湖
- ✖ 納沙布岬
- ◎ 根室市
- ◎ 帯広市
- ★ 釧路湿原
- ♨ 十勝川温泉
- ◎ 釧路市
  - ★ 和商市場
  - ★ 幣舞橋

■ 知床（世界自然遺産・国立公園）★

　知床半島は長さ約65km、幅は基部で約25km の細長い半島である。日本最後の秘境とも呼ばれる。オホーツク海側（北西側）の海岸線は高さ100m を超える断崖が連なる。また、陸地には急峻な知床連山が連なり、原生林に覆われている。

　熱心な自然保護運動の成果として豊かな自然が残され、現在は**エコツーリズム**の先進地として知られる。

地域・資源	概要
ウトロ	知床半島のオホーツク海側の観光拠点。**ウトロ温泉**や**知床岬への観光船乗り場**等がある。
知床五湖	原生林に囲まれた5つの湖。高架木道から湖と知床連山の大パノラマが見渡せる。 知床五湖（一湖）
羅臼	知床半島の根室海峡側の観光拠点。**羅臼温泉**があり、**ホエールウォッチング**の観光船が出発する。
羅臼岳・知床峠	**羅臼岳**（1661m）は知床連山の最高峰。ウトロと羅臼を結ぶ知床横断道路の**知床峠**からは、羅臼岳などの雄大な風景を望むことができる。

北海道

1 北海道

2 東北地方

3 関東地方

4 中部地方

5 近畿地方

6 中国・四国地方

7 九州・沖縄地方

カムイワッカ湯の滝	カムイワッカ川にかかる滝であり、滝自体が温泉となっている。
オシンコシンの滝	海岸の断崖からオホーツク海に流れ落ちる滝。「日本の滝100選」にも選ばれている。

カムイワッカ湯の滝　　オシンコシンの滝

■ 網走と周辺

地域・資源	概要
流氷観光 ★	流氷が接岸する冬季には、砕氷観光船の**おーろら号（網走）**、**ガリンコ号（紋別）**が就航する。 また、2月には**あばしりオホーツク流氷まつり**が開催される。
博物館網走監獄	1983年に、旧刑務所の教誨堂、獄舎などを移築復原した**博物館網走監獄**が**天都山**の中腹に開館し、新たな観光名所となった。
サロマ湖 ★	琵琶湖、霞ケ浦に次いで日本で3番目に大きく、汽水湖（海水と淡水が混ざった湖）としては日本最大。
網走周辺の湖	網走周辺は湖が多く、白鳥と原生花園で有名な**濤沸湖**（とうふつこ）、サンゴ草の群落で有名な能取湖などがある。

ガリンコ号

博物館網走監獄

■ 阿寒摩周国立公園

　3つの大きなカルデラ湖と、これらを取り巻く原生林を中心とする、山岳の絶景を味わうことができる国立公園。

地域・資源	概要
阿寒湖 ★	雌阿寒岳と雄阿寒岳の中間にあるカルデラ湖であり、南岸に阿寒湖温泉がある。特別天然記念物**まりも**が生息し、10月にまりも祭りが行われる。 また、北海道最大のアイヌ民族集落である**阿寒湖アイヌコタン**がある。

阿寒湖

摩周湖 ⭐	摩周岳山麓のカルデラ湖。流入する川も流出する川もなく、バイカル湖に次いで世界第2位の高い透明度を誇る。霧が発生しやすいことでも有名。
屈斜路湖 ⭐	我が国最大のカルデラ湖。湖畔に砂湯がある。カルデラ北西側の**美幌峠**からの眺望がよい。  屈斜路湖
川湯温泉・摩周温泉	摩周湖と屈斜路湖の間に並ぶ温泉地。北側に川湯温泉（隣接する硫黄山も有名）、南側に摩周温泉がある。

■ 釧路湿原国立公園と釧路市

地域・資源	概要
釧路湿原国立公園 ⭐	釧路川に沿って発達した**日本最大の湿原の国立公園**。国の特別天然記念物の**タンチョウ**の繁殖地（鶴居村が有名）としても知られ、1980年に日本初のラムサール条約登録地となった。
釧路市	道東の行政・経済の中心地。港湾都市で工場も多い。北海道一の漁獲高を誇り、「釧路の台所」と呼ばれる**和商市場**がある。また、世界屈指の夕陽スポットといわれる**幣舞橋（ぬさまいばし）**も有名。

釧路湿原

和商市場

北海道

1 北海道

2 東北地方

3 関東地方

4 中部地方

5 近畿地方

6 中国・四国地方

7 九州・沖縄地方

■ 根室市と野付半島

地域・資源	概要
根室市	日本の主要都市の中で最も北方領土に近い。漁業や水産加工業が盛んで、ハナサキガニが有名。
根室半島	先端の**納沙布岬**は北海道の最東端に位置し、濃霧で知られる。「北方館」「望郷の家」などの**北方領土**に関する施設がある。納沙布岬
野付半島	全長26kmに及ぶ日本最大の砂嘴。木が立ち枯れた独特の景勝地である**ナラワラ・トドワラ**がある。

解説　北方領土

　北方領土とは、北海道根室半島の沖合にあり、現在ロシア連邦が実効支配している択捉島、国後島、色丹島、歯舞群島を指す。

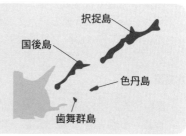

択捉島　国後島　色丹島　歯舞群島

■ 帯広市と十勝地域 ★

地域・資源	概要
帯広市	十勝地方の産業・経済の中心地。畑作の盛んな十勝平野の真ん中にある。**道産子**（北海道産の馬の品種）が重りをのせた鉄ソリを引いて勝負する**ばんえい競馬**で知られる。　ばんえい競馬
然別湖（しかりべつこ）	標高810mと北海道の湖で最も標高が高く「天空の湖」と呼ばれる。大雪山国立公園内にあるが、帯広からの便がよい。
十勝川温泉	帯広近郊の音更町にある温泉地。「美人の湯」として有名。
池田町	町営工場でワインが製造され「十勝ワイン」の名で知られている。**池田ワイン城**で十勝ワインの製造過程が見られる。

■ 北海道の産業と特産物

農業

◆**日本一の農業道であり、農業産出額は第2位である鹿児島県の2倍を超える**

> 北海道が生産額1位の農産物（2021年の統計による）…てんさい、あずき、大豆、じゃがいも、小麦、タマネギ、かぼちゃ、とうもろこし、そば、生乳、牛肉、種馬

◆**稲作の中心地は北海道中央部**

品種改良で稲作地帯が北に広がり、現在は石狩平野、上川盆地、富良野盆地が稲作の中心。米の収穫量は北海道、新潟県、秋田県の3県に常にトップを争っている。北海道の銘柄米としてゆめぴりか、ななつぼしなどがある。

◆**畑作の中心地は十勝平野**

十勝平野では、てんさい、じゃがいも、あずきの生産が盛ん。畑作と酪農を組み合わせた混合農業も盛ん。

◆**酪農の中心地は道東**

冷涼な道東では酪農が盛ん。根釧台地の別海町では1956年からパイロットファーム方式（機械の導入と近代的経営による大規模農場）による開拓が行われ、現在の広大な酪農地帯が形成された。

水産業

・**昆布**…天然物の95％を北海道が占める。7月から9月に収穫。**真昆布（津軽海峡から噴火湾）、羅臼昆布、利尻昆布、日高昆布**などがある。

・**帆立貝**…ほぼ全道沿岸が帆立貝の漁場であるが、近年は養殖に力が注がれている。養殖ものは噴火湾、津軽海峡、サロマ湖、オホーツク海などが主な産地。

・**サケ**…サケは10月から12月に、主に北海道・東北地方の川で産卵する。サケの圧倒的多数は、人工的に採卵・放流される孵化場産シロザケが占める。

食文化

・**ジンギスカン**…マトン（羊肉）やラム（仔羊肉）の焼肉。鋳鉄製のジンギスカン鍋を用いる。

・**石狩鍋**…ぶつ切りにした生鮭にこんにゃくや野菜を入れ味噌味仕立てで食べる鍋。

・**ちゃんちゃん焼き**…サケなどの魚と、野菜を鉄板で焼いた料理。北海道の漁師町の名物料理である。

ほかに、**三平汁**（魚介と野菜を入れた塩味の鍋）、**ルイベ**、**豚丼**＜十勝地方＞、**室蘭やきとり**（豚肉の串焼き）、**ミズダコのしゃぶしゃぶ**＜稚内＞。

解説 北海道の野生動物

2 東北地方

3 関東地方

4 中部地方

5 近畿地方

6 中国・四国地方

7 九州・沖縄地方

北海道は野生動物の宝庫であり、これらの鑑賞等が観光客のアクティビティとなっているケースもある。

◆タンチョウヅル

日本の野鳥の中では最大級で、全長は1m40cm、翼を広げると2m40cmある。生息地は**釧路湿原を中心とする北海道東部（鶴居村など）**に限られている。国の特別天然記念物に指定されている。

タンチョウヅル

◆シマフクロウ

翼を広げると約180cmにもなる世界最大級のフクロウ。日本では北海道東部のみに分布し、生息数は約70つがい160羽（日本野鳥の会による）で、このうちの約半数が**知床半島**に生息する。

シマフクロウ

◆ヒグマ

体長2.5〜3m。日本に生息する陸生哺乳類で最大。かつてアイヌ民族は、ヒグマや狩猟の対象となる生き物を、「神が人間のために肉と毛皮を土産に持ち、この世に現れた姿」と解釈していた。飼育・繁殖施設として**のぼりべつクマ牧場**が有名。

ヒグマ

◆エゾナキウサギ

一見ハムスターのような小動物で、甲高い鳴き声でよく鳴く。北海道の北見山地や大雪山系、夕張山地、日高山脈などの、主に800m以上の高山帯に生息する。

エゾナキウサギ

◆クリオネ（ハダカカメガイ）

全長1〜3cmの小さな巻貝の仲間で、透き通った体を持ち、その美しさから「流氷の天使」といわれる。

◆その他

上記以外の北海道特有の代表的な野生動物として、**エゾリス、エゾシマリス、エゾシカ、キタキツネ**などがいる。

クリオネ

北海道のチェックテスト

1 「赤レンガ」の愛称で知られ、内部は開拓使の資料館となっている札幌市内の建物はどれか。
　①金森赤レンガ倉庫　②札幌市時計台　③北海道庁旧本庁舎　④五稜郭

2 羊蹄山の麓にあり、近年は冬のスキー、夏のラフティングなどで外国人観光客の人気の観光地はどれか。
　①ニセコ　②トマム　③余市　④白老

3 カルデラ湖とそのほとりにある火山の組み合わせが正しいものはどれか。
　①洞爺湖と有珠山　②摩周湖と雄阿寒岳
　③支笏湖と羅臼岳　④阿寒湖と樽前山

4 「北海道ガーデン街道」に含まれる富良野市の庭園はどれか。
　①モエレ沼公園　②風のガーデン　③日の出公園　④羊ヶ丘展望台

5 和洋折衷の街並みが残され、北海道で唯一重要伝統的建造物群保存地区に選定されている場所はどれか。
　①函館市元町末広町　　②札幌市すすき野
　③小樽運河周辺　　　　④釧路市幣舞橋周辺

6 初夏には島内各地で高山植物が咲き誇り、スコトン岬や桃岩などの景勝地がある島はどれか。
　①焼尻島　②利尻島　③天売島　④礼文島

7 知床半島の根室海峡側の観光拠点であり、特産品の昆布でも知られる場所はどれか。
　①網走　②ウトロ　③羅臼　④根室

北海道
1 北海道
2 東北地方
3 関東地方
4 中部地方
5 近畿地方
6 中国・四国地方
7 九州・沖縄地方

8 阿寒国立公園にある、バイカル湖に次いで世界第2位の高い透明度を誇り、
夏は霧がよく発生することで知られる湖はどれか。
①阿寒湖　②ウトナイ湖　③摩周湖　④屈斜路湖

9 根室半島の先端かつ北海道の最東端にあり、北方領土を望むことができる岬
はどれか。
①地球岬　②納沙布岬　③神威岬　④ノシャップ岬

10 北海道の郷土料理と食材の組み合わせとして正しいものはどれか。
①ルイベと牛乳　②ちゃんちゃん焼きと羊肉
③ジンギスカンと豚肉　④石狩鍋とサケ

2章

東北地方

2 東北地方

主要都市、国立公園、世界遺産

地域	概要
青森県	・県庁所在地は**青森市**。本州最北端に位置し、太平洋側の南部地方と、日本海側の津軽地方に大きく分かれる。 ・**十和田八幡平国立公園**、**三陸復興国立公園**、世界自然遺産の「**白神山地**」がある。
岩手県	・県庁所在地は**盛岡市**。 ・**三陸復興国立公園**、**十和田八幡平国立公園**、世界文化遺産の「**平泉**」と「**明治日本の産業革命遺産（釜石市・橋野鉄鉱山）**」がある。
宮城県	・県庁所在地の**仙台市**は東北最大の都市。 ・**三陸復興国立公園**がある。
秋田県	・県庁所在地は**秋田市**。 ・**十和田八幡平国立公園**がある、世界自然遺産の「**白神山地**」がある。
山形県	・県庁所在地は**山形市**。内陸部（置賜・村山・最上地域）と日本海沿岸の庄内地域は、地域性が異なる。 ・**磐梯朝日国立公園**がある。
福島県	・県庁所在地は**福島市**。県土は太平洋岸の浜通り地域、中央部の内陸に位置する中通り地域、最も内陸の会津地域に三分される。 ・**磐梯朝日国立公園**、**尾瀬国立公園**がある。

地形

◆ **山地**：中央に**奥羽山脈**が走り、東側には**北上高地と阿武隈高地**がある。

◆ **河川と平地**：山地から**北上川**、**雄物**（おもの）**川**、**最上川**、**阿武隈川**が流れ、下流にはそれぞれ**仙台平野、秋田平野、庄内平野**が広がる。また、山間に**山形盆地、会津盆地、福島盆地**がある。

◆ **三陸海岸**：三陸とは**陸奥**（青森県）・**陸中**（岩手県）・**陸前**（宮城県）のこと。北部は海食崖、南部はリアス海岸になっている。

◆ **半島と岬**：**下北半島**（尻屋崎、大間崎）と**津軽半島**（竜飛崎）に抱かれて**陸奥湾**がある。日本海側には**男鹿半島（入道崎）**、太平洋側に**牡鹿**（おしか）**半島**がある。

気象

◆ **日本海側**…冬は積雪量が多い。

◆ **太平洋側**…冬の積雪量は少なく、**晴天が多い**。夏は北上高地を中心に**やませ**と呼ばれる冷たく湿った北東の風が吹くことがあり、**冷害**を引き起こす。

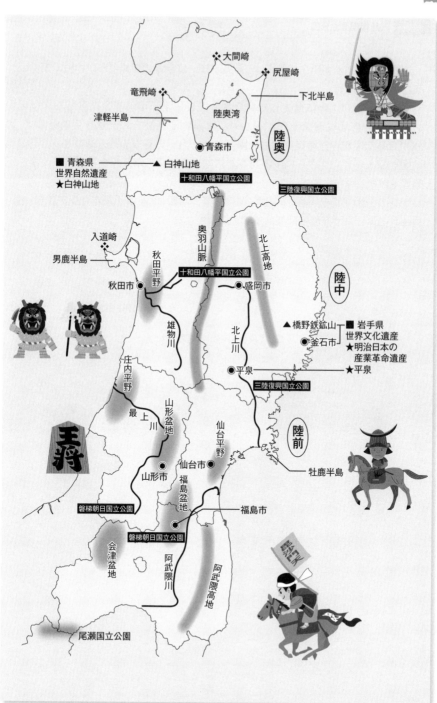

大間崎

尻屋崎

竜飛崎

津軽半島

下北半島

陸奥湾

陸奥

青森市

■青森県
世界自然遺産
★白神山地

▲白神山地

十和田八幡平国立公園

三陸復興国立公園

入道崎

奥羽山脈

北上高地

男鹿半島

秋田平野

陸中

十和田八幡平国立公園

秋田市

盛岡市

雄物川

北上川

▲橋野鉄鉱山

■岩手県
世界文化遺産
★明治日本の
産業革命遺産
★平泉

釜石市

庄内平野

平泉

三陸復興国立公園

最上川

山形盆地

仙台平野

陸前

将

仙台市

山形市

福島盆地

牡鹿半島

磐梯朝日国立公園

福島市

磐梯朝日国立公園

会津盆地

阿武隈川

阿武隈高地

尾瀬国立公園

1 北海道

2 東北地方

3 関東地方

4 中部地方

5 近畿地方

6 中国・四国地方

7 九州・沖縄地方

　海岸の景勝地が多い三陸海岸は、1955年に岩手県の海岸部が陸中海岸国立公園として指定された。

　その後、**2011年に発生した東日本大震災による津波**で公園区域およびその周辺が大きな被害を受けたことで、復興および被害の伝承を目的として、**2013年**に名称が**三陸復興国立公園**と改められ、青森県の種差海岸と八戸の2地区が編入された。さらに、**2015年**には、宮城県の南三陸金華山国定公園も編入された。

　現在の公園区域の延長は南北約250kmに及び、**北部は「海のアルプス」**とも賞される豪壮な大断崖、**南部はリアス海岸**が連なる。

青森県

岩手県　　　　三陸復興国立公園

宮城県

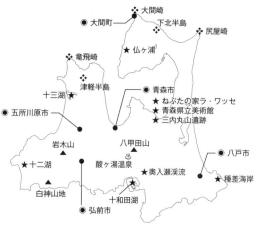

青森県

1 北海道
2 東北地方
3 関東地方
4 中部地方
5 近畿地方
6 中国・四国地方
7 九州・沖縄地方

1 青森県

■ 青森市と十和田・八甲田（青森県中央部）

◎青森市

　青森県の県庁所在地。本州から北海道への玄関口であり、かつては青函連絡船が青森港と函館港を結んでいたが、1988年に青函トンネルが開通して役割を終えた。

　2010年に**東北新幹線が新青森まで開通**し、さらに**2016年に新青森から新函館北斗まで北海道新幹線が開通**し、新幹線ネットワークに組み込まれた。

地域・資源	概要
ねぶたの家ワ・ラッセ	**青森ねぶた祭** ★ は青森市で8月上旬に開催される夏祭りであり、毎年、延べ200万人以上の観光客が訪れる。東北三大夏祭りの一つ。ワ・ラッセでは、実際にねぶた祭に出陣した大型ねぶたなどを見学できるほか、祭関連の体験もできる。
三内丸山（さんないまるやま）遺跡 ★	約5500年前から約1500年間にわたり継続的に人が住んでいた国内最大規模の縄文遺跡。約100棟の掘立柱建物と、約580棟の竪穴住居が整然と配置されている。
青森県立美術館	三内丸山遺跡の隣に、2006年に開館した。美術館の建物そのものがアートといわれる。館内にある「あおもり犬」は青森県出身の奈良美智が制作した立体作品で、高さは8.5m。
棟方志功記念館	青森市生まれの版画家である棟方志功（1903〜1975）の作品を国内で最も多く所蔵する。棟方志功は、人間本来の素朴な情念を力強い版画にダイナミックに表現した。
浅虫温泉	青森市東部の夏泊半島の付け根にあり、「青森の奥座敷」と呼ばれる。棟方志功もたびたび滞在した。

三内丸山遺跡→写真手前は、復元された高さ14.7mの六角柱の掘立柱の建物で、直径1mのクリの木（ロシア産）が使用されている。後方は大型竪穴住居跡（長さ32m）

8月初めに行われる東北三大祭りは東北観光の中心になっている。

青森ねぶた祭…青森県青森市で8月2日～7日に開催。「人形ねぶた」と呼ばれる山車が運行し、「跳人（ハネト）」と呼ばれる踊り子たちが「ラッセラー、ラッセラー」とかけ声を上げながら踊り歩く。

秋田竿燈まつり…秋田県秋田市で8月3日～6日に開催。竿燈全体を稲穂に、連なる提灯を米俵に見立て、額・腰・肩などに乗せて歩き、豊作を祈る。

仙台七夕まつり…宮城県仙台市で8月6日～8日に開催。仙台藩祖伊達政宗の時代から続くといわれる。笹飾りはどれも手作り。 周期的に発生する冷害を乗り越えようと、田の神に祈ったことで、七夕まつりが盛んになった。

　青森ねぶた祭　　　　　　秋田竿燈まつり　　　　　　仙台七夕まつり

　上記に**花笠まつり**（**山形県山形市**で8月5日～7日に開催）を加えて、**東北四大祭り**ともいわれる。

◎十和田八幡平国立公園（十和田・八甲田地域）

地域・資源	内容
八甲田山 ⭐（青森市）	奥羽山脈の北端にある火山群の総称。主峰は大岳（1585m）。青森市から自動車とロープウェイで登ることができる。初夏の高山植物、秋の紅葉、冬の樹氷など四季折々の自然が楽しめる。
酸ケ湯温泉（青森市）	八甲田山の山腹にあり、青森の銘木ヒバで造られた広さ160畳のヒバ千人風呂で有名。
十和田湖 ⭐（青森県十和田市、秋田県小坂町）	日本3位の深さ（水深327m）のカルデラ湖。**高村光太郎の「乙女の像」**がある。東の「子の口」から奥入瀬川が流出している。**秋田県側の発荷峠は、十和田湖の絶景で有名。**
奥入瀬渓流	十和田湖畔の子の口から下流の焼山までの約14kmの渓流。川沿いに遊歩道が整備されており、春の新緑と秋の紅葉が特に有名。途中にある**銚子大滝**も有名。

蔦温泉（十和田市）	奥入瀬渓流の北端である焼山の近くにある、大正ロマンを思わせる雰囲気の温泉。蔦沼めぐりの散策を楽しめる。

酸ヶ湯温泉と八甲田山　　　十和田湖畔の「乙女の像」　　　奥入瀬渓流

■ 弘前市と津軽地方（青森県西部）
◎弘前市と周辺

　青森県西部の津軽地方の中心都市。青森市、八戸市に次いで県内3番目の人口を有する。かつては津軽藩の城下町であり、青森県屈指の観光都市として有名。

地域・資源	内容
弘前（ひろさき）市 ★	リンゴと米の産地である津軽地方の中心地。武家屋敷が並ぶ仲町は重要伝統的建造物群保存地区。近代の洋館や教会なども多い。津軽半島で取れる**津軽ヒバ**を使った**津軽塗**が盛ん。**弘前ねぷた祭**も有名。
弘前城（弘前公園）	津軽藩代々の居城で、**東北で唯一の現存天守**（江戸時代又はそれ以前に建設され、現在まで保存されている天守閣）。桜の名所で、5000本の桜が咲く4月下旬から5月上旬にかけて**弘前さくらまつり**が開かれる。
岩木山 ★	津軽平野にある標高1625mの独立峰。津軽富士とも呼ばれる秀麗な山容であり、古くから山岳信仰の対象だった。
大鰐温泉（大鰐町）	弘前市の南に隣接する800年以上の歴史を持つ名湯。

弘前城と桜と岩木山　　　　　　　　弘前市仲町

1 北海道
2 東北地方
3 関東地方
4 中部地方
5 近畿地方
6 中国・四国地方
7 九州・沖縄地方

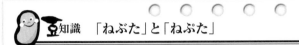

豆知識　「ねぶた」と「ねぷた」

　青森県内では、夏になると各地で「ね"ぶ"たまつり」又は「ね"ぷ"たまつり」が開催される。両方とも、山車が運行し、踊り子たちがかけ声を上げながら踊るもので、内容は同様である。なぜ呼び方に「ぶ」と「ぷ」の二種類があるかは明らかではないが、地域によって違いがあり、青森市や下北半島では「ぶ」が多く、弘前市や五所川原市など津軽地方では「ぷ」が多い。

■ 津軽半島
日本海・津軽海峡・陸奥湾に面する半島。

地域・資源	概要
五所川原（ごしょがわら）市	弘前市の北側、津軽半島の付け根にある都市で、高さ20m もの巨大な山車が練り歩く**立佞武多（たちねぷた）**で知られる。 北部の金木（かなぎ）町は、**津軽三味線**の発祥地として知られ、当地出身の太宰治の生家である**太宰治記念館（斜陽館）**があり、また**地吹雪体験ツアー**を楽しめる。
十三湖（じゅうさんこ）	岩木川が流入するところに砂州が発達して汽水湖になり、独特の荒涼たる風景を作っている。特産物は**しじみ**。中世には日本海沿岸の重要な交易港であった**十三湊（とさみなと）**があった。
龍飛崎	津軽半島の最北端。地下を青函トンネルが通る。 龍飛崎

■ 白神山地と周辺

地域・資源	内容
世界遺産「白神山地」★	青森県の南西部から秋田県北西部にかけて広がっている標高1000m 級の山地。屋久島と並んで1993年、日本で初めてのユネスコ世界遺産（自然遺産）に登録された。「人の影響をほとんど受けていない原生的な**ブナの天然林**が世界最大級の規模で分布」している。白神山地に生息する**クマゲラ**はブナ林の豊かさを象徴する鳥であるが、絶滅の危機に瀕している。

青森県

1 北海道

2 東北地方

3 関東地方

4 中部地方

5 近畿地方

6 中国・四国地方

7 九州・沖縄地方

五能線	青森・秋田県境の日本海側を走る絶景のローカル線。観光列車として人気の**リゾートしらかみ**が走る。
十二湖	青森県の白神山地西部に位置する、ブナ林に囲まれた33の湖沼群。その中の一つ**青池**（深浦町）は神秘的な佇まいで知られる。
不老ふ死温泉	海辺の岩場にあるひょうたん型の露天風呂が有名。日本海に沈む夕日を見ることができる。

白神山地

十二湖の青池

 間違いに注意！

◆**十二湖**…**白神山地西部にある33の湖の総称。**名称は、近くの山から見ると12に見えることに由来するという説がある。

◆**十三湖**…**津軽半島の岩木川河口にある一つの湖。**名称は、湖岸に13の集落があった、13の川が流入している、アイヌ語で「湖の傍ら」を意味する「トー・サム」に由来するなどの説がある。

■ 南部地方（青森県東部）

◎下北半島

　下北半島は、青森県の本州最北端にあり斧のような形をしている。陸奥湾・津軽海峡・太平洋に面している。

地域・資源	内容
大間町	下北半島北端かつ本州最北端にある大間漁港は、高級品の**大間マグロ**で有名。毎年、豊洲市場（2018年以前は築地市場）の初競りでは大間のマグロが高値で取引され、1尾あたりの最高値が話題となっている。下北半島最北端の大間崎がある。

尻屋崎	下北半島の北東端の岬。周辺に放牧されている**寒立馬**(かんだちめ)はかつて農用馬として重用された。
仏ヶ浦	下北半島の西岸にある、奇岩が2km続く景勝地。
恐山	下北半島のほぼ真ん中にある霊場で、カルデラ湖である宇曽利湖の周辺の山を恐山という。恐山菩提寺があり、7月下旬の大祭には死者の霊を呼ぶ**イタコ(巫女)の口寄せ**が行われる。

大間町(大間崎) 仏ヶ浦

◎八戸市

青森県東部の南部地方の中心都市。青森市に次いで県内2番目の人口を有する。国内有数の漁港として発展してきた。

地域・資源	内容
八戸港の魚介類	八戸港は**イカ**の水揚げ量が多いほか、多種多様な魚介類が水揚げされる。郊外にある食品市場の**八食センター**では、新鮮な海の幸を味わい、買い物を楽しむことができる。
種差(たねさし)海岸	白い砂浜と天然芝の草原で知られる。**三陸復興国立公園**に指定。
蕪島(かぶしま)	ウミネコの繁殖地で有名(いずれも八戸市)。**三陸復興国立公園**に指定。

1 北海道

2 東北地方

3 関東地方

4 中部地方

5 近畿地方

6 中国・四国地方

7 九州・沖縄地方

■ 青森県の産業と特産物

農林水産業

◆農業

・米…**津軽平野**は東北屈指の穀倉地帯である。青森県の銘柄米として**晴天の霹靂**、**つがるロマン**がある。

・りんご…青森県のりんご生産量は全国一であり、**津軽平野**にはりんご畑が広がる。

◆漁業

・**三陸海岸**…沖に**潮目**（親潮と黒潮がぶつかる場所）があるため好漁場になっており、日本各地から三陸沖で操業しようと漁船が集まってくる。青森県内では八戸が最も大きな漁港。

・**陸奥湾**…**ホタテの養殖**が盛ん。

◆林業

・**青森ヒバ**…主に津軽半島と下北半島にヒバの森林が広がり、秋田スギ、木曽ヒノキとともに「日本三大美林」と呼ばれる。

食文化

・**いちご煮＜八戸市＞**…地元特産のウニとアワビが入ったお吸い物。

・**せんべい汁＜八戸市＞**…地元特産の南部せんべいが入った汁物。

・**じゃっぱ汁＜全県＞**…鱈（タラ）のじゃっぱ（アラ）と野菜などを煮込み、塩や味噌で味付けした、青森の冬にはなくてはならない代表的な郷土料理。

・**貝焼みそ＜陸奥湾沿岸＞**…陸奥湾で採れる直径15〜20cmのホタテガイの貝殻を鍋の代わりとして調理する料理。

伝統産業

◆津軽塗（漆器）＜弘前市＞

地図の凡例：
- ◉盛岡市
- ★北山崎（田野畑村）
- ★八幡平
- 岩手山
- 龍泉洞
- 小岩井農場
- 北上川
- ★浄土ヶ浜（宮古市）
- ▲早池峰山
- ◉花巻市
- ★橋野高炉跡・鉄鉱山（釜石市）
- ◉平泉町
- ★中尊寺
- ★毛越寺
- ◉遠野市

■ 盛岡と八幡平周辺（岩手県内陸北部）

◎盛岡市

岩手県の県庁所在地。盛岡藩（藩主は**南部氏**）の城下町として栄えてきた。

南部鉄器、盛岡三大麺（わんこそば・盛岡冷麺・盛岡じゃじゃ麺）、チャグチャグ馬コ、盛岡さんさ踊りなどで有名。

盛岡市

地域・資源	概要
石川啄木記念館	盛岡市渋民村にある石川啄木の記念館。啄木は渋民村で育った。
繋（つなぎ）温泉	盛岡市西部の湖岸にあり、「盛岡の奥座敷」と呼ばれる温泉。

解説 チャグチャグ馬コ

　毎年6月に滝沢市から盛岡市まで約13kmの道を華やかな馬具を纏った100頭を超える馬を連れて行進する祭り。古来より、農耕にかかせない馬の勤労を感謝するもので、愛馬の日頃の苦労をねぎらい、無病息災を祈願する行事。

1 北海道

2 東北地方

3 関東地方

4 中部地方

5 近畿地方

6 中国・四国地方

7 九州・沖縄地方

◎十和田八幡平国立公園（八幡平地域）と周辺

地域・資源	概要
八幡平 ★	岩手県と秋田県にまたがる。火山地形・高層湿原・高山植物の宝庫であり、山間に多くの温泉がある。山を縦断する**アスピーテライン**から四季折々の絶景を楽しむことができる。
岩手山 ★	**南部富士**とも呼ばれる標高2038mの成層火山。1719年に噴出した溶岩流の跡は「**焼走り溶岩流**」として特別天然記念物に指定。
小岩井農場	盛岡市の北東、岩手山の南麓にある広大な農場。明治時代に火山灰土の原野を植林し、西洋式農法を大胆に取り入れた。 ※国立公園区域外
安比高原	八幡平に隣接するスキーリゾート。 ※国立公園区域外

八幡平

小岩井農場と岩手山

■ 花巻市、遠野市と周辺（岩手県内陸中部）

　花巻市から遠野市を経て、三陸海岸の宮古市や釜石市へ向かうルートは、岩手県の内陸部と沿岸部を結ぶルートとして注目が高まっている。

地域・資源	内容	
花巻市	**宮沢賢治**のふるさと。宮沢賢治記念館、羅須地人協会（賢治が作った農民のための施設）、賢治が名付けたイギリス海岸などがある。**花巻温泉郷** ★ は県内有数の温泉地。	花巻温泉郷
遠野市	**柳田國男**の「**遠野物語**」で知られる民話の里。カッパ淵、オシラサマ、ザシキワラシなどの伝承がある。市内には約70軒の**曲り家**（母屋と馬屋をL字型に繋いだ民家。南部駒の産地だった）が残る。	南部曲り家

龍泉洞	岩泉町にある日本有数の鍾乳洞。龍河洞（高知県）、秋芳洞（山口県）とともに日本三大鍾乳洞の一つ。
早池峰山	北上高地の最高峰（標高1917m）で、国定公園に指定されている。ハヤチネウスユキソウ（日本のエーデルワイス）など高山植物の宝庫。
夏油（げとう）温泉	北上市の山間部にある温泉。石灰華のドーム（温泉水に含まれる炭酸カルシウムが沈殿してできたもの）は国の天然記念物。

■ 平泉と周辺（岩手県内陸南部）

◎世界文化遺産「平泉」★

　平泉は、豊富な金の産出を背景として12世紀ごろに繁栄した**奥州藤原氏の本拠地**。最盛期の人口は10万人を超えていたと推定され、平安京に次ぐ都市として繁栄し、**浄土思想の影響を色濃く受けた文化**が発展した。

　平泉にある寺院など5つの資産が、**2011年**に「**平泉―仏国土（浄土）を表す建築・庭園及び考古学的遺跡群―**」として世界遺産に登録された。

地域	概要
中尊寺 ★	奥州藤原氏三代（清衡、基衡、秀衡）ゆかりの寺。金色堂など多数の建物がある。
金色堂	藤原清衡によって建立された阿弥陀堂。幅約5.5m四方の堂内は金箔で覆われていて黄金一色。らでん細工の巻柱や透かし彫りの金具、漆の蒔絵など平安時代の建築、美術・工芸の粋が集められている。仏像の下には清衡・基衡・秀衡3代のミイラと源頼朝に敗れた第4代泰衡の首が安置されている。
毛越寺 ★	当時のままの**浄土庭園**と伽藍の遺構が残されていることで有名。かつては、金銀をちりばめた、ほかに例を見ない大伽藍だったと伝わる。

中尊寺金色堂の上屋

金色堂内部

毛越寺

1 北海道

2 東北地方

3 関東地方

4 中部地方

5 近畿地方

6 中国・四国地方

7 九州・沖縄地方

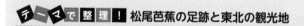

テーマで整理！ 松尾芭蕉の足跡と東北の観光地

江戸時代の俳人・松尾芭蕉は、東北・北陸地方を旅した際に数多くの傑作を残した。彼の足跡は現在の観光ルートとも重なり、過去の試験で作品と絡めた出題もあったので、まとめて覚えるとよい。

◆平泉（岩手県）
「夏草や　兵どもが　夢の跡」
「五月雨の　降り残してや　光堂」

◆松島（宮城県）
芭蕉は松島を訪れたが、感動のあまり作品を残さなかったと言われている。

◆最上川（山形県）
「五月雨を　あつめて早し　最上川」

◆立石寺（山形県）
「閑（しずけ）さや　岩にしみ入る　蝉の聲（こえ）」

◎平泉周辺

地域・資源	概要
達谷窟毘沙門堂（平泉町）	平泉の郊外にある。平安時代に、征夷大将軍であった坂上田村麻呂が建てた。岩窟の中に、京都の清水寺をまねた懸崖造りの建物がある。現在の建物は昭和に再建されたもの。
厳美渓（げんびけい）（一関市）	全長2kmの渓谷で、橋や川岸の休憩所からの眺めが美しい。周囲は道の駅や温泉街がある。対岸から団子と茶を籠で届けてくれる「空飛ぶだんご」（郭公だんご）でも有名。
猊鼻渓（げいびけい）（一関市）	全長2kmで、高さ50mを超える石灰岩の岸壁が連続し、いたる所に奇岩や滝が点在する。船頭が謡う猊鼻追分を堪能しながらの舟下りを楽しめる。

厳美渓

猊鼻渓

間違いに注意！

一関市にある2つの渓谷
◆厳美渓…橋や川岸の休憩所から眺める（川下りはない）、「空飛ぶだんご」も有名。
◆猊鼻渓…高さ50mの岸壁、川下りを楽しめる。

■ 岩手県沿岸部
◎三陸復興国立公園

北部は海食崖が連続するが、宮古市より南部は複雑な地形のリアス海岸となっている。

地域・資源	概要
北山崎（田野畑村）	高さ200mの断崖絶壁が約8km連なり「海のアルプス」といわれる。
鵜の巣断崖（田野畑村）	展望台から高さ約200mの高さの断崖が見渡す限り広がる様子を眺めることができる。
浄土ケ浜（宮古市）	宮古市にある海岸景勝地。白い岩塊と小石によって外海と隔てられた入り江で、浄土を思わせる。海水浴場にもなっている。ウミネコの繁殖地としても有名。
碁石海岸（大船渡市）	大船渡湾の南に突き出た景勝地で、基石のような石の海岸と奇岩で知られる。日本の渚100選・日本の白砂青松100選に選定されている。

北山崎

碁石海岸

◎釜石市

かつては製鉄都市として知られていたが、1989年に高炉は休止し、解体された。その関連遺産が世界文化遺産に登録された。

橋野高炉跡・鉄鉱山

1 北海道

2 東北地方

3 関東地方

4 中部地方

5 近畿地方

6 中国・四国地方

7 九州・沖縄地方

地域・資源	概要
橋野高炉跡・鉄鉱山（世界文化遺産）	2015年に世界文化遺産に登録された「**明治日本の産業革命遺産**」の構成資産の一つ。 那珂湊にあった水戸藩の反射炉に大砲用の銑鉄を供給するため1858年に南部藩によって建設され、釜石は我が国の近代製鉄業発祥の地となった。現存する日本最古の洋式高炉跡が3基ある。

■ 岩手県の産業と特産物

水産業

- 岩手県内の主要な漁港として**宮古・釜石**がある。
- **大船渡**は最高級の**わかめ、アワビの名産地**である。

食文化

- **わんこそば＜盛岡市、花巻市＞**…日本三大そばの一つ（ほかに長野県の戸隠そば、島根県の出雲そば）。給仕が一口大のそばを次々によそう。
- **ひっつみ**…小麦粉を用いた汁物の郷土料理。
- **盛岡三大麺＜盛岡市＞**…わんこそば、盛岡冷麺、盛岡じゃじゃ麺。
- **かもめの玉子＜大船渡市＞**…大船渡市の郷土菓子。岩手県の定番土産となっている。

伝統産業

- **◆南部鉄器＜盛岡市＞**…江戸時代に藩主が茶の湯を沸かすのに鉄びんを作らせたのが始まり。

■ 仙台市 ★

宮城県の県庁所在地。東北地方で唯一の政令指定都市であり、人口100万人を超える。東北地方の行政や経済の中心地。仙台藩62万石の藩祖・**伊達政宗**によって築かれた城下町は**「杜の都」**と呼ばれる。市街地の中心を**広瀬川**が流れる。

仙台**七夕まつり**（8月に行われる、東北三大祭りの一つ）、**笹かまぼこ、牛タン、ずんだ餅**などでも有名。

地域・資源	概要
青葉山公園	**仙台城址（青葉城址）**を整備した公園。伊達政宗の騎馬像や仙台市博物館がある。
仙台市博物館	仙台城三の丸跡にあたり、現在は青葉山公園の一部となっている。仙台藩と伊達氏、慶長遣欧使節に関連する展示が充実している。
瑞鳳殿（ずいほうでん）	伊達政宗の霊廟。戦災で全焼したが、復元され現在の姿となった。
大崎八幡宮	国宝の社殿がある。仙台の総鎮守として、歴代伊達藩主をはじめ城下の人々から篤く崇敬されてきた。
秋保（あきう）温泉	「仙台の奥座敷」と呼ばれ、秋保大滝・磊々峡（らいらいきょう）がある。奥州三名湯の一つ。
作並温泉	広瀬川の上流、作並こけしでも有名。

解説　伊達政宗 ★ と慶長遣欧使節

　伊達政宗は東北地方を代表する戦国武将。江戸時代に入ってから仙台を本拠地に定め、城下町を整備した。政宗はおしゃれ・いき・派手な振舞いをし、それが今日の「伊達」の語源になったといわれる。

　また、**慶長遣欧使節**として家臣の支倉常長をスペイン・ローマに派遣し、メキシコとの通商を試みたが、これは失敗に終わった。支倉常長が持ち帰った慶長遣欧使節関係資料は国宝であり、ユネスコの世界記憶遺産に登録されている。

青葉山公園にある伊達政宗の騎馬像

瑞鳳殿

テーマで整理！ 奥州三名湯

・秋保温泉…宮城県仙台市、仙台の奥座敷。
・鳴子温泉…宮城県大崎市、こけしと鳴子峡で有名。
・飯坂温泉…福島県福島市、東北有数の古湯。

■ 松島と宮城県沿岸

◎松島 ★

地域・資源	概要
松島	京都の天橋立、広島の宮島と並ぶ**日本三景**の一つ。無数の小島が湾内に点在する。松尾芭蕉も絶賛した。**牡蠣の養殖**でも有名。
瑞巌寺 ★	**伊達家の菩提寺**。平安時代に**円仁**によって開創され、伊達政宗により現在に伝わる桃山様式の本堂・庫裏などの伽藍が造営された。現在は臨済宗で、東北一の禅寺。
五大堂（ごだいどう）★	松島湾に突き出た、朱塗りの橋と繋がれた小島に立つお堂で、瑞巌寺に属する。松島を代表とする景観の一つ。仙台地方最古の桃山建築としても有名。本尊の五大明王は33年ごとに開帳される。

1 北海道

2 東北地方

3 関東地方

4 中部地方

5 近畿地方

6 中国・四国地方

7 九州・沖縄地方

円通院	仙台藩祖・伊達政宗の孫にあたる光宗の菩提寺。重要文化財の三慧殿、庭園のバラとライトアップ、数珠作りなどで知られる。

松島

五大堂

解説 円仁と「四寺回廊」

　平安時代に、天台宗の僧である慈覚大師**円仁**が創建したという伝承のある宮城県**松島町の瑞巌寺**、山形県**山形市の立石寺（山寺）**、岩手県**平泉町の中尊寺と毛越寺**の４か所をめぐるコースを「**四寺回廊**」という。この四寺には江戸時代に松尾芭蕉も訪れた。

　慈覚大師**円仁**は下野（栃木県）出身の最澄の弟子で、第３世天台座主（ざす）。東京の浅草寺の前立本尊も作ったとされ、浅草寺の中興開山とされている。

⚠️ **間違いに注意！**

◆瑞鳳殿…仙台市、伊達政宗の霊廟。

◆瑞巌寺…松島町、伊達家の菩提寺、五大堂がある。

◎**塩竈市と多賀城市**

　いずれも松島の西側、仙台市との間に位置する。

地域・資源	概要
塩竈市 ★	松島湾の東側にあり、松島への遊覧船が出発する。塩釜港は生マグロの水揚げ量が日本有数であり、**塩釜水産物仲卸市場**では観光客も食事や買い物を楽しむことができる。
鹽竈（しおがま）神社	古来より陸奥国一の宮として、東北鎮護、海上守護として重んじられてきた。例年４月下旬ごろに国の天然記念物「鹽竈桜（しおがまざくら）」が見頃を迎える。

宮城県

1 北海道

2 東北地方

3 関東地方

4 中部地方

5 近畿地方

6 中国・四国地方

7 九州・沖縄地方

| 多賀城跡 | 陸奥国府と鎮守府が置かれた多賀城の遺跡。平城宮跡（奈良県）、太宰府跡（福岡県）とともに日本三大史跡に数えられる。 |

鹽竈神社

◎石巻市と気仙沼市

いずれも宮城県東部の沿岸に位置する。

地域・資源	概要
石巻市	北上川の河口にある漁港の都市であり、年間200種類の魚が水揚げされる。
金華山(石巻市)	**牡鹿半島**（おしかはんとう）の先端にある島であり、半島とともに**三陸復興国立公園**に指定。金華山沖は親潮と黒潮が出合う潮目で日本有数の漁場であり、「金華サバ」などのブランド名にもなっている。
気仙沼市	漁港の町。**フカヒレ**（サメからとったヒレ）が有名。リアス海岸であり牡蠣の養殖も盛ん。
巨釜・半造（おおがま・はんぞう）（気仙沼市）	唐桑半島にある2つの景勝地であり、ともに**三陸復興国立公園**に指定。巨釜は泡立つ波が巨大な釜で湯がたぎる様子に見えることから、半造は釜が半分だけできたような形に見えることから名付けられた。 巨釜

■ 宮城県内陸部

◎鳴子温泉と周辺

地域・資源	概要
鳴子温泉	1000年以上の歴史を持つ。**鳴子こけし**の産地。奥州三名湯の一つ。温泉からほど近い**鳴子峡**は、紅葉の名所として知られる。
伊豆沼	宮城県の北部にある沼で、ラムサール条約に日本で2番目に登録された。日本最大級の渡り鳥の越冬地であり、マガン、ヒシクイ、オオハクチョウ、コハクチョウなどが越冬する。

栗駒山	宮城県、秋田県、岩手県にまたがる成層火山(標高1626m)で、国定公園に指定。東北新幹線のくりこま高原駅(宮城県栗原市)が玄関口となっている。

鳴子峡

■ 蔵王山(宮城蔵王)と周辺

地域・資源	概要
蔵王山 ★	山形県と宮城県の県境にまたがる火山群の総称。主峰は熊野岳(1841m)などで、宮城県側に火口湖の**御釜**がある。
遠刈田温泉	蔵王山の北東麓にある温泉で、蔵王観光の探勝基地。遠刈田こけしの産地。
青根温泉	蔵王山の東麓にある温泉で、仙台藩伊達家のお家騒動を描いた山本周五郎の小説「樅の木は残った」の舞台。

蔵王の御釜

■ 宮城県の産業と特産物

水産業

- ・宮城県内の主要な漁港として**石巻、気仙沼(フカヒレで有名)、塩釜(マグロで有名)**がある。
- ・牡蠣の養殖:気仙沼(リアス海岸)。

食文化

- **ずんだ餅** …すりつぶした枝豆を餡に用いる餅菓子。
  宮城県を中心に南東北で見られる。
- **はらこ飯**…鮭といくらを使った炊き込みご飯。

ほかに、**牛タン（仙台市）** ★、**笹かまぼこ（仙台市）**。

伝統産業

◆**こけし＜鳴子温泉、作並温泉、遠刈田温泉＞**

 豆知識 **温泉とこけしの関係**

　東北地方では、各地でこけしの生産が盛んであり、宮城県の鳴子温泉・作並温泉・遠刈田温泉や、福島県の土湯温泉などが知られる。これらはいずれも長い歴史を持つ有名温泉地であり、温泉とこけしはセットで覚えるとよい。
　温泉地でこけし作りが盛んとなった理由としては、江戸時代後期に、東北各地で木のお椀やお盆などを作る木地師が、農閑期に湯治場を訪れた農家の子ども向けの玩具として作り始めたという説がある。

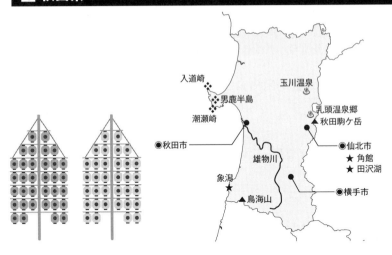

■ 秋田市と男鹿半島（秋田県沿岸北部）

地域・資源	内容
秋田市	**秋田藩佐竹氏20万石**の城下町であった。男鹿半島へのアクセス拠点。東北三大祭りの一つである**竿燈まつり**でも有名。
男鹿半島（男鹿市）	2つの砂州によって島が陸と繋がった陸繋島。内側にかつて八郎潟（はちろうがた）という湖があったが干拓された。 先端部にある**一ノ目潟、二ノ目潟、三ノ目潟**は爆裂火口湖（マール）である。南西端の**潮瀬岬**にある**ゴジラ岩**は1995年に発見された新名所。
入道崎	男鹿半島の北西端にある岬。荒々しい断崖の上に芝生が広がる。 入道崎
寒風山	男鹿半島にある標高355mの火山で、眺望がよく、山の大半が芝で覆われている。
なまはげ館	**ユネスコ無形文化遺産**であり、国の重要無形民俗文化財にも指定され、男鹿半島の民俗行事としても知られる**なまはげ**の実際の衣装や歴史資料などを展示している。衣装を実際に着ることもできる。

解説 男鹿のなまはげ ★

大晦日の晩、それぞれの集落の青年たちがナマハゲに扮して、「泣く子はいねがー、親の言うこど聞がね子はいねがー」などと大声で叫びながら、なまはげが地域の家々をめぐる。なまはげを迎える家では、昔から伝わる作法により料理や酒を準備して丁重にもてなす。

2018年に「来訪神：仮面・仮装の神々」の一つとしてユネスコ無形文化遺産に登録された。

⚠ **間違いに注意！**

◆牡鹿（おしか）半島 …宮城県、太平洋側、先端には金華山がある。
◆男鹿（ おが ）半島 …秋田県、日本海側、先端は入道崎である。

■ 内陸部の都市と自然

◎角館と横手

地域・資源	概要
角館（かくのだて）（仙北市）★	秋田藩佐竹氏の初代藩主の弟が築いた城下町。現在も藩政時代の地割が踏襲され、**武家屋敷**等の建造物が数多く残されており桜並木が美しい。「**みちのくの小京都**」と呼ばれる。山桜の樹皮で作った**樺細工（かばざいく）**が名高い。 **田沢湖や乳頭温泉郷への玄関口**となっている。
田沢湖（仙北市）	日本で最も深い湖（湖面標高249m・水深423.4m）である（第2位は支笏湖、第3位は十和田湖）。湖岸に**たつこ像**が立つ。
横手市	降雪地域に伝わる小正月の伝統行事である「**かまくら**」の行事が毎年2月に行われる。 雪で作った「家」（雪洞）の中に祭壇を設け、水神を祀る。近年は**横手やきそば**も有名。

角館

田沢湖

横手のかまくら

1 北海道
2 東北地方
3 関東地方
4 中部地方
5 近畿地方
6 中国・四国地方
7 九州・沖縄地方

◎十和田八幡平国立公園と周辺

　秋田県と青森県、岩手県にまたがる十和田八幡平国立公園は温泉が多く、特に秋田県域は名湯の宝庫である。

地域・資源	概要
乳頭温泉郷（仙北市）	「鶴の湯温泉」から最奥の「黒湯温泉」にいたる6軒の一軒宿と「休暇村乳頭温泉郷」の計7軒の宿で構成されている。温泉郷内の七湯に入れる**湯めぐり帳**を発行している。
秋田駒ケ岳（仙北市）	乳頭温泉郷の南側にある。活火山で高山植物が豊富。
玉川温泉（仙北市）	塩酸を主成分とする強酸性の泉質で、一か所の厳選からの湧出量としては全国一。岩盤浴が有名で、放射性ラジウムを含む北投石（ほくとうせき）は特別天然記念物に指定されている。江戸時代からの湯治場の雰囲気を残している。
後生掛温泉（鹿角市）	八幡平の北西側山麓にある温泉。箱から首だけを出して温まる蒸し風呂で有名。
発荷（はっか）峠（小坂町）	**十和田湖**の南西にある峠で、湖の絶景を楽しむことができる。
大湯温泉（鹿角市）	十和田湖の南にある温泉で、冬季にはスキー客で賑わう。付近に縄文時代後期の遺跡である**大湯環状列石**がある。 ※国立公園区域外

乳頭温泉郷（鶴の湯）　　玉川温泉（岩盤浴場）

■ 鳥海山とその周辺

地域・資源	概要
鳥海山	秋田・山形県境の日本海沿岸にあり、別名として出羽富士、秋田富士、庄内富士などと呼ばれる活火山（標高2236m）。チョウカイフスマ、チョウカイアザミなど固有の高山植物も多い。
象潟（きさかた）	紀元前に鳥海山が噴火して湖と小さな島々ができ、島々には松が生い茂り、風光明媚な風景ができあがった。しかし1804年の象潟地震で海底が隆起し、陸地化した。現代も102の小島が水田地帯に点々と残されている。

鳥海山　　　　　　　　　　　　　　象潟

秋田県

1 北海道

2 東北地方

3 関東地方

4 中部地方

5 近畿地方

6 中国・四国地方

7 九州・沖縄地方

■ 秋田県の産業と特産物

農林業

> **◆農業**
> ・米…秋田平野は東北屈指の穀倉地帯である。秋田県の銘柄米として**あきたこまち**がある。
> **◆林業**
> ・**秋田スギ**…青森ヒバ、木曽ヒノキとともに「日本三大美林」と呼ばれる。

食文化

> ・**きりたんぽ鍋＜県北部＞**…鶏ガラの出汁に野菜、鶏肉、炊いたご飯を潰して整形・切断した「きりたんぽ」などを入れた鍋料理。
> ・**稲庭うどん＜県南部＞**…手延べ製法の干しうどんで、機械を一切使わずに職人が作る。
> ・**しょっつる鍋＜沿岸部＞**…魚を塩漬け・発酵させた塩汁（しょっつる）を使った鍋料理。
> ・**いぶりがっこ＜県南部＞**…大根などの漬物を燻したもの。

伝統産業

> **◆曲げわっぱ＜大館＞**…スギの薄板を曲げて作る円筒形の木製の箱。周囲の山地で林業が盛んな大館市が特産地。
> **◆樺細工＜角館＞**…桜の樹皮を利用して作られた工芸品であり、茶筒や小箱、煙草入れなどに利用される。

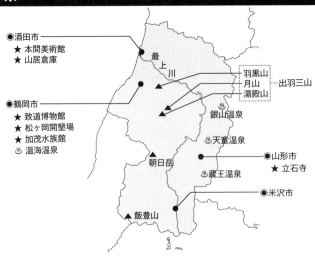

◎酒田市 ─
  ★ 本間美術館
  ★ 山居倉庫

◎鶴岡市 ─
  ★ 致道博物館
  ★ 松ヶ岡開墾場
  ★ 加茂水族館
  ♨ 温海温泉

最上川

羽黒山
月山   出羽三山
湯殿山

銀山温泉

天童温泉

朝日岳

蔵王温泉

◎山形市
  ★ 立石寺

◎米沢市

飯豊山

解説

　最上川の流域面積は県の約8割、人口も県の約8割を占め、山形県の社会・経済・文化の基盤をなしている。

　源流は県南部の福島県境であり、そこから北上して**米沢盆地・山形盆地**を通過し、新庄付近で北西に方向を変え、**庄内平野**（日本を代表する水田単作地帯）を潤し、**酒田市**で日本海に注ぐ。

　古くから水運が盛んであり、平安時代より内陸からは米が、酒田からは京都や大阪からの物資が山形・米沢へと運ばれた。

　山形県出身の詩人・斎藤茂吉は、最上川を「山形の母なる川」と形容している。また、松尾芭蕉は**「五月雨を　あつめて早し　最上川」**と歌った。

■ 山形県内陸部

◎山形盆地と蔵王

　山形盆地の中心に県庁所在地の山形市がある。

地域・資源	内容
山形市	**山形藩**の城下町。内陸であるが、最上川の舟運で酒田、さらに上方への交通ルートが構築されていた。藩主の居城であった山形城は「霞城（かじょう）」の別名を持ち、現在は霞城公園となっている。**花笠まつり**（例年8月5日～7日）で有名。

立石寺（りっしゃくじ）（山寺）★	松尾芭蕉が「閑さや　岩にしみ入る　蝉の聲」と詠んだ山形市の天台宗の寺院。大仏殿のある奥の院までは、石階段が1015段あり、山寺の頂上に到着するまでに30〜40分ほど時間がかかる。
山形盆地	排水のよい扇状地が広がり、夏は高温かつ乾燥するという条件が果物の生育に適している。**さくらんぼ（佐藤錦**が名高い）、**ラ・フランス**の生産が盛ん。
天童温泉	山形市内や立石寺への観光基地として賑わう。天童市は**将棋駒**の産地で全国シェアの95％を占める。
上山（かみのやま）温泉	山形盆地南部の田園地帯にあって、蔵王の観光拠点となっている。この地出身の**斎藤茂吉**の記念館がある。
蔵王温泉 ★	蔵王山の山形県側の麓にある温泉。スキー場は樹氷で有名。

立石寺

蔵王温泉スキー所の樹氷

解説　花笠まつり

　毎年8月5日〜7日に、山形県特産の紅花をあしらった色鮮やかな花笠を手に、威勢のよい「ヤッショ、マカショ」のかけ声や花笠太鼓で踊る。

◎米沢市と周辺

地域・資源	概要
米沢市	江戸時代には上杉家15万石の城下町であった。米沢城本丸跡にある上杉神社は、上杉謙信と上杉鷹山を祀る。米沢牛でも有名。 上杉神社
赤湯温泉（南陽市）	米沢盆地の北に位置し、かつては上杉藩の温泉場であった。

解説 上杉神社に祀られている上杉謙信と上杉鷹山

　上杉謙信は、米沢上杉家の祖先にあたる戦国大名で、上杉家の勢力を著しく拡大させ、越後国とその周辺を領有した。
　上杉鷹山（ようざん）は米沢藩9代藩主であり、江戸時代屈指の名君として知られる。質素倹約と殖産興業によって藩財政を立て直した。

◎朝日岳と飯豊山

　米沢の西側にある朝日岳と、南側にある飯豊山は、ともに深い森に覆われた信仰の山であり、**磐梯朝日国立公園**に指定されている。

地域・資源	概要
朝日岳	山形・新潟県境にある連峰の総称（標高1870m）。ブナの原生林に覆われる。 朝日岳
飯豊山	山形・新潟・福島県境にある連峰の総称（標高2128ｍ）。こちらもブナの原生林が有名。

◎最上峡と銀山温泉（内陸北部）

地域・資源	概要
最上峡	最上川が出羽山地を横断するところにある峡谷で、大小48の滝がかかる。民謡「最上川舟歌」を聴きながらの**舟下り**が有名。
銀山温泉	奥羽山脈の西麓の尾花沢市にある。慶長年間（1596年～1614年）に銀山の坑夫が温泉を発見したという。大正時代にタイムスリップしたような木造建築の旅館が銀山川の両側に並ぶ。

最上峡　　　　　　　　銀山温泉

山形県

1 北海道

2 東北地方

3 関東地方

4 中部地方

5 近畿地方

6 中国・四国地方

7 九州・沖縄地方

■ 庄内地方と出羽三山

庄内地方は、山形県のうち日本海に面する地域であり、最上川の下流に広がる庄内平野と周辺の山々から成る。

◎酒田市

庄内平野の最上川の河口にある。江戸時代前期に、**河村瑞軒が酒田を起点として大阪に達する西廻り航路、江戸に達する東廻り航路を開いた。**

それ以来、酒田は**北前船**による交易の拠点として栄え、「西の堺、東の酒田」といわれ、豪商の屋敷や料亭などが軒を連ねた。

庄内米の大集散地や、映画「おくりびと」の主要な撮影地としても知られる。

地域・資源	概要
本間美術館	庄内地域の大地主であった本間家の収集品を保管、展示する博物館。敷地にある京風の純和風建築**清遠閣**は、本間家により、藩主酒井侯が領内巡視をする際の休憩所として造られ、酒田の迎賓館として使用されてきた。
本間家旧本邸	本間家が、幕府の巡見使一行を迎えるための宿舎として新築し、庄内藩主酒井家に献上した武家屋敷。
相馬樓	江戸時代には「相馬屋」として賑わった、酒田の繁栄を伝える料亭。1階の20畳部屋を「茶房くつろぎ処」とし、2階の大広間は舞妓さんの踊りと食事を楽しむ演舞場になっている。
山居倉庫（さんきょそうこ）	米穀の低温管理倉庫。1893年に旧**庄内藩酒井家**により酒田米穀取引所の付属倉庫として建設され、管理・運営も酒井家が行った。14棟のうち12棟が残り現在も使われている。
土門拳記念館	酒田市出身の世界的な写真家・土門拳の作品を展示する。

山居倉庫

相馬樓

酒田の商人であった本間家は、米・藍・紅花など大阪に運んで莫大な富を築き、農地解放まで日本最大の大地主だった。その繁栄ぶりは、庄内地方の俗歌に「本間様には及ばないが せめてなりたや殿様に」とうたわれる程だった。

本間家は酒田の発展に尽力し、江戸時代中期に本間家当主であった本間光丘は、私財600両を献納して、酒田湊の西浜の庄内砂丘に砂防植林を行った。

テーマで整理！ 北前船の寄港地

北前船とは、江戸時代から明治時代にかけて活躍した船の名称。京都・大阪と日本海沿岸を結んだ。これらのルート上には北前船に関する遺産が残されている。

下記は、日本遺産「北前船寄港地・船主集落」の指定地域の一覧である。これらを全て覚える必要はないが、**日本海と瀬戸内海の沿岸では北前船の話題が出ることがある**ことを押さえておくとよい。

石狩市
小樽市
函館市
松前町
鰺ヶ沢町
深浦町
野辺地町
能代市
男鹿市
にかほ市
秋田市
由利本荘市
酒田市
輪島市
高岡市
小松市
加賀市
坂井市
佐渡市
新潟市
長岡市
上越市
富山市
宮津市
新温泉町
鳥取市
倉敷市
尾道市
浜田市
呉市
南越前町
敦賀市
小浜市
高砂市
大阪市
神戸市
洲本市
赤穂市

1 北海道

2 東北地方

3 関東地方

4 中部地方

5 近畿地方

6 中国・四国地方

7 九州・沖縄地方

◎鶴岡市

酒田が商業都市であるの対して、鶴岡は庄内藩主酒井家の城下町として栄えた。

地域・資源	概要
致道博物館	庄内藩主酒井家の御用屋敷だったものを博物館として公開したもの。旧藩校の**致道館**に由来する資料などが展示されている。また、敷地内に歴史的建築物が移築・展示されている。
松ヶ岡開墾場	旧庄内藩士が明治時代に開墾し、桑を植え養蚕を開始し、国内最北限の絹産地として発達した。瓦葺三階建ての蚕室が5棟現存し、1棟が修復されて松ヶ岡開墾記念館となっている。
加茂水族館	**クラゲ展示種類数世界一**（60種類以上の常時展示）を誇る。
温海（あつみ）温泉	鶴岡市内の日本海沿岸にあり、約260年の歴史を持つ朝市が有名。
湯野浜温泉	鶴岡市内の日本海沿岸にあり、周辺は白砂と緑の防砂林が続く。

致道博物館

加茂水族館のクラゲ

◎出羽三山

　出羽三山は、月山（標高1984m）、湯殿山（標高1500m）、羽黒山（標高414m）の総称であり、褶曲山地の上に月山の噴出物が堆積し、なだらかな山体が形成されている。**磐梯朝日国立公園**に指定。

　三山は中世以来、山伏の**修験道の聖地**であり、現在も日本の山岳信仰の中心として修験者、参拝者を集めている。

地域・資源	概要
月山・月山神社	月山はなだらかな成層火山（標高1984m）で、出羽三山の主峰。雪が豊富で夏山スキーができる。 月山神社の本宮は月山の山頂にある。ご祭神は**月読命**（つくよみのみこと)で、登拝（登山)できる時期は7月1日から9月15日と決まっている。
湯殿山・湯殿山神社	月山南西山腹に連なるなだらかな稜線の山（標高1500m）。 山腹の湯殿山神社本宮は、社殿がなく、ご神体は熱湯の湧き出る茶褐色の巨大な霊岩。仙人沢祈祷所には6体のミイラ（即身仏）が残されている。
羽黒山・出羽（いでは)神社	庄内平野の南東にある小高い山（標高414m）。 山頂の出羽神社まで続く約2km、2446段の石段の参道の両脇には、巨大な杉並木が立ち並ぶ。国宝の**五重塔**は平将門の寄進と伝えられるが、現存するのは再建されたもの。
出羽三山神社・三神合祭殿	上記の月山神社・湯殿山神社・出羽神社の三社を合わせて出羽三山神社という。 羽黒山には、三社の神を合わせて祀る**三神合祭殿**（さんじんごうさいでん）がある。

月山神社

出羽神社五重塔

出羽神社参道

■ 山形県の産業と特産物

農業

> ・米…**庄内平野**は東北屈指の穀倉地帯である。山形県の銘柄米として**つや姫**、**は
> えぬき**がある。
> ・果物…**山形盆地のさくらんぼ（佐藤錦）**、**ラ・フランス**など。
> ・**紅花**…紅色染料や食用油の原料として栽培される。江戸時
> 代に最上地方（県北部の新庄市周辺）で盛んに栽培された。
> 山形県の県花。

食文化

> ・**芋煮＜全県＞**…秋に河原で鍋を囲む芋煮会が各地で見られる。里芋・肉・こん
> にゃく・ネギなどを入れて煮込む。
> ・**どんがら汁＜庄内地方＞**…タラの頭や内蔵を含めてまるごと使用した汁もの。
> 他に、**米沢牛（米沢市）**。

伝統産業

> ◆**将棋駒＜天童市＞**…全国シェアの95％を占める。

1 北海道
2 東北地方
3 関東地方
4 中部地方
5 近畿地方
6 中国・四国地方
7 九州・沖縄地方

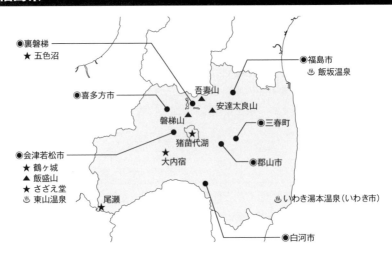

■ 会津地方

会津地方は、福島県の西側内陸部に位置し、会津盆地と周辺の山々で構成される。

◎ 会津若松 ⭐

城下町として栄え、明治維新の**戊辰戦争（会津戦争）**では悲劇の舞台となった。
現在は福島県最大の観光都市であり、**会津塗**や**赤べこ**でも有名。

地域・資源	概要
鶴ヶ城（会津若松城）	会津若松のシンボル。戊辰戦争後に取り壊されたが、1965年に現在の天守が復元され、2011年に幕末に近い赤瓦に葺き替えられた。
飯盛山（いいもりやま）	会津若松の市街地を見下ろす小高い山。戊辰戦争で白虎隊（10代後半の少年兵）が自刃した地としても知られる。
さざえ堂	飯盛山の中腹にある、巻貝のような形をした木造の六角塔。内部には上りと下りの2つの通路があり、二重らせん構造になっている。

福島県

1 北海道

2 東北地方

3 関東地方

4 中部地方

5 近畿地方

6 中国・四国地方

7 九州・沖縄地方

東山温泉・芦ノ牧温泉	ともに会津若松市内にあり、「会津の奥座敷」といわれる。

◎磐梯山、裏磐梯、猪苗代湖（磐梯朝日国立公園）

地域・資源	概要
磐梯山	猪苗代湖の北にそびえる成層火山（標高1816ｍ）で、「会津富士」とも呼ばれる。
裏磐梯 ★	明治時代に、磐梯山が噴火して山体が崩壊し、その泥流によって、磐梯山の裏側（北側）に桧原湖・秋元湖・小野川湖などの堰止湖や数多くの小湖沼が形成された。
五色沼	裏磐梯地域にある大小30余りの小湖沼群。自然探勝路で沼めぐりを楽しむことができる。
猪苗代湖 ★	磐梯山の南麓にある。琵琶湖・霞ヶ浦・サロマ湖に次いで日本で4番目に大きい湖。湖畔の猪苗代町には、郷土の偉人を称える**野口英世記念館**がある。

テーマで整理！ 東北の「○○富士」

・岩木山（青森県）→津軽富士
・岩手山（岩手県）→南部富士
・鳥海山（秋田県・山形県）→出羽富士、秋田富士、庄内富士
・磐梯山（福島県）→会津富士

◎喜多方市

地域・資源	概要
喜多方市	江戸時代から会津若松と米沢を結ぶ街道の宿場町として栄えた。酒蔵・味噌蔵・店蔵・座敷蔵などいたるところに蔵が点在し、その数は2600棟余りにものぼる。**喜多方ラーメン**でも有名。

◎会津地方南部

地域・資源	内容
大内宿 ★	日光の今市から会津若松に通じる旧**会津西街道**にある宿場町。全長約450mの往還の両側に、道に妻を向けた**寄棟造茅葺き**民家がある。江戸時代には「半農半宿」の宿場であったが、現在でもその雰囲気をよく残し、田園の中の旧街道沿いに茅葺き民家の街割りが整然と並ぶ。
尾瀬国立公園	福島県・群馬県・新潟県・栃木県にまたがる。福島県内では、**檜枝岐**が玄関口となっており、主な見所として**会津駒ケ岳**（標高2133m）、**燧ヶ岳**（標高2356m、東北地方以北の最高峰）がある。

■ 中通り地方

中通り地方は、福島県の中央部に位置し、おおむね**阿武隈川**の流域にあたる。

阿武隈川は福島県を北流して宮城県仙台湾に注ぎ、東北地方で北上川に次いで2番目の長さを誇る河川。

◎福島市と周辺

福島市は福島県の県庁所在地。モモなど果物の栽培が盛ん。

地域・資源	概要
花見山公園	養蚕農家が自宅前の雑木林に花木を植え始めたことがきっかけで、一般開放されるようになった。写真家の故秋山庄太郎が、花見山公園の魅力を紹介したことから全国的に知られるようになった。
飯坂温泉	福島市北部にあって古い歴史と伝統を誇る。宮城県の鳴子温泉、秋保温泉とともに奥州三名湯に数えられる。
土湯 (つちゆ) 温泉	福島市南西部にある名湯で、こけしの生産で知られる。
吾妻山 (あづまやま)	福島と山形県境の火山群（標高2035m）。湖沼・湿原とスキー場が点在。福島市からよく望むことができ、アクセスがよい。**磐梯朝日国立公園**に指定。
安達太良山 (あだたらやま)	吾妻山の南にある火山（標高1700m）。山腹に**岳温泉**など温泉が多くあり、冬期はスキー場として賑わう。**磐梯朝日国立公園**に指定。

花見山公園

吾妻山

1 北海道

2 東北地方

3 関東地方

4 中部地方

5 近畿地方

6 中国・四国地方

7 九州・沖縄地方

◎郡山市と周辺

郡山市は県内有数の大都市で、会津地方や三春への観光拠点でもある。

地域・資源	概要
安積疎水 (あさかすい)	猪苗代湖の水を引いて**郡山盆地**を灌漑するための用水路。日本で初めての国営事業として明治時代初期に完成。日本で2番目の水力発電所も建設され、小さな宿場町であった**郡山**は、東北有数の大都市へと変貌した。
高柴デコ屋敷	郡山市内にある、江戸時代から約300年間続いている工房4軒などからなる集落。郷土玩具の三春駒・三春張子人形の発祥地。
三春滝桜 (三春町)	樹齢推定1000年を超えるベニシダレザクラの巨木であり、国の天然記念物に指定。三春は郡山の東側にある城下町。
あぶくま洞 (田村市)	阿武隈山中に8000万年かけて作られた鍾乳洞。周辺は石灰岩が豊富であり、その採掘作業中に発見された。

豆知識　「三春」の由来

「三春」という地名は、春になるとウメ・モモ・サクラの三種類の春の花が一斉に咲くことから名付けられた。

◎白河市

かつて白河関が置かれ、みちのくの玄関口として知られる。江戸時代に寛政の改革を行った松平定信を輩出したことでも有名。

地域・資源	内容
小峰城	東北地方では珍しい総石垣造りの城で、盛岡城、会津若松城とともに「東北三名城」の一つにも数えられる。

■ 浜通り地方
　浜通り地方は、福島県東部の太平洋岸に位置する。

◎いわき市と周辺

地域・資源	概要
いわき湯本温泉	奈良時代に開湯したとの伝承を持つ温泉。
スパリゾートハワイアンズ	いわき湯本温泉の西側にある、温泉、温水プール、ホテル、ゴルフ場からなる大型レジャー施設。
勿来（なこそ）関跡	奥州三古関の一つで、古くから浜街道の東北の玄関口としての役割を果たしてきた。
相馬野馬追	7月に福島県浜通り北部（相馬市、南相馬市ほか）で行われる、馬を追う神事および祭り。国の重要無形民俗文化財に指定されている。

相馬野馬追

解説 常盤炭田〜スパリゾートハワイアンズの歴史

いわき市はかつて**常磐炭田**で栄えたが、戦後は石油の普及に押されて経営が悪化していった（1976年に閉山）。

炭田を経営していた常磐興産は、炭鉱から観光に転換することで生き残りをはかった。炭鉱の坑道からは温泉が湧出しており、鉱山労働者を悩ませたが、その温泉を利用して常磐ハワイアンセンター（現**スパリゾートハワイアンズ**）を建設し、成功をおさめた。このストーリーは**「フラガール」**という題名で映画化された。

2011年の東日本大震災で大きな被害を受けたが、その後いち早く立ち直り、震災復興ツーリズムの先進事例となっている。

■ 福島県の産業と特産物

農業

・果物…モモ（福島盆地）

食文化

・こづゆ＜会津地方＞…内陸でも入手が可能な海産物の乾物を素材とした汁物。
・にしんの醤油漬け＜会津地方＞…身欠ニシン（ニシンの干物）と山椒の葉を重ね合わせて味付けし、2〜3週間漬けたもの。
・わっぱめし＜会津地方＞…曲げわっぱに飯とおかずを入れて蒸した料理。
ほかに、**喜多方ラーメン＜喜多方市＞**。

伝統産業

◆**会津塗り＜会津地方＞**…津軽塗や輪島塗よりも早くから盛んとなった。螺鈿・漆絵・乾漆・蒔絵・花塗りなど多岐にわたる技法がある。
◆**赤べこ＜会津地方＞**…赤い牛をかたどった郷土玩具。「べこ」は東北地方の方言で「牛」という意味。体色の赤は魔除けの効果があるといわれている。
◆**三春駒・三春張子＜郡山市＞**…三春駒は木製の馬の玩具。三春張子は張子の人形など。

1 北海道
2 東北地方
3 関東地方
4 中部地方
5 近畿地方
6 中国・四国地方
7 九州・沖縄地方

東北地方のチェックテスト

1 春はさくらまつり、夏はねぷたまつりで賑わい、現存天守や武家屋敷の町並みでも知られる都市はどれか。
①青森市 ②八戸市 ③弘前市 ④五所川原市

2 奥入瀬渓流の上流にあるカルデラ湖で、湖岸に高村光太郎の「乙女の像」がある湖はどれか。
①田沢湖 ②十三湖 ③十和田湖 ④猪苗代湖

3 毎年6月に開催され、滝沢市から盛岡市まで15kmの道を華やかな馬具を纏った100頭を超える馬を連れて進行する祭りはどれか。
①花笠まつり ②チャグチャグ馬コ ③相馬野馬追 ④竿燈まつり

4 かつて製鉄業が盛んであり、世界文化遺産「明治日本の産業革命遺産」に登録された橋野高炉跡がある都市はどれか。
①宮古市 ②釜石市 ③大船渡市 ④石巻市

5 松島湾に突き出た小島に建ち、瑞巌寺に属するお堂はどれか。
①五大堂 ②金色堂 ③さざえ堂 ④達谷窟毘沙門堂

6 奥州三名湯の一つに数えられ、「仙台の奥座敷」と呼ばれる温泉はどれか。
①飯坂温泉 ②鳴子温泉 ③作並温泉 ④秋保温泉

7 半島と岬の組み合わせが正しいものはどれか。
①男鹿半島—入道崎
②牡鹿半島—尻屋崎
③下北半島—龍飛崎
④津軽半島—金華山

東北地方

1 北海道

2 東北地方

3 関東地方

4 中部地方

5 近畿地方

6 中国・四国地方

7 九州・沖縄地方

8 秋田県にあり、武家屋敷と桜並木が美しく、「みちのくの小京都」と呼ばれる場所はどこか。
①米沢　②鶴岡　③三春　④角館

9 山形県が生産量日本一であり、ブランド品種「佐藤錦」で知られる果物はどれか。
①もも　②さくらんぼ　③りんご　④ぶどう

10 出羽三山の一つで、山道の杉並木、五重塔、三神合祭殿で有名な山はどれか。
①朝日岳　②湯殿山　③羽黒山　④月山

11 裏磐梯地域にある大小30余りの小湖沼群であり、自然探勝路で沼めぐりを楽しむことができる場所はどれか。
①五色沼　②伊豆沼　③蔦沼　④気仙沼

12 福島県会津地方特産の郷土玩具はどれか。
①赤べこ　②三春駒　③鳴子こけし　④樺細工

3 章

関東地方

3 関東地方

主要都市、国立公園、世界遺産

地域	概要
東京都	・東京は日本の首都であり、世界有数規模の都市。 ・東京国際空港がある。 ・秩父多摩甲斐国立公園、小笠原国立公園（世界自然遺産）、富士箱根伊豆国立公園、世界文化遺産「ル・コルビュジエの建築作品」（国立西洋美術館）がある。
神奈川県	・県庁所在地の横浜市は政令指定都市であり、人口は国内第2位。また、川崎市と相模原市も政令指定都市である。 ・富士箱根伊豆国立公園がある。
千葉県	・県庁所在地の千葉市は政令指定都市。 ・成田国際空港がある。
埼玉県	・県庁所在地のさいたま市は政令指定都市。 ・秩父多摩甲斐国立公園がある。
群馬県	・県庁所在地は前橋市。 ・尾瀬国立公園、日光国立公園、上信越高原国立公園、世界文化遺産「富岡製糸場と絹産業遺産群」がある。
栃木県	・県庁所在地は宇都宮市。 ・日光国立公園、尾瀬国立公園、世界文化遺産「日光の社寺」がある。
茨城県	・県庁所在地は水戸市。

地形

- ◆ **関東平野**：**日本最大の平野**。関東地方の約半分を占め、都市と農地が広がる。
- ◆ **山地**：北に**那須連峰、日光連山、上毛三山（赤城山、榛名山、妙義山）**など、西に**秩父山地と丹沢山地**がある。
- ◆ **河川**：山地から**利根川**（流域面積日本最大）、**荒川、多摩川、那珂川**などの河川が注ぐ。
- ◆ **海岸と岬**：北東から南西に向かって、**鹿島灘、犬吠埼、房総半島（野島崎）、東京湾、三浦半島（城ヶ島）、相模湾、伊豆半島（石廊崎）**の順に並ぶ。
- ◆ **島しょ**：**伊豆諸島と小笠原諸島**がある。

気象

- ◆ 冬は乾燥し、**からっ風**と呼ばれる冷たい北西の季節風が吹く。**雪は少ない**。
- ◆ 一方、夏は熱帯並みに高温多湿である。

1 北海道

2 東北地方

3 関東地方

4 中部地方

5 近畿地方

6 中国・四国地方

7 九州・沖縄地方

■ 群馬県
世界文化遺産
★富岡製糸場と絹産業遺産群

■ 栃木県
世界文化遺産
★日光の寺社

那須岳

尾瀬国立公園　日光国立公園
日光連山
★日光の寺社

上信越高原国立公園

赤城山　宇都宮市◉　那珂川

榛名山▲

妙義山▲　◉前橋市　水戸市◉

秩父山地

★富岡製糸場

荒川　利根川

秩父多摩甲斐国立公園

多摩川　◉さいたま市

鹿島灘

成田国際空港

犬吠埼

国立西洋美術館★
東京◉　◉千葉市
川崎市◉　東京国際空港（羽田空港）

丹沢山地

◉相模原市

横浜市◉　東京湾

■ 東京都
世界文化遺産
★ル・コルビュジエ
の建築作品

世界自然遺産
★小笠原諸島

三浦半島

房総半島

富士箱根伊豆国立公園

相模湾

城ヶ島

伊豆半島

野島崎

石廊崎

伊豆諸島

小笠原国立公園

97

首都圏とは、東京を中心とする都市圏であり、その人口は約4000万人と、我が国の人口の3分の1が居住する。

　首都圏整備法（1956年制定）の施行令は、**首都圏の範囲について、東京都、神奈川県、千葉県、埼玉県、茨城県、栃木県、群馬県（以上、関東地方）、そして山梨県**を含むと定めている。

1 東京都

■ 都心・中央部＜皇居とその周辺＞

● 柴又
● 浅草
● 秋葉原
★東京スカイツリー
● 日本橋
● 両国
★東京駅
● 丸の内
★国会議事堂
● 銀座
● 豊洲
● 築地
● お台場
✈ 東京国際空港（羽田空港）

● 池袋
● 上野
★皇居
● 新宿
● 表参道
★明治神宮
● 渋谷
● 六本木
★東京タワー

隅田川

1 北海道
2 東北地方
3 関東地方
4 中部地方
5 近畿地方
6 中国・四国地方
7 九州・沖縄地方

解説 江戸・東京の都市構造

　徳川家康は1590年の小田原攻めの後、豊臣秀吉によって関東6か国への転封を命ぜられた（関東移封）。家康は、太田道灌によって築城されたものの、荒れ果てた砦となっていた江戸城の改築・増築に乗り出すとともに、当時は湿地が広がる寒村であった江戸の改造に着手した。

　江戸幕府の時代に形成された**町割りは3つの地域に分かれ**、今日も随所に痕跡が残されており、現代の東京都心の都市構造の基礎になっている。

◆**武家地**…江戸城に近いところから、周りを取り囲むように 武家屋敷が配置された。これらは江戸の約60％強を占めた。大名屋敷の敷地は広大だったため明治以降に政府の施設、公園、大学などに転用された。

　（例）加賀藩前田家上屋敷 →東京大学

　　　長府藩毛利家上屋敷 →六本木ヒルズ毛利庭園

　　　島原藩松平家中屋敷 →慶應義塾大学

　　　彦根藩井伊家下屋敷 →明治神宮

　　　高遠藩内藤家下屋敷 →新宿御苑

◆**寺社地**…武家地や町人地を取り囲むように、寺や神社が配置されていた。江戸の約20％程度を占めた。

◆**町人地**…現在の中央区、台東区、千代田区の一部など、江戸の約 20％弱の限られた範囲に集中して町人が暮らしていた。

◎皇居（＝江戸城）★★★

　かつての江戸城は、**皇居、皇居外苑、皇居東御苑、北の丸公園になっている。**

　現存する**江戸城の遺構**として、**桜田門、田安門、清水門**（以上、国重要文化財）と随所に見られる石垣などがある。また、**再建された建造物として、伏見櫓・多門櫓、富士見櫓、桜田巽櫓、大手門**などがある。なお、最後に建てられた天守は1657年の明暦の大火で焼失し、**天守は現存しない。**

地域・資源	内容
皇居	1869年に明治天皇が江戸城に入り、皇居とした。 一般人が訪問できる機会として、新年や天皇誕生日などに行われる一般参賀と、桜の開花や紅葉の季節に合わせた乾通りの通り抜けがある。
皇居外苑	東京駅からすぐ近くの皇居前広場を中心とした地区で、皇居のシンボルである二重橋、楠木正成像、幕末に井伊直弼が暗殺されたことで有名な桜田門等を見ることができる。
皇居東御苑	旧江戸城の本丸、二の丸、三の丸があった場所で、1968年以降、一般公開されている。宮内庁所管の美術品などを展示する三の丸尚蔵館、江戸城天守台（天守跡）等がある。
北の丸公園	江戸城の北の丸であった場所で、現在は環境省が管理する国民公園の一つ。日本武道館、東京国立近代美術館等がある。

二重橋

江戸城天守台

伏見櫓

↑石橋の奥にある鉄橋が「二重橋」であり、手前は「正門石橋」である。

◎東京駅・丸の内・日比谷公園

　皇居の正面（南東側）に東京駅があり、これらの間に丸の内と日比谷公園がある。

地域・資源	概要
東京駅	東京の代表駅として皇居の正面に設定され、1914年に完成した。**辰野金吾**が設計し、**埼玉県深谷市産のレンガ**を使用した鉄筋3階建ての洋式建築で、丸の内口の中央に皇室専用貴賓出入口が造られた。東京大空襲で大きな損害を受け、戦後は3階建ての駅舎を2階建てに改築し使用してきたが、2007年に大規模な保存・復元工事が着工され、2012年に建設当時の3階建ての姿に戻った。

1 北海道

2 東北地方

3 関東地方

4 中部地方

5 近畿地方

6 中国・四国地方

7 九州・沖縄地方

丸の内	江戸時代は武家屋敷であったが、明治維新後に官有地となり、1890年に三菱に払い下げられた。ロンドンのロンバード街にならった赤煉瓦街が建設され、一丁倫敦といわれた。丸の内には現在も三菱グループ各社の本社や三菱地所所有のオフィスビルが集中する。
三菱一号館美術館	三菱一号館は、1894年に丸の内に建設された日本初のオフィスビルであり、お雇い外国人の**ジョサイア・コンドル**が設計した。戦後解体されていたが、2009年にやや異なる位置に復元され、再開発で誕生した「丸の内ブリックスクエア」を構成する施設として2010年に開館した。
日比谷公園	江戸初期は入江であったが、埋め立てられ武家屋敷となった。明治時代初期に練兵場となり、のちの1902年に我が国最初の大規模な西洋式公園として日比谷公園が建設された。
東京国際フォーラム★	東京を代表する国際コンベンションセンターの一つ。建物は国際的に著名な建築家ラファエル・ヴィニオリ氏の設計。

東京駅

三菱一号館美術館

 豆知識　**信任状捧呈式の馬車列**

　日本に着任した外国大使は、自国からの信任状を天皇陛下に差し出し、大使としての仕事を始める。この儀式を「信任状捧呈（ほうてい）式」という。

　新任大使は、東京駅から宮内庁の送迎を受けて皇居に向かう。送迎は宮内庁が車か馬車で行うが、大半の大使は馬車を選ぶという。

　この様子は一般人も沿道から見学することができ、観光客に人気がある。

◎国会議事堂、総理大臣官邸、最高裁判所周辺

皇居の南東側に、日本の三権を象徴する建築物が集まっている。

地域・資源	内容
国会議事堂	戦時中の1936年に竣工。鉄骨鉄筋コンクリート造で、外装は花崗岩、内装には日本各地の銘石が使用されている。
総理大臣官邸	現在の官邸は2002年に竣工。正面はガラス張りのモダンな外観だが、軒などに和風の意匠も感じられる。
最高裁判所	現在の庁舎は1974年に竣工。皇居の堀に面し、花崗岩の直線的な外壁を持つ特徴的な建物。
日枝神社（ひえじんじゃ）	徳川将軍家御用達の氏神であり、江戸城の**裏鬼門**（南西）を護る鎮守。鬼門（北東）を護る神田明神と対をなしている。国会議事堂近くの永田町にあり、政財界からも支持を受けている。**隔年6月には神社の祭礼である「山王祭」が行われる。**

国会議事堂　　　　　　　最高裁判所

テーマで整理！ 江戸三大祭

◆**神田祭**…神田明神の祭礼、5月（山王祭と隔年で開催）。
◆**山王祭**…日枝神社の祭礼、6月（神田祭と隔年で開催）。
◆**深川祭**…富岡八幡宮の祭礼、8月。
神田祭と山王祭は**天下祭**と呼ばれ、江戸時代には徳川将軍家からも崇敬され、3代将軍家光以来、歴代の将軍が上覧拝礼した。

◎千鳥ヶ淵と靖国神社

皇居の北東側には、千鳥ヶ淵と靖国神社がある。

地域・資源	概要
千鳥ヶ淵	江戸城拡張の際、河川を半蔵門と田安門の土橋でせき止めて造られた堀。桜の名所として有名。開花期間中は桜のライトアップが行われる。

靖国神社	1869年に、明治政府が戊辰戦争での官軍の戦死者を弔うため、東京招魂社の名前で創建された。その後、靖国神社と改称され、日清・日露・太平洋戦争などの戦没者が祀られていった。

 豆知識　皇居ランニングコース

　皇居外周は1周約5kmで、信号がないためノンストップで走ることができる。また、皇居の豊かな緑と水、そして桜田門、皇居外苑、竹橋、千鳥ヶ淵公園、半蔵門、三宅坂など名所を眺めながら走ることができるため、年間を通して人気のランニングコースとなっている。

千鳥ヶ淵の桜

■ 都心西部〜北西部＜六本木、青山、渋谷、新宿・池袋＞
◎六本木と周辺 ★★

　国内有数の繁華街、ビジネス街、一流ホテル、美術館などが立地し、多面的な魅力を持つ地域。

地域・資源	概要
六本木ヒルズ ★★	高さ238mの高層オフィスビルを中心に、集合住宅、ホテル、テレビ局、映画館、商業施設等が集積する。
国立新美術館 ★	日本で5館目の国立美術館として2007年に開館。コレクションを持たず、国内最大級の展示スペースを生かした多彩な展覧会の開催、美術に関する情報や資料の収集・公開・提供、教育普及など、アートセンターとしての役割を果たす新しいタイプの美術館。黒川紀章設計。
東京ミッドタウン ★	六本木の北側の赤坂にある大型複合商業施設。中心施設のミッドタウン・タワーは高さ248mと都内屈指の高層ビルである。
東京の高層ビル	東京は、近年超高層ビルが相次いで建設されている。2023年6月末時点では、麻布台ヒルズ森JPタワー（325m）が日本及び東京で最も高いビルだが、これを上回る高さのビルが建設中である。

1 北海道

2 東北地方

3 関東地方

4 中部地方

5 近畿地方

6 中国・四国地方

7 九州・沖縄地方

◎青山 ★・表参道・明治神宮

　流行の発信地となっている国内有数の商業地区と、日本一大きな敷地面積を持つ神社である明治神宮が隣り合っている。

地域・資源	内容
表参道 ★★	明治神宮の参道として整備された大通りで、原宿駅前付近から青山通りと交差する地点までの全長約1.1kmの区間を指す。ケヤキ並木の広い通りには銀座と並んで高級ブランドの旗艦店が集まっている。
表参道ヒルズ	老朽化した「同潤会アパート」の再開発プロジェクトとして、2006年に開業した。設計者は**安藤忠雄**で、ケヤキ並木の景観と調和させることもあって地上部分を低く抑えている。
明治神宮 ★★★	**明治天皇と昭憲皇太后**を祭神とする。初詣では例年日本一の参拝者数を集める（300万人以上）。内苑と外苑に分かれており、内苑には日本や朝鮮半島・台湾からの献木365種約12万本が計画的に植えられた。現在、都心部の貴重な緑地であり、人工林が意図的に自然林化されたものとして貴重である。
伝統工芸青山スクエア	全国の伝統的工芸品を豊富に取り扱うギャラリー＆ショップ。
根津美術館 ★	南青山にある、実業家・初代根津嘉一郎のコレクションをもとに開館した私設美術館。国宝、重要文化財を多数収蔵。
原宿	原宿駅に近い竹下通りを中心に、10代の若者が好む衣料品店、雑貨店、飲食店などが集まる。

表参道

明治神宮（大鳥居）

◎渋谷 ★★

　明治神宮の南に位置し、新宿、池袋と並ぶ三大副都心の一つ。若者の街として知られ、デパートや専門店・飲食店などが立ち並ぶ。

地域・資源	概要
忠犬ハチ公像	渋谷駅前にある銅像で、待ち合わせ場所として有名。ハチ公は亡くなった飼い主の帰りを、渋谷駅前で約10年間待ち続けた犬で、犬種は秋田犬（あきたいぬ）。
渋谷スクランブル交差点	渋谷駅前にある交差点。多いときで1日約50万人が利用し、ピーク時は1回の青信号で渡る人が3000人に達する世界一歩行者の多い交差点。外国人観光客にとっては、多くの人がぶつかることなく渡るのが不思議に映るという。ニューヨークのタイムズスクエアと並んで「世界でも有名な交差点」といわれる。

渋谷スクランブル交差点

◎新宿 ★★ と中央線沿線

江戸時代の新宿は、甲州道中の最初の宿駅である**内藤新宿**として栄えた。現代は新宿副都心として開発され、1991年には有楽町北側から東京都庁が移転してきた。

ターミナルの新宿駅は「1日平均359万人（2018年）の乗客が通過する"世界で最も忙しい駅"」としてギネスブックに認定されている。

地域・資源	概要
東京都庁舎 ★★	**丹下健三**が設計。48階建ての第1庁舎と34階建ての第2庁舎、7階建ての都議会議事堂からなり、1万人以上が働いている。45階にある**展望室**は、地上202mにあり一般に開放されている。
新宿御苑	1906年に江戸時代に信州高遠藩主内藤家の屋敷があったところに、新宿御苑が誕生した。皇室の庭園として造られたが、戦後、国民公園となった。春の花見で有名。

1 北海道
2 東北地方
3 関東地方
4 中部地方
5 近畿地方
6 中国・四国地方
7 九州・沖縄地方

中野ブロードウェイ★	新宿からすぐ西の中野にある複合商業施設。「サブカルチャーの聖地」として外国人観光客の人気も高い。
三鷹の森ジブリ美術館 (三鷹市)	新宿から中央線で西に向かった三鷹にある美術館。スタジオジブリ関連の展示品を多く収蔵・公開している。都立井の頭恩賜公園の中にある。

◎池袋★と周辺

池袋は新宿、渋谷と並ぶ三大副都心の一つ。

地域・資源	内容
サンシャインシティ	超高層ビルサンシャイン60を中心とする複合商業施設。展望台、水族館、アミューズメント施設などがある。サンシャイン60（地上高239.7m）は、完成当時はアジアで最も高かった。
六義園	都心北部の大塚にある。徳川5代将軍・徳川綱吉の側用人・**柳沢吉保**が、自らの下屋敷として造営した池泉回遊式の大名庭園である。明治の初年には三菱財閥の創業者・岩崎弥太郎が六義園を購入し、整備が施された。

■ 都心北東部＜秋葉原、上野、浅草、スカイツリー＞
◎秋葉原・御茶ノ水

皇居（江戸城）のすぐ北東側の市街地。

地域・資源	概要
秋葉原	戦後から世界有数の電気街として繁栄してきた。現在はいわゆる「オタク文化」の聖地で、アニメやゲーム、フィギア、プラモデルなどを求めて国内外のファンが訪れる。
御茶ノ水	地名は、徳川家康がこの地の湧水で茶を立てたことに由来する。湯島聖堂・ニコライ堂・神田明神などの宗教施設や、大学、病院等が多数立地する。また、南側の**神保町**には、国内最大の書店街・楽器店街・スポーツ店街がある。
ニコライ堂	正式には東京復活大聖堂というキリスト教正教の聖堂。建築様式はビザンチン式で、緑青をまとった高さ35mのドーム屋根が特徴。鹿鳴館などを設計したイギリス人**コンドル**の監督設計で1891年に完成した。関東大震災で大きな被害を受け、一部構成の変更と修復を経て現在にいたっている。

湯島聖堂	元禄時代に、5代将軍徳川綱吉によって建てられた孔子廟。のちに幕府直轄の昌平坂学問所が置かれた。
湯島天神	学問の神様として知られる菅原道真を祀っており、受験シーズンには多数の受験生が合格祈願に訪れる。境内の梅の花も有名。
神田明神	平将門を祀る神社で、江戸城の鬼門の方向を守る江戸総鎮守として尊崇された。神社の祭礼として5月に神田祭が開催される（山王祭と隔年開催）。
小石川後楽園 ☆	**水戸徳川家**が江戸藩邸上屋敷とした築いた大名庭園。2代藩主の**徳川光圀が**改修、明の遺臣で儒学者の**朱舜水**の選名によって「後楽園」と命名された。

秋葉原

ニコライ堂

◎上野 ★★

上野恩賜公園を中心とする地域。

地域・資源	概要
上野恩賜公園 ★★	3代将軍・徳川家光は、僧**天海**の計画のもと、江戸城の北東の鬼門を封じるために、東叡山**寛永寺**（天台宗）を建てた。その後、明治初期の戊辰戦争（上野戦争）で伽藍が焼失し、1873年にその跡地が**上野恩賜公園**（上野公園）となった。 敷地には東京国立博物館、国立西洋美術館、国立科学博物館、恩賜上野動物園などの文化施設が設置されている。彫刻家高村光雲作の**西郷隆盛**像があることや、ソメイヨシノの名所としても有名である（日本さくら名所100選）。
東京国立博物館 ★★	日本で最も長い歴史を持ち、質・量とも日本一の規模を誇る博物館。現在の本館は渡辺仁の設計により1938年に開館したもので、国の重要文化財に指定。上野恩賜公園内。
国立西洋美術館	印象派など19世紀から20世紀前半の絵画・彫刻を中心とする「**松方コレクション**」を基に、1959年に設立された美術館。 本館は、基本設計が**ル・コルビュジエ**、実施設計・監理が彼の弟子である**前川國男**によるもので、世界文化遺産「ル・コルビュジエの建築作品」の構成資産。上野恩賜公園内。

1 北海道

2 東北地方

3 関東地方

4 中部地方

5 近畿地方

6 中国・四国地方

7 九州・沖縄地方

国立科学博物館	自然科学と社会教育をテーマとする博物館。本館は1931年竣工で国の重要文化財。上野恩賜公園内。
東京都美術館	日本で最初の公立美術館。現在の建物は前川國男の設計で1975年に竣工。上野恩賜公園内。
東京文化会館	都立の音楽・演劇等の上演を目的とするホール。建物は前川國男の代表作として知られる。上野恩賜公園内。
不忍池（しのばずのいけ）	江戸時代初めに琵琶湖に見立てて作られた。夏には池の一部を覆い尽くすほどの蓮が咲き、冬にはカモをはじめとした数多くの種類の水鳥が飛来する。
アメ横 ★★	上野駅と御徒町駅との間の約500mを中心に約400店が集まる商店街。正式名称はアメ横商店街連合会であるが、アメヤ横丁、アメ横（アメよこ）などと通称されることが多い。
谷中 ★★	上野公園の西側の地域。高台は寺院が集中する寺町であり、谷底に観光客に人気の谷中銀座商店街がある。商店街に下りていく階段「夕焼けだんだん」、和洋折衷の建築が見事な**朝倉彫塑館 ★** も有名。 近年は、隣接する根津・千駄木地域と合わせて「**谷根千（やねせん）**」と呼ばれる。

西郷隆盛像

東京国立博物館

東京都美術館

不忍池

⚠ **間違いに注意！**

美術館の所在地
◆**上野恩賜公園に所在**
　…東京国立博物館、国立西洋美術館、国立科学博物館、東京都美術館
◆**六本木に所在**
　…国立新美術館
◆**北の丸公園に所在**
　…東京国立近代美術館
◆**南青山に所在**
　…根津美術館（根津は地名ではなく人物名）

1 北海道

2 東北地方

3 関東地方

4 中部地方

5 近畿地方

6 中国・四国地方

7 九州・沖縄地方

解説 世界文化遺産「ル・コルビュジエの建築作品－
近代建築運動への顕著な貢献－」

　2016年に世界文化遺産に登録。20世紀の近代建築運動に多大な影響を及ぼ
したル・コルビュジエの傑作とされる住宅、工場、宗教建築などからなり、構成
資産は世界7か国(日本、フランス、アルゼンチン、ベルギー、ドイツ、インド、
スイス)にまたがる。

◎浅草 ★★★

　浅草は浅草寺の門前町。江戸時代から庶民で賑わっており、その雰囲気を今に伝
えている。

地域・資源	概要
浅草寺	東京都で最古の寺。寺伝によれば、本尊の**聖観音像**は推古天皇のころ、隅田川で漁をしていた兄弟の網に仏像がかかったもので、高さ1寸8分(約5.5cm)の金色の像というが、秘仏とされている。さらに平安時代初期に延暦寺の僧・**円仁**(慈覚大師)が来寺して「お前立ち」の観音像を作った。
雷門(風雷神門)	浅草寺の朱塗りの山門。右側に風神、左側に雷神が配される。1960年、松下電器産業(現パナソニック)の創設者、松下幸之助が浅草寺に参拝して病気が治ったことから、そのお礼として門および**大提灯**を寄進し、現在の雷門が成立した。大提灯は高さ3.9m、直径3.3m、重さ約700kgで、10年ごとに付け替えられる。5月の**三社祭(浅草神社の例大祭)**には、神輿が下を通るため提灯が持ち上げられてたたまれる。

雷門　　　　　　　　浅草寺

仲見世	雷門から宝蔵門にいたる表参道の両側には土産物、菓子などを売る商店が立ち並ぶ。7月に**ほおずき市**、年末の縁日（歳の市）に羽子板市が開かれる。
合羽橋道具街	厨房用品に関わる専門店が170店以上ある。日本の職人が制作した、外国では特注扱いになる調理道具も店頭で買えるため、プロの料理人を含む外国人が多く訪れる。また、食品サンプルが観光客に人気を博している。

◎スカイツリー・向島

浅草の東側にあたる地域。

地域・資源	内容
東京スカイツリー ★★	2012年に完成。自立式電波塔として世界一の高さ（634m・むさしと覚える）。スカイツリーの根元に商業施設の東京ソラマチ、すみだ水族館などがある。
隅田川	東京都北区の新岩淵水門で荒川から分岐し、東京の下町を貫いて東京湾に注ぐ河川。江戸のシンボルとして親しまれ、浮世絵などに多く描かれている。現在も春の花見、夏の隅田川花火大会などで大いに賑わう。
向島	東京スカイツリーの北西側の地区。江戸時代から花街（料亭街）として栄え、現在も在籍する芸者数が東京で最も多い。

豆知識　隅田川花火大会の由緒

　隅田川花火大会は、隅田川の河川敷で7月最終土曜日に行われる。その由緒は、1732年に8代将軍・徳川吉宗が大飢饉とコレラ流行による死者を弔うために開催した「川施餓鬼」に遡り、翌年から両国の川開きの日に花火を打ち上げたのが起源とされる。鍵屋と玉屋が交互に花火を打ち上げたため、観客は花火が上がったところで、よいと感じた業者の名を呼んだ。これが、花火見物でおなじみの「たまやー」「かぎやー」のかけ声の由来といわれる。

1 北海道

2 東北地方

3 関東地方

4 中部地方

5 近畿地方

6 中国四国地方

7 九州・沖縄地方

◎両国 ★★ と深川

両国は相撲のまちとして知られる。

地域・資源	概要
両国国技館	国技である相撲の殿堂。日本相撲協会が主催する大相撲の興業が年に3回実施される。 大相撲は年6回、奇数の月に行われ、初場所（1月・両国国技館）、春場所（3月・大阪府立体育館）、夏場所（5月・両国国技館）、名古屋場所（7月・愛知県体育館）、秋場所（9月・両国国技館）、九州場所（11月・福岡国際センター）となっている。 両国国技館
回向院（えこういん）	両国橋のそばの寺院で、**明暦の大火**の犠牲者を弔うために建てられた。江戸時代に大相撲の興業が初めて行われた場所として知られる。
江戸東京博物館	国技館の隣にある東京都立の博物館。江戸と東京の歴史や文化を伝える博物館として1993年に開館した。博物館の分館として、小金井市の小金井公園内に**江戸東京たてもの園**がある。
深川	両国の南に広がる江戸時代以来の歴史を持つ地域。昔も今も参詣者・参拝者で賑わう**深川不動堂 ★**と富岡八幡宮、屋内に江戸時代の町並みを再現した**深川江戸資料館**などがある。

◎柴又 ★

東京から北東方向の郊外にある。映画「男はつらいよ」の主人公「フーテンの寅さん」の出身地として有名。

地域・資源	概要
柴又帝釈天	葛飾区柴又にある日蓮宗の寺院。年始や庚申の日（縁日）は非常に賑わう。そばを流れる江戸川には**「矢切の渡し」**がある。

■ 都心南東部〜南部＜銀座、日本橋、築地・豊洲、芝＞
◎銀座 ★★★

江戸時代初期に、静岡県の駿府から銀貨幣の鋳造所である「銀座」が移転したことが地名の由来。明治時代に「煉瓦街」が建設されて文明開化の象徴的な街となり、それ以来日本を代表するハイクラスの商業地区として発展してきた。

地域・資源	概要
中央通り	銀座のメインストリートで、デパートやブランドショップなどが立ち並ぶ。土日祝日の午後は歩行者天国となり、多くの買い物客や観光客で賑わう。中央通りの銀座4丁目交差点周辺は、日本で最も地価が高い場所である。
歌舞伎座	1889年に歌舞伎の殿堂として開業し、常設で歌舞伎公演をしている。現在の建物は5代目で**隈研吾**設計。
近年オープンした複合商業施設	東急プラザ銀座は、2016年に開業。江戸切子をモチーフにしたデザインが特徴的。GINZA SIX（ギンザシックス）は、2017年に開業した銀座最大の商業施設で、地下3階に観世能楽堂がある。

銀座の歩行者天国

旧服部時計店（中央通りの銀座4丁目の交差点にある）

豆知識　「銀ぶら」の由来

　明治時代に建設された銀座煉瓦街の店舗は、当時としては珍しいショーウィンドーに商品を陳列して売る「立売り」スタイルで商売をした。これによりウィンドーショッピングが楽しめるようになり、大正時代に「銀ぶら」（銀座の街をぶらぶらする）という言葉が生まれたといわれている。

　なお、「銀ぶら」の由来のほかの説として、「銀座の老舗カフェでブラジル産コーヒーを飲むこと」という主張もあるが、真偽のほどは定かでなはい。

◎日本橋

　江戸時代の五街道の起点で、江戸で最も賑わう場所であった。現在も国道1号・4号・6号・14号・15号・17号・20号道路の始点になっている。

日本国道路元標

地域・資源	概要
日本橋	橋の中央に日本国道路元標があり、道路網の始点となっている。現在の石像アーチ橋は1911年に建てられたもので、19代目にあたる。
三越	日本橋に隣接して三越デパートの本館がある。三越は、1673年に伊勢商人の三井高利が「越後屋」として創業、1683年に現在の場所に移転した。

1 北海道
2 東北地方
3 関東地方
4 中部地方
5 近畿地方
6 中国・四国地方
7 九州・沖縄地方

「東海道五十三次之内 日本橋」安藤広重筆…明六ツ（夜明けごろ）に日本橋を渡る大名行列と、魚河岸で仕入れた魚を売りに行く行商の魚屋の姿などが描かれている

現在の日本橋

⚠ 間違いに注意！

東京と大阪の「日本橋」
◆東京の「日本橋」：読み方は「にほんばし」。周囲は有名デパートを中心とする商業地区。
◆大阪の「日本橋」：読み方は「にっぽんばし」。周囲は関西最大の電気街かつサブカルチャーの街。

◎築地・豊洲・月島

銀座や日本橋の海側（南東側）の地域で、海と関わりながら発展してきた。

地域・資源	概要
築地場外市場 ★★★	かつて「日本の台所」と呼ばれた市場。**2018年10月に市場機能の大半を豊洲市場に移転**したが、場外市場は従来のまま残され、さらに中央区が新たな生鮮市場として「築地魚河岸」を整備するなど、現在も観光や買い物を楽しむことができる。
豊洲市場	老朽化した築地を引きつぐ市場として、豊洲地区に建設された卸売市場。水産物取り扱い量は日本国内最大を誇る。一般消費者や観光客も指定されたスペースで見学、買い物などを楽しめる。
月島（つきしま）	東京湾から浚渫した土砂を利用して埋め立てられた島。かつては工場と商店が多かったが、最近は高層マンションが増えてきている。**もんじゃ焼き**が有名。

佃（つくだ）	月島の北の部分のこと。魚介類を甘辛く煮詰めて作る**佃煮**の発祥の地といわれている。
浜離宮恩賜庭園 ★★	築地のすぐ南西にある庭園。かつての徳川家の別邸で、潮入の池と2つの鴨場を持つ江戸時代の代表的な大名庭園。明治時代には皇室の離宮となった。

築地場外市場　　　　　　　　　　豊洲市場

◎芝、高輪、お台場

皇居（江戸城）の南側とその沖合の地区。

地域・資源	内容
増上寺	浄土宗の寺院。徳川家の菩提寺であり、裏鬼門を守る役割を果たした。維新後の神仏分離の影響により規模は縮小し、境内の広範囲が**芝公園**となった。空襲によって多くの建物が焼失したが、**三解脱門**は戦災をまぬがれた建物の一つであり、この門をくぐると三毒（3つの煩悩）から解脱できるとされる。
東京タワー	1958年建設の電波塔で、高さが332.6m。テレビ電波塔としての役割は東京スカイツリーに譲ったが、今なお東京のシンボルとして観光客に人気がある。
泉岳寺	播州（兵庫県）赤穂藩主浅野家の菩提寺。1701年の赤穂事件で切腹した浅野長矩（ながのり）と、その仇を討ち切腹した赤穂浪士が埋葬された。
お台場 ★★	幕末のペリー来航に危機感をいだいた幕府が、江戸防衛のため品川沖に築いた台場（砲台）に始まり、その後周囲が**東京臨海副都心**として開発された地域。陸地と**レインボーブリッジ**、**新交通システムゆりかもめ**などで結ばれている。
天王洲アイル ★	品川沖の埋立地にある再開発地区。近年は芸術文化の発信地をコンセプトとして、音楽・絵画・写真・建築のコンテンツを集積している。

増上寺本堂と東京タワー　　　　　　　　第三台場

東京都

1 北海道
2 東北地方
3 関東地方
4 中部地方
5 近畿地方
6 中国・四国地方
7 九州・沖縄地方

テーマで整理！ 江戸の「鬼門封じ」の寺社

鬼門封じ（北東方向）…寛永寺（天台宗）、神田明神、浅草寺。
裏鬼門封じ（南西方向）…増上寺（浄土宗）、日枝神社。

解説 2020年夏季オリンピック・パラリンピックの競技会場

　大会招致時のコンセプトとして「都市の中心で開催するコンパクトな大会」を掲げ、大都市の都心で開催することによるダイナミックな祭典、かつ選手村を会場配置計画の中心に設置して約9割の競技会場が**8km圏内**に配置されるなど、移動時間の短縮が可能なコンパクトな配置計画が立案された。

　メインスタジアムは8万人収容規模の**新国立競技場（隈研吾設計）**。1964年の東京オリンピックでも使用された代々木競技場（丹下健三設計）や日本武道館（法隆寺夢殿をモデルにした八角形の意匠）など過去の遺産を活かした「**ヘリテッジゾーン**」と、有明・お台場・夢の島・海の森など東京湾に面した「**東京ベイゾーン**」を中心に競技会場が設けられた。また、選手村は中央区**晴海**に建設された。

■ 多摩地域、伊豆諸島、小笠原諸島

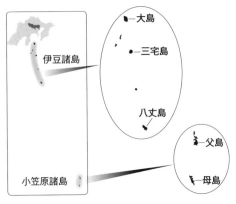

◎多摩地域

東京都の西部は多摩地域と呼ばれ、東から台地、丘陵、山地が広がる。

地域・資源	概要
高尾山（八王子市）★	東京都心から便利な山（標高599m）で、年間を通して多くの観光客や登山者が訪れる。古くから修験道の霊山であり、山全体が**高尾山薬王院**の寺域となっている。明治の森高尾国定公園に指定。
御嶽山（みたけさん）（青梅市）	山岳信仰の山であり、山上には武蔵御嶽神社がある。秩父多摩甲斐国立公園に指定。
奥多摩湖（奥多摩町ほか）	多摩川の上流にある人造湖。秩父多摩甲斐国立公園に指定。

◎伊豆諸島 ★

東京の南に連なる島々。主な有人島の7つを「伊豆七島」（大島・利島・新島・三宅島・御蔵島・八丈島・神津島）と呼ぶこともある。

多くの地域が**富士箱根伊豆国立公園**に指定されている。

地域・資源	内容
大島	伊豆諸島最大の島。中央にある**三原山**は噴火の記録が多く、近年では1986年に大噴火して住民が避難した。椿が有名で、**伊豆大島椿祭り**が1月から3月に開催される。
三宅島	主峰の雄山を中心にしてしばしば噴火を繰り返している。近年では2000年に噴火し、全島民が避難した。

八丈島	東山と西山の2つの火山が接合したひょうたん型の島。かつて江戸幕府は八丈島を流刑地として流人を送り込んだ。**本場黄八丈**（草木染めの絹織物）の産地として有名。

◎小笠原諸島 ★（国立公園、世界自然遺産）

　東京の南南東約1000kmの太平洋上にある30余りの島々からなる。人口3000人弱。一般住民が居住しているのは**父島**と**母島**のみ。

　地域の多くが**小笠原国立公園**に指定され、また、**2011年には世界自然遺産に登録**された。

地域・資源	内容
小笠原の生態系	小笠原諸島の生物は独自の進化を遂げており、「**東洋のガラパゴス**」とも呼ばれるほど貴重な動植物が多い。世界自然遺産登録では「生態系」が評価された。また、周辺の海域では**クジラ**や**イルカ**が生息している。 一方で、人為的に持ち込まれた**外来生物（ノネコ、ノヤギなど）による生態系への影響**が懸念されており、駆除の取組みが行われている。
小笠原のアクティビティ	カルスト地形の風景が美しい**南島**のガイドツアー（個人での入島は制限）、ホエールウォッチング・ドルフィンスイムなどは人気が高い。 南島

■ 東京都の産業と特産物
食文化

- ・深川丼<下町>…アサリなどの貝類とネギなどの野菜などを煮込んだ汁物を米飯にかけたものや、炊き込んだもの。深川めしともいう。
- ・くさや<伊豆諸島>…魚を醗酵液に漬け込んでから干したもの。

ほかに、**江戸前寿司、もんじゃ焼き<月島>、佃煮<佃>**。

伝統産業

- ◆**江戸切子**…ヨーロッパの技法を取り入れたガラス製品
- ◆**本場黄八丈<八丈島>**…草木染めの絹織物

■ **横浜と周辺** ★★

　横浜市の人口は約**375万人**であり、東京都23区に次いで全国第2位。日本有数の港町である。

解説 **近代以降に大きく発展した横浜**

　幕末まで横浜は、80軒ほどの漁師小屋が立ち並ぶ半農半漁の寒村だったが、日米和親条約に基づいて1859年に開港されて以後、横浜は文明開化の先端を行く都市となった。このため、横浜には「日本初」や「国内発祥」だというエピソードが非常に多い。

　代表的なものとして、1870年に日本初の日本語による日刊紙「**横浜毎日新聞**」が創刊されたことや、1872年に**新橋と横浜間に日本初の鉄道が開通**したことが挙げられる。

◎**横浜みなとみらい21** ★

　ウォーターフロント都市再開発として建設された街。

地域・資源	概要
横浜ランドマークタワー	横浜みなとみらい21の中核を担う超高層ビルで、オフィスのほかホテルやショッピングモールなどからなる複合施設。70階建て、高さ296.33mで、超高層ビルとしては日本屈指の高さを誇る。

カップヌードルミュージアム	インスタントラーメンに関する数々の展示・アトラクションを通して楽しみながら学べる体験型ミュージアム。展示があるほか、自分だけのオリジナルカップヌードルも作ることができる。
横浜赤レンガ倉庫	1914年に完成した**新港埠頭保税倉庫**（輸入手続のすまない外国貨物を保管する倉庫）を、商業施設としてリニューアルした施設。2002年オープン。

横浜みなとみらい21地区

横浜赤レンガ倉庫

◎関内と周辺

商業機能、ビジネス機能が集中しており、観光地も多い。

地域・資源	内容
山下公園	日本初の臨海都市公園。北太平洋の女王と呼ばれていた大型貨客船**日本郵船氷川丸**が係留されている。「赤い靴はいてた女の子」の像がある。
横浜中華街	**神戸南京町・長崎新地中華街**とともに日本の三大中華街とされる。横浜が開港されて、欧米人とともに多数の中国人も居住するようになったのが始まり。**関帝廟**（三国志の英雄である関羽を商売の神として祀っている）も有名。
元町 ★	山手居留地に居住していた外国人向けに発展してきた商店街で、600m続く元町通りを中心に個性的な店が並ぶ。
港の見える丘公園	横浜港を見下ろす高台にあり、山下公園とともに横浜を代表する公園。このあたりの**山手 ★** は外国人居留地だったため、**横浜外国人墓地**や、**西洋館**が点在している。

山下公園（氷川丸）

中華街

1 北海道

2 東北地方

3 関東地方

4 中部地方

5 近畿地方

6 中国・四国地方

7 九州・沖縄地方

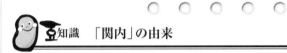

豆知識　「関内」の由来

　横浜の開港後に設けられた外国人居留地は、外部と掘割で仕切られ、入り口の橋のたもとには関所が設けられたため、「関内居留地」と呼ばれた。これが現在の関内という地名の由来となっている。

　のちに、外国人の増加を受けて、関内の南側に山手居留地（外国人住宅地となる）が増設された。

◎横浜市郊外・川崎市

地域・資源	概要
新横浜ラーメン博物館	ラーメンに関するフードテーマパーク。横浜市北部の新横浜駅近くにあり、近くには商業施設やオフィスビルが林立している。
三溪園（さんけいえん）	生糸貿易で財を成し、古美術コレクターでも知られる**原三溪**が造った邸宅。横浜きっての日本庭園のほか国の重要文化財指定の建物10棟を含む17棟の建物が点在する。
神奈川県立金沢文庫	鎌倉時代の中ごろ、**北条実時**が邸宅内に造った武家の私設図書館。現在は県立の歴史博物館となっている。隣接地に北条家の菩提寺の**称名寺**がある。
川崎工場夜景クルーズ	川崎は京浜工業地帯の中心であり、工場夜景、横浜みなとみらい21、横浜ベイブリッジなどの夜景を船上から見るツアーが人気。

三溪園

称名寺

テーマで整理！ 全国の工場夜景スポット

◆北海道室蘭市（製鉄工場、精油工場などが集積）

◆神奈川県川崎市（京浜工業地帯の中心）

◆静岡県富士市（富士山の湧水を利用した製紙業）

◆三重県四日市市（日本初の石油化学コンビナート）

神奈川県

1 北海道
2 東北地方
3 関東地方
4 中部地方
5 近畿地方
6 中国・四国地方
7 九州・沖縄地方

◆兵庫県尼崎市（大阪ベイエリアの工業都市）
◆山口県周南市（周南コンビナート群）
◆福岡県北九州市（八幡製鉄所開設以来の工業地帯）

■ 鎌倉・江ノ島・三浦半島
◎鎌倉市 ★★

1192年から1333年まで鎌倉幕府が置かれていた。**鎌倉は三方を山に囲まれ、南は海に面した天然の要害の地だった。**

地域の外とは、「**切通し**」と呼ばれる山を切り拓いて造った細い道路で結ばれており、代表的なものが7つあった（**鎌倉七口**）。

地域・資源	概要
鶴岡八幡宮	源頼義が、鎌倉に京都の**石清水八幡宮**の分社を建てたのが起源。頼義の孫の孫にあたる**源頼朝**は**氏神**として鶴岡八幡宮を信奉し、由比ヶ浜にあった社殿を現在の地に移し、以後武家の崇敬を集めることとなった。毎年9月に行われる**流鏑馬神事**が有名。 鶴岡八幡宮の参道は**若宮大路**と呼ばれ、由比ヶ浜から八幡宮まで通じていて、京の朱雀大路を模して築かれ、鎌倉の都市づくりの基準となった。その西にある**小町通り**は土産などを買う観光客で賑わう。 鶴岡八幡宮 流鏑馬
建長寺	我が国最初の禅宗寺院である臨済宗の寺院。鎌倉五山の第1位。開基（創立者）は鎌倉幕府第5代執権**北条時頼**、開山（初代住職）は南宋の禅僧**蘭渓道隆**（らんけいどうりゅう）。
円覚寺（えんがくじ）★	臨済宗の寺院。鎌倉五山の第2位。開基は8代執権**北条時宗**、開山は**無学祖元**（むがくそげん）。元寇の犠牲となった敵味方の兵士の霊を慰めるために建立された。境内の**舎利殿**は室町時代の禅宗様の建物で、県内唯一の国宝建築物。
東慶寺 ★	明治時代までは尼寺であり、幕府の寺社奉行も承認した**縁切寺**として知られた。お堂や松ヶ岡宝蔵などに貴重な仏像や資料を多数所蔵する。
報国寺 ★	約2000本の孟宗竹の庭があり「**竹の寺**」と呼ばれる。枯山水庭園があり、休耕庵では抹茶と茶菓子が楽しめる。

瑞泉寺	鎌倉時代末に**夢想疎石**により建立された。本堂裏に夢想疎石が岩盤を削って手がけた石の庭園がある。また、**水仙**が有名。
長谷寺	1年を通じて「花の寺」として親しまれている。本尊の十一面観音菩薩は高さ9.18mを誇る日本最大級の木彫仏。
明月院	**「あじさい寺」**と呼ばれる。
鎌倉大仏（長谷の大仏）★★	**高徳院**の本尊で**阿弥陀如来**。鎌倉時代に造られた。青銅製で像高約11m。当初あった大仏殿は津波で倒壊したといわれ、それ以降は屋外となっている。 鎌倉大仏
鎌倉文学館	かつては侯爵であった前田家の鎌倉別邸だった。鎌倉ゆかりの文学者の展示がされている。

解説 鎌倉五山・京都五山

　「五山」とは、臨済宗の寺院を格付けする制度。鎌倉幕府の5代執権・北条時頼のころ、中国の五山の制にならって導入されたのが始まりで、室町幕府3代将軍・足利義満のときに「鎌倉五山」と「京都五山」の順位が定まった。

五山		
別格上位　南禅寺		
	京都	鎌倉
第1位	**天龍寺**	**建長寺**
第2位	**相国寺**	**円覚寺**
第3位	**建仁寺**	寿福寺
第4位	**東福寺**	浄智寺
第5位	万寿寺	浄茗寺

南禅寺

◎江ノ島

　江ノ島は、江ノ島電鉄（江ノ電）で鎌倉と結ばれており、江戸時代以降に行楽地として賑わうようになった。

3 関東地方

1 北海道

2 東北地方

4 中部地方

5 近畿地方

6 中国・四国地方

7 九州・沖縄地方

地域・資源	内容
江ノ島電鉄 (江ノ電) ★	鎌倉駅から藤沢駅まで約10kmを結ぶ鉄道。途中、江ノ島を通る。
江ノ島 (藤沢市)	湘南海岸から少し離れた小さな島。日本三大弁天の一つ江島神社がある。かつては修験道の修行の場であったが、江戸時代中期から行楽地として賑わうようになり、今日にいたっている。 江ノ電と江ノ島

テーマで整理！ 三大弁天

◆都久夫須麻神社 (滋賀県 竹生島)
◆江島神社 (神奈川県 江ノ島)
◆厳島神社 (広島県 厳島)

◎三浦半島

太平洋に向けて突き出し、東京湾と相模湾とを分ける。水田は少なく、ダイコン、キャベツ、スイカその他各種野菜の栽培が盛ん。

地域・資源	内容
横須賀市	東京湾の入口に位置する。江戸時代より江戸・東京の海防の要として重視され、明治時代には海軍の**鎮守府**が置かれ軍港として整備された。 戦後は海上自衛隊と米軍の基地が置かれ、「YOKOSUKA 軍港めぐり」のクルーズ船が毎日運航している。また、日露戦争の勝利に寄与した**記念鑑「三笠」**や、海軍カレーも有名。 記念鑑「三笠」
三崎漁港 (三浦市)	マグロの水揚げで有名であり、漁港周辺にはマグロ料理などの店が並ぶ。東京からの日帰り観光地として人気がある。
城ヶ島 (三浦市)	三浦半島の南端に浮かぶ台地状の島。北原白秋が詩にしたことでも有名。

旧海軍の機関で、艦隊の後方を統轄した。明治政府は国家プロジェクトにより天然の良港を4つ選び、先端技術を集積し、4つの軍港を鎮守府とした。1884年には**横須賀**に鎮守府が置かれ、1889年には**呉（広島県）**と**佐世保（長崎県）**に、1901年には**舞鶴（京都府）**に鎮守府が開庁した。これら4つの鎮守府は日本遺産に認定されている。

■ 箱根 ★★★ と周辺

◎箱根

箱根は巨大な火山の上に広がる地域。江戸時代には東海道の要所であり、「天下の険」といわれ、今日も**旧東海道に石畳や杉並木が残る**。また、豊臣秀吉の小田原征伐をきっかけに温泉地として知られるようになった。

近代以降は東京からのアクセスがよいことから温泉保養地・観光地として大きく発展した。

地域・資源	概要
小田原	戦国時代には**後北条氏**の城下町として栄えた。江戸時代には小田原藩の城下町、**東海道小田原宿**の宿場町として栄えた。現在も箱根観光の拠点都市である。**小田原漆器、かまぼこ**が有名。
箱根湯本	箱根湯本駅は、小田急ロマンスカー、箱根登山鉄道、箱根登山バス等の交通機関が集まる駅であり、箱根の交通の要衝。戦国時代に北条早雲の遺言によって創建された早雲寺をはじめ、歴史が感じられる建造物が点在している。
強羅	箱根登山鉄道の終着駅があり、かつては高級別荘地だったが、現在では箱根湯本に次ぐ温泉地として栄えている。
大涌谷 ★★	約3000年前の箱根の最高峰の神山が最後の水蒸気爆発を起こしたときにできた爆裂火口。今もなお熱い水蒸気と硫気を噴出しており、硫化水素のにおいが強烈。名物の黒卵は1個食べると寿命が7年のびるといわれている。
芦ノ湖 ★★★	神山が約3000年前に爆発したときに、カルデラ内にあった早川をせき止めて生まれた堰止湖。富士山が近くに見え、風光明媚で、**箱根海賊船**など遊覧船が運航している。

箱根神社	元箱根にある神社で、元々は山岳信仰に由来し、中世以降は武家の崇敬を受けてきた。芦ノ湖の湖上にある水中鳥居は、1952年にサンフランシスコ講和条約締結を記念して建てられたもので「平和の鳥居」と呼ばれる。
九頭龍神社	箱根神社の末社で、縁結びの神として名高く毎月13日の月次祭（つきなみさい）に訪れる人が多い。芦ノ湖湖畔にあるのが本社で、箱根神社境内に新宮がある。
箱根関所	古来より東海道の要衝であり、「天下の険」とうたわれた難所で、箱根峠のふもとにある。江戸防衛の拠点として重要視され、江戸の外からの「入り鉄砲」と江戸方面からの「出女」を特に厳しく取り締まったとされる。
箱根宿	1618年に、東海道五十三次の10番目の宿場として、関所に隣接して造られた。標高725mという、五十三次の中で最も高い場所に置かれていた。
仙石原（せんごくばら）	箱根カルデラの北部に位置し、湿原や草原が広がる。関東一の規模を誇るといわれる仙石原のススキ草原が広がり、3月にはススキ草原で山焼きが行われる。
箱根温泉郷	箱根山中にある温泉の総称。箱根湯本、塔ノ沢などの**箱根七湯**のほか、小涌谷、強羅、仙石原、大平台など多数の温泉地がある。
箱根のミュージアム	箱根は美術館が多いことで知られている。 ◆**箱根彫刻の森美術館** ★★…屋外に彫刻作品が展示される。 ◆**ポーラ美術館**…印象派絵画のコレクションで有名。 ◆**成川美術館**…現代日本画の作品約4000点を収蔵。 これらのほかに岡田美術館、箱根美術館なども有名。
湯河原温泉	箱根連山の東南斜面に位置する古湯。東海道本線が通り、古くから文人墨客が逗留し、創作の筆を執った。

1 北海道
2 東北地方
3 関東地方
4 中部地方
5 近畿地方
6 中国・四国地方
7 九州・沖縄地方

大涌谷

芦ノ湖

箱根関所

箱根は広範囲に多数の観光資源を抱えており、また、これらを結ぶために鉄道、ケーブルカー、ロープウェイ、バス、遊覧船などの多様な交通手段がある。

過去の試験では観光資源の内容だけではなく、観光ルートや交通手段について問われたこともあるので、以下の地図で相互の位置関係を把握しておくとよい。

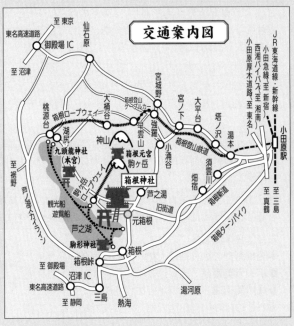

交通案内図

豆知識　箱根駅伝

大学駅伝の競技会。出場校は20校でほかに出場校以外の競技者による関東学連選抜チームの参加が認められている。コースは、大手町の読売新聞東京本社ビル前から、鶴見・戸塚・平塚・小田原の各中継所を経て芦ノ湖までの往復で、往復217.1km。1月2日に東京から箱根への往路を、1月3日に箱根から東京への復路を走る。

箱根駅伝の往路優勝チームには、箱根の伝統工芸である寄木細工のトロフィーが贈られる。

◎丹沢大山国定公園

神奈川県北西部にある丹沢大山国定公園は、東京近郊の自然に親しめる場所として知られている。

地域・資源	概要
大山（おおやま）	**大山阿夫利神社**（おおやまあふりじんじゃ）と大山寺がある信仰の山で、標高は1252m。江戸時代から多くの参詣者が訪れており、現在も東京から日帰りで登ることができ手軽な山として親しまれている。

豆知識 江戸時代の「大山詣り」の隆盛

　江戸時代には、**「大山詣り」**が庶民の間で盛んに行われ、江戸の人口が約100万人のころ、年間20万人もの参拝者が訪れたという。参詣者たちは、源頼朝が必勝祈願で刀を大山に奉納したことにちなんで、木製の**納め太刀（木太刀）**に願文などを記し、これを阿夫利神社や大山寺で祈願して、その太刀を持ち帰り神棚などに奉斎し、1年間の守護とした。

　大山阿夫利神社（おおやまあふりじんじゃ）の祭神「大山祇大神（おおやまつみのおおかみ）」の娘が富士山本宮浅間大社の祭神「木花之佐久夜毘売命（このはなさくやひめのみこと）」とされ、父子関係にあることから、**富士山との両参り信仰が御師**によって広められた。

　また、大山参詣を済ませた庶民の中には、**江ノ島**に脚を延ばし、商売繁盛、病気平癒などを祈る者も多かった。

 間違いに注意！

「おおやま」と「だいせん」

◆**神奈川県の大山（おおやま）**：東京から日帰り圏内の信仰の山。丹沢大山国定公園に指定。

◆**鳥取県の大山（だいせん）**：中国地方の最高峰で「伯耆富士」の別名を持つ。大山隠岐国立公園に指定。

■ 神奈川県の産業と特産物

食文化

かまぼこ＜小田原＞、マグロ＜三浦市三崎＞、横須賀海軍カレー＜横須賀市＞

伝統産業

◆**箱根寄木細工＜箱根＞**…約200年の歴史を持つ木工細工。湯治客への土産物として製造が開始された。

◆**小田原漆器＜小田原＞**…自然の木目を活かした漆器で、丈夫で実用性に優れている。

寄木細工

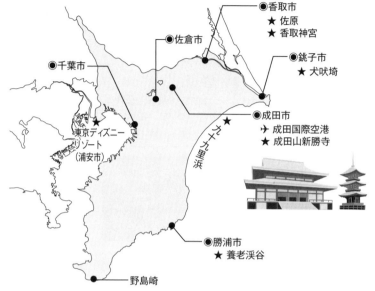

❸ 千葉県

■ 千葉、成田周辺（千葉県北西部）
◎千葉市とその周辺

地域・資源	概要
千葉市	千葉県の県庁所在地かつ政令指定都市で、人口約100万人の政令指定都市。縄文時代最大規模の貝塚である**加曽利貝塚**などで知られる。
佐倉市	佐倉城は、江戸の東を守る要として、有力譜代大名が配置されてきた。その跡地は佐倉城址として整備され、隣接する地には**国立歴史民俗博物館**が開設され、周辺は武家屋敷が残り旧城下町の面影が残る。幕末の蘭学学校であり、現在の順天堂大学のルーツとなった**佐倉順天堂**の記念館がある。
東京ディズニーリゾート（浦安市）	東京都と隣接する浦安市にあるテーマパーク。ディズニーランドとディズニーシーで構成される。

◎成田市

　江戸庶民からの篤い信仰を受けた成田山新勝寺の門前町として発展した。市の南東部に**成田国際空港**がある。

129

地域・資源	概要
成田山新勝寺 ★	千葉県成田市にある真言宗智山派の寺。本尊は不動明王で、成田不動とも呼ばれる。明治神宮に次いで毎年全国2位の初詣客を集めている。平安時代中期に起きた**平将門の乱**の際、京の神護寺の空海作の不動明王像を奉じて東国へ下り、平将門を調伏するため、不動護摩の儀式を行ったのが始まり。**表参道**には**うなぎ屋**が多く、米屋の羊羹も有名。
成田国際空港	2004年にそれまでの「新東京国際空港」から「成田国際空港」に改称された。国際線旅客数・発着便数・就航都市数、乗り入れ航空会社数、貿易額などにおいて国内最大である。

成田山新勝寺

新勝寺の参道

■ 佐原、銚子周辺（千葉県北東部）
◎香取市

地域・資源	内容
佐原（さわら）	**利根川水運**と結びついた酒造などの商業活動により、「江戸優り（えどまさり）」、「北総の小江戸」といわれるほど繁栄した。また、**香取神宮**の参道の起点として、参詣客を迎える町としても大いに賑わった。 当時の面影を残す町並みが小野川沿岸や香取街道に残っており、昔からの家業を引きついで今も営業を続けている商家が多く、「生きている町並み」として評価されている。これらの町並みは「**小江戸さわら舟めぐり**」で川からも楽しむことができる。
伊能忠敬旧居	史上初の実測による日本全国「**大日本沿海輿地全図**」を作成した伊能忠敬は、婿養子先の佐原で家業の酒造業などの事業にあたり、名主や村方後見として活躍していた。その旧居が今も残されており、貴重な地図などが展示されている。  伊能忠敬旧居

千葉県

1 北海道

2 東北地方

3 関東地方

4 中部地方

5 近畿地方

6 中国・四国地方

7 九州・沖縄地方

香取神宮	下総国一宮であり、関東地方を中心として全国にある香取神社の総本社。茨城県の鹿島神宮と同様に、藤原氏から氏神として崇敬され、また歴代の武家政権からは**武神**として崇敬された。現在も**武道の神**として篤く信仰されている。

豆知識　鹿島神宮と香取神宮

　県境を挟んで対座する鹿島神宮（茨城県鹿嶋市）と香取神宮（千葉県香取市）は、ともに神話の神を祀る神社であり、平安時代の延喜式神名帳に「神宮」という称号で記されたのは伊勢神宮、鹿島神宮、香取神宮の3つだけであったことが知られている。

　また、鹿島・香取の2社に息栖神社（茨城県神栖市）を加えて「東国三社」と呼ばれ、江戸時代にはこの東国三社参りで大変賑わった。

◎銚子市

　江戸時代以前に東京湾（江戸湾）に注いでいた利根川は、徳川氏が開始した**利根川東遷**事業により、銚子に注ぐように流路が変えられた。そして、銚子を起点として江戸に向かう利根川水運ルートは、物資を江戸に運ぶ大動脈となった。

地域・資源	概要
銚子	利根川の河口に位置し、舟運によって江戸の食文化を支えた港町である。ことに銚子の**醤油**醸造は有名であり、江戸っ子好みの「関東風の醤油」を生み出し、江戸の食文化を開花させた。また、太平洋に臨む**銚子漁港**は日本有数の水揚げを誇り、特に**イワシ**が有名である。
犬吠埼	利根川の河口、銚子市の東端で太平洋に突出している岬で、1874年に設置された日本最初の回転式灯台がある。

犬吠埼

千葉県には、銚子、野田という2つの大きな醤油産地がある。
◆千葉県銚子…関東の醤油のふるさと、大手メーカーが2社がある。
◆千葉県野田…国内最大の産地であり、大手メーカーのうち最大の1社がある。
◆兵庫県龍野…淡口（うすくち）醤油で有名。大手メーカーのうち1社がある。
◆香川県小豆島…木桶仕込み醤油の最大産地。大手メーカーのうち1社がある。
◆和歌山県湯浅…醤油発祥の地。

■ 房総半島
◎東京湾沿岸（内房）と内陸

地域・資源	概要
養老渓谷（大多喜町）	房総半島の内陸部の大多喜町から市原市を流れる養老川によって形成された渓谷。四季折々の花や紅葉、粟又の滝などの滝めぐりで知られる。
濃溝の滝（のうみぞのたき）（君津市）	江戸時代に開かれた農業用水のトンネル部分であり、SNS映えする観光地として近年有名になった。
鋸山（鋸南町、富津市）	良質の石材の産地として知られ、江戸時代から盛んに石切りが行われ、露出した山肌の岩が鋸の歯状に見えることからこの名で呼ばれるようになった。断崖の「地獄のぞき」と山腹にある日本寺で知られる。
東京湾アクアライン	神奈川県川崎市から東京湾を横断して千葉県木更津市へいたる高速道路。川崎側の約9.5kmがアクアトンネル、木更津側の4.4kmがアクアブリッジになっていて、その境の人工島には海ほたるパーキングエリアが設けられている。

濃溝の滝

東京湾アクアライン

千葉県

1 北海道

2 東北地方

3 関東地方

4 中部地方

5 近畿地方

6 中国・四国地方

7 九州・沖縄地方

◎太平洋沿岸（外房）

地域・資源	内容
九十九里浜	全長66kmの砂浜海岸。九十九里浜南端の釣ヶ崎海岸は2020東京オリンピックのサーフィン会場。 九十九里浜
誕生寺（鴨川市）	日蓮宗大本山。日蓮誕生の地に弟子により建立された。日蓮が生まれた際に、海面に鯛が群れをなしてきたという言い伝えが残っており、目の前の**鯛の浦**には今も鯛が群れをなしているところに遊覧船から餌をあげることができる。
勝浦市	漁港であり、日本三大朝市の一つに数えられる**「勝浦朝市」**が開催される。
野島崎（白浜町）	千葉県および関東地方（伊豆諸島・小笠原諸島を除く）の最南端。台地の上に野島埼灯台がある。

テーマで整理！ 日本三大朝市

◆勝浦朝市＜千葉県勝浦市＞
◆輪島朝市＜石川県輪島市＞
◆宮川朝市＜岐阜県高山市＞

■ 千葉県の産業と特産物

農業・漁業

◆**農業**

・**落花生**…落花生の約8割は千葉県で生産されている。特に八街（やちまた）市が有名。

・**花卉（鑑賞用の植物）栽培**…房総半島の南部は冬でも暖かく、栽培に適する。

◆**漁業**

・**銚子**…年間水揚げ量日本一。

食文化

・**太巻き寿司＜県内全域＞**…切り口に絵柄や文字が出るように装飾して巻いた寿司。祭り寿司ともいう。

・**イワシのごま漬け＜九十九里浜沿岸＞**…カタクチイワシの酢漬けに胡麻をまぶして作る。千葉県はイワシ料理の文化が豊かで、ほかに**なめろう、つみれ汁**なども有名。

・**醤油＜銚子、野田＞…国内主要産地のうち2つが千葉県内にある。**

伝統産業

・**房州うちわ＜南房総市、館山市＞**…日本三大うちわの一つ（ほかに京うちわ、丸亀うちわ）。

4 埼玉県

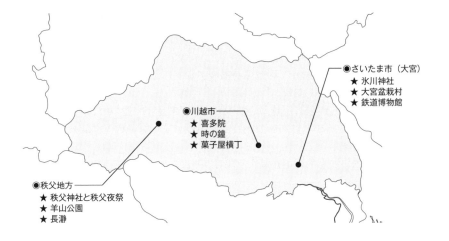

◉さいたま市（大宮）
　★ 氷川神社
　★ 大宮盆栽村
　★ 鉄道博物館

◉川越市
　★ 喜多院
　★ 時の鐘
　★ 菓子屋横丁

◉秩父地方
　★ 秩父神社と秩父夜祭
　★ 羊山公園
　★ 長瀞

1 北海道

2 東北地方

3 関東地方

4 中部地方

5 近畿地方

6 中国・四国地方

7 九州・沖縄地方

■ さいたま市（大宮）

　さいたま市の人口は約130万人であり、政令指定都市である。

　観光の中心となっている大宮は、氷川神社の門前町として始まり、江戸時代には中山道の宿場町として、さらに明治時代に現在の JR 高崎線と東北本線が分岐するターミナル駅が開業してからは**「鉄道のまち」**として発展してきた。

地域・資源	概要
氷川神社	武蔵国の一宮（三宮とする説もあり）。主祭神は**須佐之男命**ほか。埼玉県周辺の広域から参拝者を集め、正月三が日の初詣の参拝者数は全国トップ10に入るといわれている。
鉄道博物館	日本最大の鉄道博物館。東京・秋葉原にあった交通博物館を継承・発展させたもので、2007年に開館した。略して鉄博（てっぱく）と呼ばれる。日本最大の模型鉄道ジオラマや鉄道に関する資料を展示する。 鉄道博物館
大宮盆栽村	大宮は「盆栽のまち」としても知られる。その起源は、関東大震災で大きな被害を受けた江戸の植木職人が、盆栽育成に適した土壌を求めてこの地へ移り住んだことに始まる。1925年には彼らの自治共同体として大宮盆栽村が生まれ、最盛期には約30の盆栽園があったが、現在は5か所になっている。

地域・資源	概要
さいたま市大宮盆栽美術館	大宮盆栽村観光の拠点施設として、世界に誇る盆栽の名品や盆栽に関わる美術品、歴史・民俗資料等を展示している。

さいたま市大宮盆栽美術館

■ 川越 ★

　室町時代に太田道灌によって河越城が築城されたことが町の始まりで、江戸時代以前は江戸を上回る都市であり、「江戸の母」と称された。

　江戸時代には譜代・親藩の川越藩の城下町として栄え、今も「**小江戸**」と呼ばれる。戦災や震災を免れたため歴史的街並が残っており、文化財の数では関東地方で鎌倉市、日光市に次ぐ。

　江戸時代に**さつまいも**の栽培が盛んとなり、現在も土産として芋菓子などが有名。

地域・資源	概要
喜多院	川越大師として知られる。徳川家康は喜多院を関東の天台宗総本山と定め、幕府の宗教政策を統括した**天海**を住持とした。1638年の川越大火で伽藍が焼失したが、翌年に徳川家光の命で、江戸城紅葉山御殿の一部を移築した。客殿の「**徳川家光誕生の間**」と、書院の「**春日局（家光の乳母）化粧の間**」はその一部。
五百羅漢（喜多院境内）	喜多院の境内に天明2年から半世紀にわたって建立されたもので、538体の石仏が鎮座する。石仏は全てが異なる表情・ポーズをしている。
仙波東照宮（喜多院境内）	家康の遺骸を日光に運ぶ途中に喜多院で4日間法要を行ったことから、その境内に東照宮がある。**日光東照宮、久能山東照宮**と並ぶ「**三大東照宮**」の一つ。
蔵造りの町並み	蔵造りは類焼を防ぐための耐火建築。1638年の川越大火で焼け残ったのが蔵造りの家だったことから、町をあげて黒漆喰の蔵造りにした。
菓子屋横丁	関東大震災で東京の駄菓子製造業者が打撃を受けたため、川越の業者が製造・供給するようになった。現在も20数軒の店舗が連なる。
時の鐘	今から約400年前に初めて建設され、現在のものは明治時代に建てられてから4代目。川越のシンボルの一つ。
川越氷川神社	川越の総鎮守であり、歴代藩主の篤い崇敬を受けた。神社の祭礼として毎年10月に開催される「**川越まつり（川越氷川祭）**」は、2016年にユネスコ無形文化遺産「**山・鉾・屋台行事**」の一つとして登録された。

埼玉県

1 北海道

2 東北地方

3 関東地方

4 中部地方

5 近畿地方

6 中国・四国地方

7 九州・沖縄地方

テーマで整理❗ 関東を中心に分布する「小江戸」

関東を中心に「小江戸（こえど）」と呼ばれる都市が多くあり、特に次の3つが良く知られる。

◆武蔵国・川越 - 埼玉県川越市
◆下総国・佐原 - 千葉県香取市（北総の小江戸、水郷の町）
◆下野国・栃木宿 - 栃木県栃木市（蔵の街）

これらのほかに、上総国・大多喜（千葉県大多喜町）、相模国・厚木（神奈川県厚木市）、甲斐国・甲府（山梨県甲府市）、遠江国・掛塚（静岡県磐田市掛塚）、近江国・彦根（滋賀県彦根市）がある。

■ 秩父地方

埼玉県西部の山岳地帯。自然豊かな観光地として知られる。

地域・資源	内容
秩父神社と秩父夜祭	秩父神社は秩父の総鎮守であり、三峯神社、寳登山神社と並ぶ秩父三社の一つ。毎年12月に神社の例祭として開催される**秩父夜祭**は、**ユネスコ無形文化遺産「山・鉾・屋台行事」**の一つであり、京都の祇園祭、飛騨の高山祭とともに日本三大曳山祭に数えられ、多くの観光客が訪れる。豪華絢爛な笠鉾・屋台は「動く陽明門」と呼ばれる。
三峯神社	標高1100mにある。由緒によれば、日本武尊が東征の折、イザナギ、イザナミの2柱の神を祀ったのが始まりとされる。**狼**が守護神で、狛犬の代わりに神社各所に狼の像が鎮座している。
寳登山（ほどさん）神社	長瀞町の宝登山山麓にある神社。豪華な装飾を施した社殿で知られる。
長瀞	荒川中流の景勝地で、石畳が有名。川下り（ライン下り）が人気。
羊山公園	秩父市内の高台にある公園。春のシバザクラが有名。

武甲山	秩父神社の御神体であるが、石灰岩採掘のため山体が大きく削られ、特異な山容となっている。なお、秩父ではこの石灰岩を利用した**セメント生産**が盛ん。

秩父夜祭

長瀞の川下り

解説 **ユネスコ無形文化遺産「山・鉾・屋台行事」**

　山・鉾・屋台等と呼ばれる山車が巡行する日本の祭からなるユネスコの無形文化遺産。青森県から大分県にいたる18府県の「山・鉾・屋台行事」計33件が登録されており、特に著名なものとして以下が挙げられる。
◆埼玉県…秩父祭の屋台行事と神楽、川越氷川祭の山車行事
◆茨城県…日立風流物
◆富山県…高岡御車祭
◆岐阜県…高山祭の屋台行事
◆京都府…京都祇園祭の山鉾行事
◆福岡県…博多祇園山笠行事
◆佐賀県…唐津くんちの曳山行事

■ 埼玉県の産業と特産物
農業

◆**近郊農業**
・**狭山茶**（県西部の狭山市・入間市・所沢市の丘陵地帯で栽培）
・**深谷ねぎ**

食文化

・**冷汁うどん<県内各地>**…ごまだれに胡瓜などを入れた冷たい汁に、うどんをつけて食べる。
・**草加せんべい<草加市>**…草加は日光街道の宿場町であり、土産物としてせんべいが発展。

伝統産業

- ・**盆栽<さいたま市大宮区>**
- ・**鋳物<川口市 ★>**…独特の煙突を持つ溶鉱炉（キューポラ）があったことから「キューポラの町」といわれていた。
- ・**細川紙（和紙）<小川町、東秩父村>**…ユネスコ無形文化遺産「和紙・日本の手漉和紙技術」の一つ。
- ・**足袋<行田市>**
- ・**秩父銘仙（絹織物）<秩父地方>**

1 北海道

2 東北地方

3 関東地方

4 中部地方

5 近畿地方

6 中国・四国地方

7 九州・沖縄地方

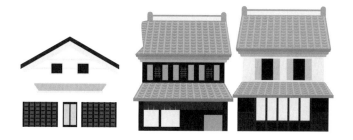

■ 高崎市・上毛三山周辺（群馬県南部・東部）

◎高崎、榛名山周辺

　群馬県の県庁所在地は**前橋市**であるが、商業や観光の中心は**高崎市**である。高崎市は新幹線の駅がある交通の要衝であり、県内最大の人口を誇る。

地域・資源	概要
少林山達磨寺	禅宗の一派である黄檗宗の寺院。「高崎のだるま市」で有名。 伝統工芸品の**高崎だるま**はこの寺から起こったといわれている。
榛名山	**上毛三山**の一つ（最高峰は外輪山の掃部ヶ岳で標高1449m）。山頂にはカルデラ湖である榛名湖（ワカサギ釣り・スケート）と中央火口丘である榛名富士がある。
伊香保温泉	榛名山の東斜面にある、草津温泉と並んで群馬県を代表する温泉。**365段の石段**は温泉街のシンボルであり、この界隈は石段街と呼ばれる。近くに水沢うどんで有名な水澤寺（水澤観音）がある。

達磨寺

群馬県

1 北海道

2 東北地方

3 関東地方

4 中部地方

5 近畿地方

6 中国・四国地方

7 九州・沖縄地方

◎富岡市、妙義山周辺

高崎市の西側に位置する。

地域・資源	概要
富岡製糸場 ★	1872年（明治5年）にフランスの技術により**模範官営工場**として造られた日本初の機械製糸工場。2014年には**「富岡製糸場と絹産業遺産群」**として、世界文化遺産に登録された。
妙義山	**上毛三山**の一つ（標高1104m）。奇岩が多く、香川県小豆島の寒霞渓、大分県の耶馬溪とともに**日本三大奇勝**といわれる。
碓氷峠（うすいとうげ）	妙義山の北方にあり、標高960m。**群馬県と長野県の県境にある分水嶺**。かつては**中山道**の難所で**碓氷の関**があった。 かつて碓氷峠を越える横川－軽井沢間では**アプト式鉄道**が走っていたが、長野新幹線（現在は北陸新幹線）の開通に伴い1997年に廃止された。その遺産を**碓氷峠鉄道文化むら**で見ることができる。 ※アプト式鉄道…レールと列車に歯車をかみ合わせて走らせる。現在は静岡県の大井川鐵道のみに残る。

富岡製糸場

妙義山

◎桐生、赤城山周辺

高崎の東側に位置する。

地域・資源	内容
桐生市	古くから「**西の西陣**（京都の西陣織）、**東の桐生**」といわれ、高級絹織物を中心とする繊維産業で栄えてきた。今も市内にノコギリ屋根の工場が多数残る。
赤城山	**上毛三山**の一つ（標高1828m）。中央部には、カルデラ湖の大沼や覚満淵、火口湖の小沼がある。
岩宿遺跡	ここに土器時代よりも前の遺跡が発見されたことで、日本にも旧石器時代が存在したことが証明された。

■ 草津温泉、浅間山周辺（群馬県西部）

　草津白根山、浅間山という2つの著名な火山を中心とする自然豊かな地域。地域の多くが**上信越高原国立公園**に指定されている。

地域・資源	概要
草津温泉 ★★	白根山のふもとにあり、日本屈指の知名度と歴史を誇る。湯量が極めて豊富（自然湧出量日本一）で、湯温も高い。 温泉街の中心に**湯畑**（ゆばたけ）があり、ここで温泉の源泉から湯の花を採取するとともに、湯温を調節している。 独特の温泉文化として、草津節などを唄いながら湯もみ板で温泉をかき回し、湯温を下げる「**湯もみ**」も有名。
草津白根山	草津温泉の背後にそびえる活火山（標高2160m）。山頂付近には複数の火口湖が形成され、湯釜、水釜、涸釜と呼ばれている。
浅間山 ★	群馬県と長野県にまたがる活火山（標高2568m）。685年以来50回の噴火記録がある。1783年の天明の噴火溶岩流でできた奇岩を見ることができる**鬼押出し園**が有名。
草津、浅間山周辺の名湯	**四万（しま）温泉**…スタジオジブリの映画「千と千尋の神隠し」のモデルになったとの説もある名湯。 **万座温泉**…草津白根山の北西にある高原の温泉。 **鹿沢温泉**…浅間山の北西にある古い温泉。 **川原湯温泉**…吾妻渓谷にある温泉。**八ッ場（やんば）**ダム建設によって高台に移転。

草津温泉の湯畑　　　　　　　　湯もみ　　　　　　　　　　　鬼押出し園

1 北海道

2 東北地方

3 関東地方

4 中部地方

5 近畿地方

6 中国・四国地方

7 九州・沖縄地方

 豆知識　天下の名湯・草津の湯

　草津温泉は、古くから「**日本三名泉**」（草津温泉・有馬温泉・下呂温泉）に数えられたほか、江戸時代後期の温泉番付「諸国温泉功能鑑」では最高位の大関（当時は横綱は存在せず）とされるなど、古くから名湯として全国にその名を轟かせていた。

　明治時代に草津温泉を訪れた、お雇い外国人で医師のベルツは「草津には無比の温泉以外に、日本で最上の山の空気と、全く理想的な飲料水がある」と草津温泉を高く評価し、世界に紹介した。

■ 尾瀬、谷川岳周辺（群馬県北部）
◎尾瀬と周辺
　尾瀬は、群馬県・福島県・新潟県・栃木県にまたがる湿原。国民的愛唱歌「夏の思い出」の冒頭に歌われるなど、日本を代表する景勝地の一つである。

地域・資源	概要
尾瀬国立公園 ★	本州最大の高層湿原である**尾瀬ヶ原**（群馬県・福島県・新潟県）、**只見川**の源流にあたり噴火によりせき止められてできた**尾瀬沼**（群馬県・福島県）、これらを取り囲む**至仏山**（群馬県・標高2228m）、**燧ヶ岳**（福島県・2356m）、**会津駒ヶ岳**（福島県・2133m）などがある。 東京からは群馬県側の鳩待峠や大清水から入山するルートがアクセス良好であり、最も利用者が多い。
吹割の滝	高さ7m、幅30mの幅が広い滝で、「東洋のナイアガラ」と呼ばれる。
老神温泉	片品川沿いに温泉街が広がり、尾瀬訪問の宿泊地としても利用される。

至仏山

吹割の滝

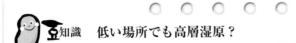

豆知識　低い場所でも高層湿原？

　高層湿原とは、枯死した植物などが分解されずに泥炭となって高く蓄積して、周囲から流入する水よりも高く盛り上がった湿原のことを指し、植物などが分解されにくい寒冷地で形成される。

　「高層」とは標高ではなく、泥炭が積み重なった高さのことであり、寒冷な北海道道北のサロベツ原野などでは海のすぐ近くに高層湿原がある。

◎谷川岳と周辺

地域・資源	内容
谷川岳	群馬県と新潟県の県境にある山（標高1977m）。岩場として名高い一ノ倉沢、スキーや紅葉鑑賞で有名は**天神平**がある。上信越高原国立公園に指定。
水上温泉郷	谷川岳の麓にあるみなかみ町と、その周囲に点在する温泉の総称。最も規模が大きい水上温泉、露天風呂が有名で外国人の人気も高まっている**宝川温泉**などがある。

■ 群馬県の産業と特産物
農業

> ・下仁田…こんにゃく、下仁田ネギが有名。群馬県は**こんにゃくいもの生産量が日本一**。

食文化

> ・**おっきりこみ＜県内各地＞**…小麦粉で作った幅広の麺を、野菜を中心とした具とともに煮込んだもの。
> ・**生芋こんにゃく料理＜県内各地＞**…一般的なこんにゃくは芋を一旦粉にしてから作っているが、産地の群馬県では旬の時期に生芋でこんにゃくを作る。
> ほかに、**焼きまんじゅう＜県内各地＞**、**水沢うどん＜渋川市＞**。

伝統産業

> ・**高崎だるま＜高崎市＞**…全国シェアの約80％を占める。
> ・**絹織物＜桐生市＞**

栃木県

1 北海道
2 東北地方
3 関東地方
4 中部地方
5 近畿地方
6 中国・四国地方
7 九州・沖縄地方

6 栃木県

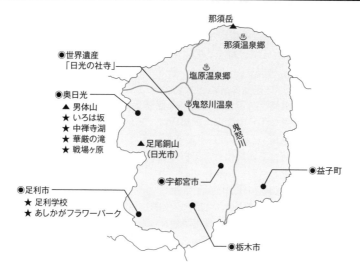

■ 世界遺産「日光の社寺」

　日光の二社一寺（東照宮、輪王寺、二荒山神社）及びその周辺は、日光国立公園に指定されており、かつ1999年に世界文化遺産「日光の社寺」に登録された。

◎輪王寺と二荒山神社

　江戸時代までの日光では、輪王寺と二荒山神社の仏堂、神社、霊廟など全てを含めて「日光山」あるいは「日光三所権現」と称していて、神仏習合の信仰が行われており、そこに江戸時代の初めに東照宮が加わった。

　現在の「二社一寺」が明確に分離するのは明治初年の神仏分離令以後のことである。

地域・資源	内容
輪王寺 ★★	奈良時代に下野の僧である**勝道上人**により開創された。日光にある男体山・女峰山・太郎山は、夫婦とその子供にあたり、「日光三所権現」として祀られてきた。それぞれ千手観音・阿弥陀如来・馬頭観音を本地仏としており、輪王寺本堂（**三仏堂**）には3体の本尊が安置されている。 **男体山**（2486m）＝千手観音 **女峰山**（2483m）＝阿弥陀如来 **太郎山**（2368m）＝馬頭観音 伝統行事の**輪王寺強飯式**（りんのうじごうはんしき）も有名。
二荒山神社 ★★	日光三山を神体山として祀る神社で、**本社は二社一寺の中で最も奥にあり、中宮祠は中禅寺湖畔**に、**奥宮は男体山山頂**にある。三山のほか日光連山の広範囲を境内地としており、現在も華厳の滝やいろは坂を神域に含む。
神橋	二荒山神社の建造物で、日光の社寺の入り口の大谷（だいや）川に架かる木造朱塗りの美しい橋。
大猷院（たいゆういん）★	徳川3代将軍家光の霊廟で、建物は東照宮の方角に向いて見守るように建っており、家康への家光の敬愛が感じられる。輪王寺に所属するが、北西の離れた場所にある。

輪王寺本堂（三仏堂）　　　　　神橋

解説　**輪王寺強飯式**（りんのうじごうはんしき）

　輪王寺の強飯式は、修験道の流れをくむ儀式で、「日光責め」ともいわれる。毎年4月2日に三仏堂で行われ、山伏姿の僧が黒塗りの椀（わん）に飯を盛り上

げて出て、裃（かみしも）姿の頂戴人（ちょうだいにん）に向かって激しい口調で口上を述べ、飯と菜（さい）を強いる。神の御供（ごくう）はけっして粗末にしてはならぬという考え方による。

◎東照宮 ★★

徳川家康を祀るために徳川秀忠によって1617年に創建された。家康は死後**東照大権現**となり神格化され、薬師如来を本地仏とした。全国の東照宮の総本社。陰陽道の「宗廟は王城の真北がよい」という思想に基づき、江戸城の真北にあたる日光に建てられた。

東照宮の社殿は2代将軍秀忠により完成し、さらに3代将軍家光が大改修を行い、現在のような朱塗りで極彩色の華麗な社殿となった。

地域・資源	概要
陽明門	正面の門にあたり、おびただしい数の極彩色の彫刻で覆われ、一日中見ていても飽きないということから、「日暮御門」といわれている。
御本社	陽明門をくぐると唐門があり、その向こうが本社で、東照宮の中で最も重要なところ。本殿・石の間・拝殿からなる。この造りを**権現造**という。
眠り猫	回廊にある彫刻作品。伝説的な彫刻職人**左甚五郎**の作品といわれる。
三猿（さんざる）	神に仕える馬が生活する神厩舎には、馬を守る動物という伝承がある猿の彫刻が8枚ある。その1枚が「三猿」で、「見ざる、聞かざる、言わざる」という叡智を表す。
鳴き竜	薬師堂の天井に描かれている竜の頭の下で手を叩くと、ブルブルと奇声を発するという現象が発見され（1905年ころ）、これが「鳴き竜」として広まった。薬師堂は1961年に焼失したが、再建され、天井画と鳴き竜現象も復活した。

1 北海道
2 東北地方
3 関東地方
4 中部地方
5 近畿地方
6 中国・四国地方
7 九州・沖縄地方

　徳川家康はその死に際して、僧天海に次のような遺言を残して、1616年に駿府で75歳の生涯を閉じた。

　「自分が死んだら遺体は**久能山**（静岡県）におさめ、葬儀は**芝の増上寺**（東京都）で行い、位牌は故郷の大樹寺（愛知県）に置き、一周忌が過ぎたら**日光**（栃木県）に小さな堂を建てて祀りなさい。関八州（関東地方）の平和の守り神となろう」

　家康の神号は天海の一言で**東照大権現**と決まり、天海は家康の遺言どおり1617年日光に墓所を移した。

　天海は天台宗の僧で、家康の信任が厚く、川越の**喜多院**（埼玉県）の住職になった。家康は遺言を天海に託したので、死後、東照宮の造営を差配する。江戸の宗教政策にも深く関与して、東叡山**寛永寺**（東京都）を開基した。

◎二社一寺の周辺

地域・資源	内容
日光杉並木	日光街道、日光例幣使街道、会津西街道の3街道にまたがるスギの並木道。延長35kmに及び、**世界最長の並木道**としてギネスブックに登録されている。植樹から400年近く経った現在でも約1万2千本の杉がある。
例幣使街道	京の朝廷の使いである例幣使が、日光東照宮に毎年御幣を捧げるために通った道。東照宮の例祭に合わせ、4月1日に京を発ち、15日に日光に到着したとされている。
金谷ホテル	1873年に日光東照宮の楽師（笙奏者）金谷善一郎が自宅を改造して、外国人向けの民宿として開業したのが始まり。1878年には、イザベラ・バード（イギリスの女性旅行家）も滞在した。
日光田母沢御用邸記念公園	皇太子時代の大正天皇の静養所として建設された田母沢御用邸の建物と庭園が、公園として整備され公開されている。国の重要文化財に指定されている。

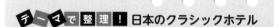

テーマで整理！ 日本のクラシックホテル

クラシックホテルとは、戦前に創業した日本のホテル、もしくは戦前に建設された日本のホテル建築を指して用いられる言葉。「日本クラシックホテルの会」に加盟しているホテルは以下のとおり。

◆日光金谷ホテル（栃木県日光市）
◆富士屋ホテル（神奈川県箱根町）
◆万平ホテル（長野県軽井沢町）
◆奈良ホテル（奈良県奈良市）
◆東京ステーションホテル（東京都千代田区）
◆ホテルニューグランド（神奈川県横浜市）
◆蒲郡クラシックホテル（愛知県蒲郡市）
◆川奈ホテル（静岡県伊東市）
◆雲仙観光ホテル（長崎県雲仙市）

◎奥日光

　日光駅から西に向かい、「いろは坂」を登った先に奥日光エリアが広がる。標高約900 ～ 2500mの高原に湖沼や大小の滝、川、湿原などが点在し、男体山をはじめとする日光連山の山々がそびえている。広範囲が日光国立公園に指定。

地域・資源	内容
いろは坂	東日光市街と奥日光を結ぶ全長約16kmの山岳道路。沿道の森林が美しく、紅葉の季節には大変な渋滞となる。
華厳の滝 ★★	中禅寺湖から落下する落差97mの滝。発見者は勝道上人と伝えられ、仏教経典の一つである華厳経から名付けられたといわれる。日本三名瀑の一つとされる。
男体山	いろは坂を登った、中禅寺湖の北岸に位置する山（標高2486m）。古くから山岳信仰の対象として知られ、二荒山神社の境内地になっており、中禅寺湖畔の登拝口には二荒山神社中宮祠、山頂には日光二荒山神社の奥宮がある。
中禅寺湖	男体山の噴火によって流れ出た溶岩が大谷川をせき止めてできた湖。周囲25km、湖面海抜1269m。湖岸には**大使館や外交官の別荘**が立ち並び、イタリア大使館別荘記念公園、英国大使館別荘記念公園などを見学できる。
戦場ヶ原	標高1400mの場所にある広大な高層湿原。「奥日光の湿原」としてラムサール条約登録湿地となっている。出口に**竜頭滝**がある。

1 北海道
2 東北地方
3 関東地方
4 中部地方
5 近畿地方
6 中国・四国地方
7 九州・沖縄地方

日光湯元温泉	奥日光の最奥にある温泉。近くに温泉の湯が流れ込む湯ノ湖と、その出口にあたる湯滝がある。

華厳の滝

中禅寺湖と男体山

戦場ヶ原

テーマで整理！ 日本三名瀑

◆華厳の滝…栃木県日光市
◆那智の滝…和歌山県那智勝浦町
◆袋田の滝…茨城県大子町
※袋田の滝に代わって、ほかの滝が入るケースもある。

■ 鬼怒川温泉と周辺

日光の北東側には、鬼怒川温泉を中心に観光地が集まっている。広範囲が日光国立公園に指定。

地域・資源	概要
鬼怒川温泉 ★	かつて日光奉行の管轄下に置かれ、日光詣帰りの諸大名や僧侶達のみが利用可能な温泉であった。現在は川沿いに大規模なホテルや旅館が立ち並ぶ。
東武ワールドスクエア	世界の有名な建築物・遺跡を25分の1の縮尺で再現したテーマパーク。鬼怒川温泉の南にある。
江戸ワンダーランド日光江戸村	江戸時代中期（元禄から享保年間）の町並みを再現し、忍者活劇や華麗な花魁道中などのアトラクションが呼び物。鬼怒川温泉の南にある。
川治温泉	鬼怒川温泉の8kmほど北にある温泉。近くに景勝地の**龍王峡**がある。
湯西川温泉	平家の落人伝説がある山間部の温泉。

栃木県

1 北海道

2 東北地方

3 関東地方

4 中部地方

5 近畿地方

6 中国・四国地方

7 九州・沖縄地方

■ 宇都宮・益子（栃木県中央部・南東部）

栃木県の県庁所在地である宇都宮市と、その周辺地域。

地域・資源	概要
宇都宮市	江戸時代に宇都宮宿は五街道のうち**日光街道・奥州街道**の二道の追分となり、大いに賑わった。近年は**ギョウザの町**として有名。
大谷資料館	大谷石は加工がしやすく、やさしい風合いの石材。大谷資料館の**地下採掘場跡**は約70年をかけて大谷石を掘り出してできた巨大な地下空間。現在は見学できるほか、コンサートや美術展会場などとしても利用されている。
益子町	陶器である**益子焼**（ましこやき）の産地として有名。かつては日用品が主に製作されていたが、昭和初期より創作活動を開始した濱田庄司によって花器・茶器などの民芸品が作られるようになり、日本全国に知られるようになった。

■ 那須 ★・塩原（栃木県北東部）

那須連峰とその周辺地域。山間・山麓は日光国立公園に指定。

地域・資源	概要
那須岳、那須高原	那須岳は標高2000m弱の火山群の総称。主峰は茶臼岳。南東側の山麓に広がる高原を那須高原といい、温泉、牧場、テーマパークなどが集まるリゾート地となっている。
那須温泉郷	那須岳の周囲には温泉が多く、一大温泉郷が形成されている。温泉郷の中心である**那須湯本温泉**には、松尾芭蕉も訪れた「殺生石（せっしょうせき）」と呼ばれる溶岩がある。
那須野が原	那珂川の複合扇状地である那須野が原は、水が乏しく、明治初年まで人の住めない不毛の原野だったが、**那須疏水**が開削されると、華族が出資する農場が次々に開設された。その代表が、大蔵大臣や総理大臣を歴任した松方正義が開いた**千本松農場**である。
塩原温泉郷	那須岳の南側の川沿いに連なる温泉郷。渓谷にかかる**もみじ谷大吊橋、回顧（みかえり）の吊り橋**や、塩原一の名瀑といわれる**竜化の滝**などが有名。

■ 栃木・足利・足尾（栃木県南西部）

地域・資源	概要
栃木市（蔵のまち）	栃木県南部の都市で、一時は県庁が置かれたこともある。市街地には蔵造りの家屋が並ぶ街並みが保存されており、**小江戸**や**小京都**と呼ばれる。また、市南部にはラムサール条約湿地である**渡良瀬遊水地**がある。 栃木市（蔵の街並み）
足利学校（足利市）	中世の高等教育機関。室町時代に関東管領の**上杉憲実**（のりざね）が再興し、16世紀の初頭には生徒は3000人を数えた。現在は史跡として整備されている。
あしかがフラワーパーク（足利市）	4月中旬から5月中旬にかけて開花するフジの花が有名。花の咲かない冬季にはイルミネーション「光の花の庭」が開催される。 あしかがフラワーパーク
足尾銅山（日光市）	1973年の閉山まで約400年続いた銅鉱山。明治時代の足尾鉱毒事件は、**田中正造**が中心となって起こした問題提起の運動で「日本の公害運動の原点」といわれる。現在は足尾銅山観光として見学可能。 日光市であるが、日光市街地から入るのではなく、群馬県桐生駅から**わたらせ渓谷鉄道**を利用して訪れる方がアクセスがよい。

■ 栃木県の産業と特産物

農業

- いちごの生産高は日本一で、代表的な品種に**「とちおとめ」**「女峰」がある。
- かんぴょうは全国の98％を生産する。

食文化

- **しもつかれ＜県内各地＞**…鮭の頭と大豆、根菜、酒粕を煮込んだ料理。
ほかに、**ギョウザ＜宇都宮市＞**、**湯葉料理＜日光市＞**、**佐野ラーメン＜佐野市＞**。

伝統産業

- 益子焼（陶器）＜益子市＞
- 絹織物＜足利市＞

7 茨城県

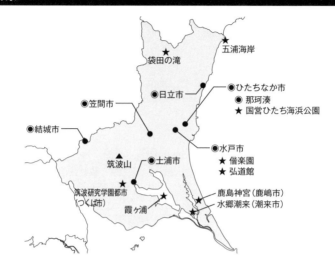

1 北海道

2 東北地方

3 関東地方

4 中部地方

5 近畿地方

6 中国・四国地方

7 九州・沖縄地方

■ 水戸市と周辺

◎水戸市

水戸市は茨城県の県庁所在地。江戸時代の水戸藩は尾張・紀州とともに徳川御三家の一つ。毎年2月には水戸の**梅まつり**が、8月には水戸黄門まつりが行われる。「**水戸納豆**」も有名。

地域・資源	概要
偕楽園 ★	江戸時代後期の藩主**徳川斉昭**（慶喜の実父）によって造園が開始され、翌年に開園した。斉昭は、藩士や領民と偕（とも）に楽しむ場にしたいとして「偕楽園」と名付けた。岡山の後楽園や金沢の兼六園と並び「**日本三名園**」の一つに数えられる。100種約3000本の梅が植えられており、**梅の名所**として知られる。園内には斉昭自ら設計した「**好文亭**」がある。
弘道館	**水戸藩**の藩校。徳川斉昭が創設。水戸学の中心として尊王攘夷論者を多数生んだ。
千波湖	偕楽園に隣接する湖。市民の憩いの場であり、茨城県近代美術館などがある。

テーマで整理！ 日本三名園

◆水戸の偕楽園

◆岡山の後楽園

◆金沢の兼六園

◎**大洗・那珂湊**

水戸市の海側（東側）に位置する。

地域・資源	内容
大洗	夏は海水浴で賑わう。海岸に鳥居がある**大洗磯前神社**は、日の出の名所として知られる。
那珂湊（ひたちなか市）	茨城県最大の漁港であり、「那珂湊おさかな市場」で食べ歩きや買い物を楽しむことができる。
国営ひたち海浜公園	四季折々の植物を楽しむことができる広大な公園。特に春のネモフィラの花、秋のコキアの紅葉が有名。  国営ひたち海浜公園（コキア）

テーマで整理！ 花で有名な関東北部の公園

◆羊山公園＜埼玉県秩父市＞…春のシバザクラ

◆あしかがフラワーパーク＜栃木県足利市＞…初夏のフジ

◆ひたちなか海浜公園＜茨城県ひたちなか市＞…春のネモフィラ、秋のコキア

■ **筑波山と霞ヶ浦周辺（茨城県南部）**

◎**筑波山と周辺**

筑波山は茨城県のシンボル。

地域・資源	内容
筑波山	西側の男体山と東側の女体山からなり、山中には巨石、奇石、名石散在し、多くの伝説がある。**筑波山神社**の御神体であり、山腹に拝殿、男体山と女体山の山頂にそれぞれ本殿がある。関東平野に視界が開けているため、山頂付近にアンテナが林立する。日本百名山の中では最も標高が低い（男体山の標高は871m）。

つくば市	かつては**筑波山**の南に広がる農村地帯であったが、1960年代から**筑波研究学園都市**として開発が進み、現在は日本の最先端の科学技術研究施設が集中しており、**JAXA（宇宙開発機構）** の筑波宇宙センター、筑波大学、国土地理院などがある。2005年に首都圏新都市鉄道つくばエクスプレスが開通し、東京・秋葉原と直結された。
結城市	筑波山の北西に位置する。**結城紬**（絹織物）で有名。レンタル着物で街歩きを体験できる。
笠間市	筑波山の北東に位置する。**笠間焼**（陶器）、**笠間稲荷神社**で有名。

筑波山

筑波宇宙センター

◎霞ヶ浦と土浦

地域・資源	内容
霞ヶ浦	日本で2番目の広さの湖であり、淡水湖。**ワカサギ漁**で知られ、観光用の「霞ヶ浦観光帆引き船」を見学できる。
土浦市	かつて水戸街道の宿場と水運で栄えた商業都市で、古い町並みが残る。霞ヶ浦の北西岸に位置する。土浦全国花火競技大会も有名。

◎鹿嶋と潮来

霞ヶ浦の南東側に位置する。

地域・資源	概要	
鹿島神宮（鹿嶋市）	**常陸国の一宮**で、全国に約600ある鹿島神宮の総本社。藤原氏から氏神として崇敬され、また歴代の武家政権からは**武神**として崇敬された。現在も**武道の神**として篤く信仰されている。神宝の全長2.71mの韴霊剣（ふつのみたまのつるぎ）は国宝に指定されており、奈良時代末期から平安時代初期の作と見られている。	鹿島神宮

1 北海道
2 東北地方
3 関東地方
4 中部地方
5 近畿地方
6 中国・四国地方
7 九州・沖縄地方

水郷潮来（潮来市）	江戸時代から水運が盛んであり、観光船で水郷をめぐる**十二橋めぐり**で知られる。**アヤメ**も有名であり。毎年初夏に**水郷潮来あやめ祭り**が開催される。 潮来のアヤメ

解説 鹿島神宮の催事

御船祭…鹿島神宮の式年大祭で、12年に1度の午年に行われる。鹿島神宮祭神と香取神宮祭神が水上で出会う鹿島神宮最大の祭典であり、水上の御船祭としては日本最大の規模を誇る。鹿島神宮は、**下総国一宮・香取神宮**（千葉県香取市）と古来より深い関係にある。

祭頭祭…毎年3月9日に行われている祭りで、東国の防人が九州地方を守るため旅立つとき鹿島神宮に集まってから出発したことに由来する（鹿島立ち）。囃子人の衣装が独特で、三尺と呼ばれる5～7色のタスキを背負い、長さ約2mの樫棒を持って囃す。

■ 茨城県北部
◎**北部内陸**

地域・資源	概要	
袋田の滝（大子町（だいごまち））★	長さ120m、幅73m。滝の流れが大岩壁を4段に落下することから、別名「四度（よど）の滝」とも呼ばれる。冬に凍結する「氷瀑」として知られる。近くに**袋田温泉**がある。	
竜神大吊橋（常陸太田市）	紅葉の名所として知られる**竜神峡**に架かる吊り橋。高さ100m、長さ375m。	

 **テーマで整理！** 日本の歩行者専用吊橋　長さランキング（主塔間長）

1、箱根西麓・三島大吊橋（三島スカイウォーク）（静岡県三島市400ｍ）
2、九重"夢"大吊橋（大分県九重町390ｍ）
3、竜神大吊橋（茨城県常陸太田市375ｍ）
4、もみじ谷大吊橋（栃木県那須塩原市320ｍ）
5、水の郷大吊橋（神奈川県清川村315ｍ）
6、谷瀬（たにぜ）の吊り橋（奈良県吉野郡十津川村297ｍ）

茨城県

1 北海道
2 東北地方
3 関東地方
4 中部地方
5 近畿地方
6 中国・四国地方
7 九州・沖縄地方

◎北部沿岸

地域・資源	概要
五浦（いづら）海岸（北茨城市）	大小の入り江や断崖絶壁が続く海岸で、「関東の松島」の異名を持つ。東京美術学校（現東京芸術大学）の校長となった**岡倉天心**は**日本美術院**を設立し、1906年この地に移し、横山大観、下村観山、菱田春草などが創作活動を行った。これを記念して茨城県天心記念五浦美術館などが設置されている。また、岡倉天心が自ら設計した**五浦六角堂**があり、東日本大震災の津波で流失したが、創建当時の姿に再建された。
日立市	近代に日立鉱山で大きく発展した鉱工業都市。ユネスコ無形文化遺産「山・鉾・屋台行事」の一つである**日立風流物**でも知られる。

■ 茨城県の産業と特産物
農業

・**レンコン**…豊富な水と肥沃な土壌に恵まれている霞ヶ浦の湖畔では**レンコン**作りが盛ん。茨城県はレンコン生産量日本一。
ほかに白菜、クリ、ピーマンの生産量が日本一。

食文化

・**あんこう料理＜沿岸部＞**…あんこう鍋は、「東のアンコウ、西のフグ」と並び称される茨城県の冬の味覚。特に肝が肥大する12月〜2月がおいしい時期といわれる。
・ほかに、**水戸納豆**なども有名。

伝統産業

・笠間焼（陶器）＜笠間＞
・**結城紬＜結城＞**…糸紡ぎから織りまで全てを手作業で行い、独特な風合いを出す高級絹織物。

関東地方のチェックテスト

1 かつて旧江戸城の本丸、二の丸、三の丸があり、現在は宮内庁所管の美術品などを展示する三の丸尚蔵館等がある場所はどれか。
①皇居外苑　②皇居東御苑　③北の丸公園　④神宮外苑

2 六本木にある美術館はどれか。
①国立西洋美術館　②国立新美術館　③国立近代美術館　④東京都美術館

3 上野公園の北西側にあり、谷底の活気ある商店街と、そこに下りていく階段「夕焼けだんだん」で有名な場所はどれか。
①谷中　②芝　③向島　④柴又

4 高尾山にある寺院はどれか。
①大猷院　②喜多院　③薬王院　④高徳院

5 約2000本の孟宗竹の庭があり「竹の寺」と呼ばれる鎌倉の寺院はどれか。
①長谷寺　②東慶寺　③明月院　④報国寺

6 箱根山の爆裂火口から今もなお熱い水蒸気と硫気を噴出しており、名物の黒たまごで有名な観光地はどれか。
①大涌谷　②地獄谷　③湯畑　④湯ノ湖

7 千葉県銚子市特産の、和食に欠かせない調味料はどれか。
①醤油　②みりん　③味噌　④塩

8 「北総の小江戸」と呼ばれ、伊能忠敬の旧居があることでも知られる街はどれか。
①潮来　②佐倉　③佐原　④鹿島

関東地方

1 北海道

2 東北地方

3 関東地方

4 中部地方

5 近畿地方

6 中国・四国地方

7 九州・沖縄地方

9 さいたま市大宮区の伝統産業であり、これをテーマとする美術館があるもの
はどれか。
①盆栽　②和紙　③陶芸　④版画

10 毎年12月に開催され、「動く陽明門」とも称される豪華絢爛な笠鉾・屋台が
練り歩く、埼玉県を代表する祭りはどれか。
①三社祭　②川越まつり　③秩父夜祭　④山王祭

11 榛名山の東斜面にあり、365段の石段が温泉街のシンボルとなっている温泉
はどれか。
①草津温泉　②伊香保温泉　③那須湯本温泉　④湯河原温泉

12 群馬県と長野県にまたがる活火山であり、山麓の1783年の天明の噴火溶岩
流でできた「鬼押出し園」で有名な山はどれか。
①赤城山　②浅間山　③谷川岳　④男体山

13 奥日光の標高1400mの場所にある広大な高層湿原はどれか。
①牧之原　②尾瀬ヶ原　③那須野が原　④戦場ヶ原

14 栃木県にある有名な陶器の産地はどれか。
①信楽　②常滑　③笠間　④益子

15 有名な庭園の名称と所在地の組み合わせが正しいものはどれか。
①偕楽園－水戸　②後楽園－東京　③兼六園－岡山　④栗林公園－金沢

16 春のネモフィラ、秋のコキアの紅葉で有名な国営公園はどれか。
①あしかがフラワーパーク　②ひたち海浜公園　③羊山公園　④港の見える
丘公園

正解　1.②　2.②　3.①　4.③　5.④　6.①　7.③　8.③　9.①　10.③　11.②　12.②　13.④
14.④　15.①　16.②

4章

中部地方

4 中部地方

主要都市、国立公園、世界遺産

	都道府県	概要
日本海側（北陸）	新潟県	・ 県庁所在地の**新潟市**は北陸地方唯一の政令指定都市。 ・ 上信越高原国立公園、妙高戸隠連山国立公園、磐梯朝日国立公園、中部山岳国立公園、尾瀬国立公園がある。
	富山県	・ 県庁所在地は**富山市**。 ・ **中部山岳国立公園、白山国立公園、世界文化遺産「白川郷・五箇山の合掌造り集落（五箇山）」**がある。
	石川県	・ 県庁所在地は**金沢市**。 ・ 白山国立公園がある。
	福井県	・ 県庁所在地は**福井市**。 ・ 白山国立公園がある。
内陸部	山梨県	・ 県庁所在地は**甲府市**。 ・ **富士箱根伊豆国立公園、秩父多摩甲斐国立公園、南アルプス国立公園、世界文化遺産「富士山」**がある。
	長野県	・ 県庁所在地は**長野市**。 ・ 中部山岳国立公園、南アルプス国立公園、妙高戸隠連山国立公園がある。
	岐阜県	・ 県庁所在地は**岐阜市**。 ・ **中部山岳国立公園、白山国立公園、世界文化遺産「白川郷・五箇山の合掌造り集落（白川郷）」**がある。
太平洋側（東海）	静岡県	・ 県庁所在地は**静岡市**。 ・ **富士箱根伊豆国立公園、南アルプス国立公園、世界文化遺産「富士山」**および**「明治日本の産業革命遺産（韮山反射炉）」**がある。
	愛知県	・ 県庁所在地の**名古屋市**は政令指定都市で、**中部地方最大の都市**。 ・ **中部国際空港**がある。

地形

◆ **山地**：日本アルプス（北アルプス＝飛驒山脈、中央アルプス＝木曽山脈、南アルプス＝赤石山脈）と、富士山・浅間山などの火山が点在し、日本最大の山岳地帯を形成。

◆ **河川と平地**：日本海側には**日本最長の河川である信濃川（長野盆地、越後平野）、神通川（富山平野）**、太平洋側には**木曽川（濃尾平野）・天竜川・大井川・富士川（甲府盆地）**が流れる。

◆ **海岸と岬**：日本海側は、東から西に向かって、**佐渡海峡、富山湾、能登半島（禄剛崎）、若狭湾**。太平洋側は、東から西に向かって、**伊豆半島（石廊崎）、駿河湾、御前崎、渥美半島（伊良湖岬）、三河湾、知多半島（羽豆岬）、伊勢湾**。

◆ **島しょ**：日本海側に**佐渡島**がある。

気象

・**日本海側**：冬季は降雪が多く、世界的な豪雪地帯。

・**内陸部**：乾燥しており、気温の年較差が大きい。

・**太平洋側**：冬季でも比較的温暖。

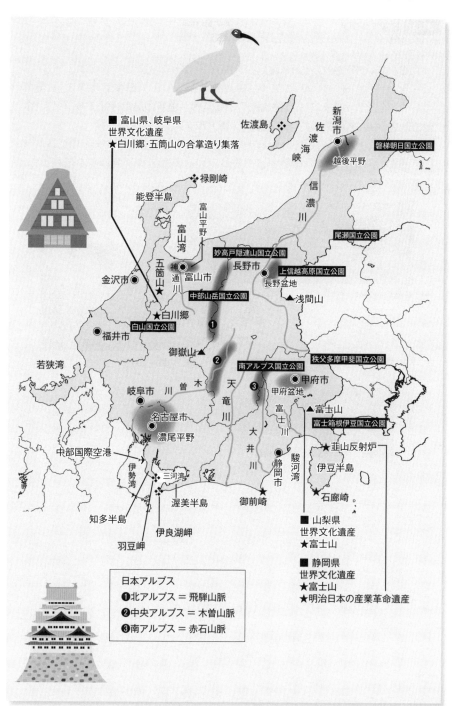

中部地方

1 北海道

2 東北地方

3 関東地方

4 中部地方

5 近畿地方

6 中国・四国地方

7 九州・沖縄地方

■ 富山県、岐阜県
世界文化遺産
★白川郷・五箇山の合掌造り集落

佐渡島

佐渡海峡

新潟市

越後平野

信濃川

磐梯朝日国立公園

禄剛崎

能登半島

富山平野

尾瀬国立公園

妙高戸隠連山国立公園

長野市

上信越高原国立公園

長野盆地

富山湾

金沢市

五箇山★

神通川

富山市

中部山岳国立公園

▲浅間山

白川郷★

御嶽山▲

❶

白山国立公園

福井市

秩父多摩甲斐国立公園

❷

南アルプス国立公園

甲府市

甲府盆地

若狭湾

岐阜市

木曽川

天竜川

❸

富士川

▲富士山

名古屋市

濃尾平野

大井川

富士箱根伊豆国立公園

中部国際空港

★韮山反射炉

伊勢湾

三河湾

駿河湾

伊豆半島

静岡市

知多半島

渥美半島

御前崎

石廊崎。

伊良湖岬

羽豆岬

■ 山梨県
世界文化遺産
★富士山

■ 静岡県
世界文化遺産
★富士山
★明治日本の産業革命遺産

日本アルプス
❶北アルプス ＝ 飛騨山脈
❷中央アルプス ＝ 木曽山脈
❸南アルプス ＝ 赤石山脈

163

1881年に刊行された「日本案内」の中で、イギリス人鉱山技師のウィリアム・ゴーランドが、ヨーロッパのアルプス山脈にちなんで、**「日本アルプス」**と紹介したのが名前の由来。のちに登山家の小島烏水が**飛驒山脈を「北アルプス」**、**木曽山脈を「中央アルプス」**、**赤石山脈を「南アルプス」**とした。

　「日本アルプスの父」と呼ばれるイギリス人宣教師の**ウォルター・ウェストン**は、盛んに日本アルプスに登り、ヨーロッパに日本アルプスの名を紹介した。**上高地**には**ウェストン碑**があり、また毎年ウェストン祭が行われている。

安曇野から見た北アルプス

恋路峠から見た中央アルプス

南アルプスの白峰三山

1 新潟県

◉新潟市
★ 萬代橋
★ 北方文化博物館
♨ 岩室温泉

❖佐渡島
★ 佐渡金山
★ トキ
★ 小木湾のたらい舟

◉村上市
♨ 瀬波温泉
★ 笹川流れ

彌彦神社
（弥彦村）
◉燕市

◉三条市

◉小千谷市

◉上越市

◉長岡市

◉糸魚川市

信濃川

◉魚沼地方

妙高山
▲

湯沢温泉

解説 新潟県の「上越」・「中越」・「下越」

　新潟県は大きく「上越」・「中越」・「下越」・「佐渡」の４
地域に分かれる。

　このうち上越・中越・下越は、かつて都であった京都
から近い順に「上・中・下」とされている。各地域の概要
は以下のとおりである。

▶佐渡
▶下越
新潟市
▶上越　長岡市　▶中越
上越市

◆上越：中心都市は上越市。高田平野と、長野・富山県
　境の山地などで構成される。

◆中越：中心都市は長岡市。新潟平野の南半分、その南側の山村地域（魚沼地方
　など）、群馬県境の山地などで構成される。

◆下越：中心都市は新潟市。新潟平野の北半分、北部の福島・山形県境の山地
　で構成される。

（右側縦書きタブ）
1 北海道
2 東北地方
3 関東地方
4 中部地方
5 近畿地方
6 中国・四国地方
7 九州・沖縄地方

◎新潟市と周辺

地域・資源	内容
新潟市	新潟県の県庁所在地、かつ本州の日本海側では唯一の政令指定都市で、人口約80万人。市の中心部を**信濃川**が流れ、そこにかかる**萬代橋**は市のシンボルとされる。新潟は古くから港が開かれ、幕末の**日米修好通商条約**で開港した五港の一つとなった（ほかには箱館（函館）、神奈川（横浜）、兵庫（神戸）、長崎）。
越後平野	日本海に面し、**信濃川と阿賀野川**の流域に広がり、本州日本海側の平野としては最大の面積を誇る。水田単作地帯で米（**コシヒカリ**など）の収穫が多く、日本有数の穀倉地帯となっている。
北方（ほっぽう）文化博物館（新潟市）	新潟市の豪農・伊藤文吉の邸宅を博物館として整備し、美術工芸品や考古資料等を展示している。
岩室温泉（新潟市）	「新潟の奥座敷」と呼ばれる歴史ある温泉地。弥彦山の北にある。
彌彦神社（弥彦村）	越後平野西部の霊峰である弥彦山（634m）山麓に鎮座し、弥彦山を神体山として祀る。越後国一之宮。
瓢湖（阿賀野市）	ラムサール条約登録湿地。白鳥（オオハクチョウ・コハクチョウ）飛来地として有名。
月岡温泉（新発田市）	新潟市の東方、越後平野の山沿いにある温泉。油田の掘削中に温泉が湧出した。

越後平野

彌彦神社

解説 信濃川（千曲川）

　信濃川は日本で一番長い川で、流域面積は第3位（利根川、石狩川に次ぐ）。**信濃川**と呼ばれるのは新潟県内のみで、上流の長野県内では**千曲川**と呼ばれる。
　千曲川は甲武信ヶ岳を源流とし、**佐久盆地、上田盆地**を北流し、**長野盆地（善光寺平）**の川中島古戦場のあたりで、**松本盆地**を流れてきた**犀川**と合流する。そして、新潟県に入って信濃川と名前を変え、日本最大の穀倉地帯である**越後平**

野（新潟平野）に出て日本海に注ぐ。

千曲川は万葉のころから多くの詩歌に歌われ、近代以降も**島崎藤村**の「**千曲川旅情の歌**」、高野辰之の「**朧月夜**」「**故郷**」などで取り上げられている。

◎村上市

地域・資源	内容
瀬波温泉	**鮭の遡上**で有名な**三面川**（みおもてがわ）に近く、日本海に沈む夕日が美しい。油田の掘削中に湧き出た。
笹川流れ	日本海の荒波の浸食によりできた奇岩、岩礁や洞窟など、変化に富んだ海岸が11kmにわたって続く。

笹川流れ

■ 佐渡島 ★

本州などの主要4島と北方領土を除く日本の島の中で、沖縄本島に次いで2番目に面積が大きく、これは東京都や大阪府の半分近い広さにあたる。

佐渡島全域が佐渡市。北に大佐渡山地、南に小佐渡山地があり、この2つの間に稲作が盛んな**国仲平野**（くになかへいや）が広がる。周囲を海で囲まれているため、漁業も盛んである。「**おけさ柿**」が有名。**能舞台**も多い。

地域・資源	概要	
佐渡金山	江戸時代初期には世界最大級の金山として知られ、銀の産出量も日本有数だった。中でも**相川鉱山**が中心であった。1603年には徳川幕府直轄の天領として佐渡奉行所が置かれ、幕府の財政を支えた。資源枯渇のため1989年に操業を休止し、現在は「史跡佐渡金山」として江戸時代の坑道跡などを観光することができる。	佐渡金山の「道遊の割戸（どうゆうのわりと）」→日本最大の露頭掘りの跡。
トキ（特別天然記念物）	かつては日本各地に生息したが、乱獲や開発によって19世紀から20世紀にかけて激減した。現在国内で生息している個体は中国産トキの子孫である。佐渡では、**佐渡トキ保護センター**を中心に**繁殖と野生復帰**が進められている。また、この取組みが評価されて世界農業遺産「トキと共生する佐渡の里山」にも認定された。	

1 北海道
2 東北地方
3 関東地方
4 中部地方
5 近畿地方
6 中国・四国地方
7 九州・沖縄地方

外海府 (そとかいふ) 海岸	佐渡島の北側の50kmに及ぶ海岸。海岸段丘が発達し、断崖や奇岩が続く。**尖閣湾**は海中透視船（グラスボート）で遊覧可能な断崖の景勝地。島の北端近くにある**大野亀**（おおのがめ）・**二ツ亀**（ふたつがめ）は海上に立つ巨大な一枚岩。
小木湾のたらい舟	佐渡島南端の小木（おぎ）海岸では、サザエやアワビ、ワカメなどを獲るためにたらい舟が使用され、観光客向けにも運行される。小木湾は岩礁と小さな入り江が多く、小回りと安定感を必要とされるため、たらい舟が考案された。

解説 世界農業遺産

世界農業遺産は、世界的に重要かつ伝統的な農林水産業を営む地域（農林水産業システム）を、国際連合食糧農業機関（FAO）が認定する制度。日本国内では、2022年10月現在で以下の13地域が認定されている。
出典：農林水産省（http://www.maff.go.jp/j/nousin/kantai/giahs_1_1.html）

石川県能登地域
（平成23年6月）

岐阜県長良川上中流域
（平成27年12月）

滋賀県琵琶湖地域
（令和4年7月）

徳島県にし阿波地域
（平成30年3月）

大分県国東半島宇佐地域
（平成25年5月）

熊本県阿蘇地域
（平成25年5月）

新潟県佐渡市
（平成23年6月）

宮城県大崎地域
（平成29年11月）

山梨県峡東地域
（令和4年7月）

静岡県わさび栽培地域
（平成30年3月）

静岡県掛川周辺地域
（平成25年5月）

和歌山県みなべ・田辺地域
（平成27年12月）

宮崎県高千穂郷・椎葉山地域
（平成27年12月）

豆知識 流刑の島・佐渡と能舞台

佐渡は古くから流刑地として定められており、13世紀（鎌倉時代）には承久の乱で敗れた順徳上皇と、鎌倉幕府や仏教の他宗派を批判した日蓮、そして15世紀（室町時代）には能楽の大成者である世阿弥が流された。

その後、17世紀（江戸時代）に、徳川家康の命を受けて鉱山開発のために佐渡に赴任した大久保長安は、数多くの能役者を同伴し、佐渡の神社に能を奉納し、当時は武士の嗜みであった能を庶民にも開放し、明治時代までに佐渡各地で約200か所の能舞台が建てられるほど盛んにした。

■ 中越地方

地域・資源	内容
長岡市	長岡は中越地方の中心都市。空襲により犠牲になった1486名の人々を悼むため、長岡まつりが始まった。長岡まつり大花火大会は、日本三大花火大会の一つとして知られる。
小千谷市	長岡市の南方にある都市。小千谷縮（ちぢみ）・絣（かすり）、錦鯉の養殖、地元では「牛の角突き」といわれる闘牛が盛ん。
魚沼地方（コシヒカリ）	魚沼産コシヒカリは日本穀物検定協会が実施する「食味ランキング」で、最高位の特Aの常連であり、高級ブランド米として知られる。
湯沢温泉と周辺の山々	中越地方の最南端、群馬県境に位置する温泉。かつては静かな湯治場だったが、上越新幹線が開通してからは、温泉とスキーを楽しめるリゾート地として開発が進んだ。また、周辺には苗場山 ★、巻機山、谷川岳（いずれも上信越高原国立公園）などの名山が多く、これらの登山拠点にもなっている。

テーマで整理！ 日本三大花火大会

◆長岡まつり大花火大会（新潟県長岡市）
◆大曲の花火（秋田県大仙市）
◆土浦全国花火競技大会（茨城県土浦市）

長岡まつり大花火大会

豆知識　魚沼産コシヒカリのおいしさの秘訣

　コシヒカリは粘りが強く食味に優れるが、栽培する際に稲が倒れやすく、いもち病などに弱いという欠点を持つ。魚沼地方は世界有数の豪雪地帯であり、春にはミネラルを豊富に含んだ雪解け水に恵まれ、夏には冷たい水が土壌温度の上昇を抑え、稲の根に活力を与える。やや痩せた土壌も、倒れやすいコシヒカリにとってよい条件になっている。

1 北海道
2 東北地方
3 関東地方
4 中部地方
5 近畿地方
6 中国・四国地方
7 九州・沖縄地方

■ 上越地方

地域・資源	概要
妙高山	妙高戸隠連山国立公園の名前の由来にもなった火山。山麓には**妙高高原**が広がり、**いもり池**などの景勝地や、岡倉天心が賞賛したことで有名な**赤倉温泉**、日本の滝百選の苗名滝などがある。
糸魚川ユネスコ世界ジオパーク	糸魚川市は、日本列島の東西の境界になっている糸魚川静岡構造線の上に位置しており、美山公園展望台からは断層に沿って削られてできた谷地形が一望できる。また、市内の海岸などで特産物の**ヒスイ**を採取する体験ができる。 これらの貴重な地形・地質関連の資源は、2009年に日本初の「ユネスコ世界ジオパーク」として認定された。
親不知（おやしらず）	日本アルプスが日本海に落ち込む断崖絶壁。かつて大名行列も通った北陸街道が、この断崖の波打ち際を通っており、荒れた海の日の通行は命がけだった。

解説　フォッサマグナと糸魚川静岡構造線

　フォッサマグナとは、東日本と西日本の境目となる地帯で、古い地層でできた本州の真ん中に南北の大地溝帯ができ、その溝に新しい地層が積み上がってできた地域。そして、その西端にあたる断層が「糸魚川静岡構造線」である。

　フォッサマグナが「面」であるのに対し、糸魚川静岡構造線は「線」であり、両者は深く関連しつつも別々のものであることに注意が必要である。

■ 新潟県の産業と特産物

農業

> ◆米（日本有数の産地）
> ・新潟平野（日本最大の穀倉地帯）、魚沼地方（魚沼産コシヒカリ）

食文化

> ・**笹寿司＜県内各地＞**…クマザサの葉の上にひと口大にした寿司飯を盛り、具材や薬味を載せた寿司。
> ・**のっぺ＜県内各地＞**…里芋を主体に、鶏肉や野菜などを加えた具だくさんの煮物。
> ・**へぎそば＜中越地方＞**…つなぎに布海苔を使ったコシの強いそば。

伝統産業

> ・仏壇＜長岡市＞
> ・**小千谷縮（ちぢみ）＜小千谷市＞**：よりが強いよこ糸で織った布を湯もみすることで「しぼ」を出した麻織物。
> ・**小千谷絣（かすり）＜小千谷市＞**：小千谷縮の技法を活かして開発された絹織物。
> ・金属洋食器＜燕市＞
> ・刃物＜三条市＞

1 北海道
2 東北地方
3 関東地方
4 中部地方
5 近畿地方
6 中国・四国地方
7 九州・沖縄地方

2 富山県

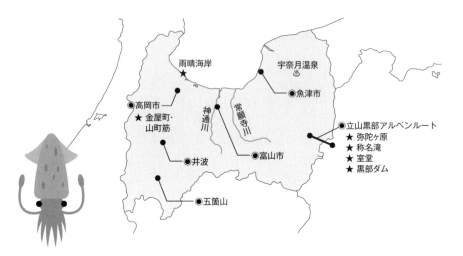

■ 富山市と周辺

地域・資源	概要
富山市	富山県の県庁所在地で、神通川、常願寺川などの川によって形成された富山平野にある。南東方向を見渡すと北アルプスの一部である**立山連峰**を一望できる。北側には、水深が深く、魚介類の宝庫である**富山湾**が広がる。かつては北前船の寄港地として栄え、沿岸の**岩瀬**には古い街並みが残る。
八尾 (やつお)	富山市南部にあり、古い町並みと**おわら風の盆**で知られる。風の盆は、毎年9月1日から3日にかけて行われる祭り。洗練された踊りや胡弓の調べなどが来訪者を魅了する。
魚津市	魚津市では、3月から6月にかけて**蜃気楼**が見られる。また、**魚津埋没林**も有名であり、沿岸の海面に沈んだ約200本の杉などを見ることができる。

富山市街地越しに見える立山連峰

八尾の「おわら風の盆」

解説 魚介類が豊富な富山湾

富山湾の地形は急峻であり、海岸沿いには浅い海底がほとんどなく、急に深海に向かって落ち込んでいる。また、立山連峰から流れ込む雪解け水などにより、栄養分が豊富だといわれている。

このため、富山湾にはさまざまな深さを好む多種多様な魚種が集まり、沿岸の定置網では非常に多くの種類の魚を獲ることができる。中でも、**ホタルイカ**、深海で獲れる**ベニズワイガニ**、**氷見の寒ブリ**、**シロエビ**、**甘エビ**などは全国的に有名。

豆知識 富山の売薬とガラス産業

富山の伝統産業として有名な「富山の薬売り」は、江戸中期に始まるといわれ、藩の保護・統制を受けて発展した。全国各地の得意先に薬を置き、年に1、2度訪問して使用分の代価を清算し、薬を補充するという「先用後利」の売り方をした。また、近代に入ると、薬の容器としてガラス瓶の製造が盛んとなった。

薬の容器はガラスからプラスチックへと変わったが、富山市はガラスによる街おこしに取組んでおり、市内に「富山市ガラス美術館」が設置されている。

■ 立山・黒部 ★

地域・資源	概要
立山連峰	北アルプスのうち黒部川の西側に連なり、富山平野からよく望むことができる。主峰は**立山**（3015m）と**剱岳**（2999m）。
立山	雄山（3003m）、大汝山（おおなんじやま、3015m）、富士ノ折立（2999m）の3つの峰の総称で、立山と称する単独峰は存在しない。古くから日本の山岳信仰の中心であり、日本三名山（富士山・立山・白山）の一つに数えられる。
立山黒部アルペンルート（富山県、長野県）	富山県立山町「立山駅」と長野県大町市「扇沢駅」を結ぶ総延長37.2km、最高地点2450mのルートを、さまざまな乗り物を乗りつぎながらめぐる。1971年に全通した。
弥陀ヶ原	弥陀ヶ原は立山の溶岩で形成された高原。ここから日本の滝百選に選ばれている**称名滝**が流れ落ち、常願寺川となって富山平野を潤している。

室堂	立山黒部アルペンルートの最高地点（標高2450m）。立山や剱岳の登山の拠点となっている。室堂ターミナル周辺には立山の火口湖であるミクリガ池やミドリガ池、現在でも火山性ガスや硫黄などの噴出物があり、温泉も湧いている。
雪の大谷	室堂付近の大谷を通る自動車専用道路を、春先に除雪してできる高さ最大10m以上に及ぶ雪の壁を「雪の大谷」という。毎年ゴールデンウイークごろから6月まで楽しめる。
黒部川と黒部ダム	北アルプスの鷲羽岳に発し、富山湾に注ぐ。水量が多く高低差が大きいため水力発電に適する。上流の**黒部ダム（黒四ダム）**は関西電力によって1963年に完成し、**ダムの高さ（堤高）は186mで今なお日本一を誇る。**
関電トンネル	関西電力が黒部ダム・黒四発電所の建設のために掘削したトンネル。全長は5.4kmで黒部ダムと扇沢を結び、電気バスで通過することができる。その難工事ぶりは、映画「黒部の太陽」に描かれている。
宇奈月温泉（富山県黒部市）	黒部川の渓谷沿いにあり、旅館や保養所が立ち並ぶ。黒部峡谷を走る**トロッコ列車**の起点。トロッコ電車は終点の**欅平**まで約20kmを走り、黒部峡谷の絶景を楽しめる。

室堂（雪の大谷）　　　黒部ダム　　　黒部峡谷鉄道トロッコ列車

■ 高岡市と砺波平野
◎高岡市

富山市に次ぐ富山県第二の都市で、江戸時代初期に、加賀藩主の前田利長が町を開いたといわれる。伝統工芸の高岡銅器に代表される鋳物の生産が盛んである。

地域・資源	内容
金屋（かなや）町	高岡鋳物発祥の地。前田利長が高岡の町を開いたときに鋳物師（いもじ）を呼び寄せ、住まわせたのが町の始まりといわれる。千本格子の家並みと石畳が美しい。
山町筋（やまちょうすじ）	北陸街道沿いに発達した商人町。明治の大火後に建て替えた**土蔵造りの町並みが特徴。毎年５月に行われる高岡御車山祭**の中心地として知られる。
高岡大仏	現在の大仏は1933年に再建された銅製の阿弥陀如来像であり、全体の高さは約16m。
瑞龍寺	前田利長の菩提寺である曹洞宗の寺院であり、仏殿、法堂、山門の３棟が富山県唯一の国宝に指定されている。
雨晴海岸（あまはらしかいがん）	岩礁が多く白砂青松の景勝の地で、天候に恵まれれば富山湾越しに立山連峰を望むことができる。源義経が奥州へ落ち延びる途中、にわか雨の晴れるのを待ったという「義経岩」があり、これが「雨晴」という地名の由来とされている。

解説 高岡御車山祭（たかおかみくるまやままつり）

高岡御車山祭（たかおかみくるまやままつり）は、毎年５月１日に行われる富山県高岡市の高岡関野神社の春季例祭であり、７基の御車山（みくるまやま）が町を練り歩く華やかなお祭りとして知られる。
　御車山は、豊臣秀吉が聚楽第に後陽成天皇の行幸を仰いだときに使用した御所車を前田利家（加賀藩初代藩主）が拝領し、さらに２代目利長が高岡に城を築いたときに城下の町民に与えたもので、それ以来、山町筋の住民たちが手を加えながら代々受けついできた。

1 北海道
2 東北地方
3 関東地方
4 中部地方
5 近畿地方
6 中国・四国地方
7 九州・沖縄地方

◎砺波平野・五箇山

　砺波平野は、荘川の扇状地に発達した、三方を山に囲まれた平野。広大な耕地の中に民家7000戸が散らばって点在する**散居村**の村落形態を取り、農家は「カイニョ」と呼ばれる杉を主体とした**屋敷林**を備えている。**チューリップ球根**の日本有数の生産地としても知られる。

地域・資源	概要
井波（南砺市）	砺波平野の南端に位置する瑞泉寺の門前町で、**彫刻の町**として知られる。現在も300名近くの彫刻師が居住し、通りには彫刻工房が軒を連ねている。井波彫刻の特徴は精緻さにあり、全国にある社寺や山車に井波彫刻が用いられている。
五箇山の合掌造り集落（南砺市）★	庄川の中流にある合掌造りの集落、岐阜県白川村の白川郷とともにユネスコ世界文化遺産に登録されている。五箇山を代表する古代民謡（古謡）として、竹製の「ささら」という楽器を打ち鳴らしながら踊る「**こきりこ節**」が知られる。

砺波平野の散居村

五箇山

五箇山の合掌造り

1 北海道

2 東北地方

3 関東地方

4 中部地方

5 近畿地方

6 中国・四国地方

7 九州・沖縄地方

■ 富山県の産業と特産物

農業・漁業

◆農業
・チューリップ栽培＜砺波平野＞

◆漁業
・富山湾の漁業（ホタルイカ、ベニズワイガニ、氷見の寒ブリ、シロエビ、甘エビ）

富山県のチューリップ畑

食文化

・**ます寿司＜神通川流域＞**…サクラマスを酢で味付けした押し寿司。土産としても有名。
・**ぶり大根＜全県＞**…ブリのあらと大根の煮物。
・**昆布料理・加工品＜全県＞**…北前船で北海道からもたらされた昆布によって発達した。

伝統産業

・鋳物＜高岡市＞
・井波彫刻＜南砺市＞

❸ 石川県

■ 金沢市 ★★★

石川県の県庁所在地で、浅野川と犀川の下流の平野にある北陸の古都。室町時代に浄土真宗の信徒による寺内町として栄え、江戸時代には「**加賀百万石**」の城下町となった。

加賀藩の藩祖・**前田利家**の金沢入城にちなんだ**百万石まつり**（6月）と、**金箔・金沢漆器・九谷焼・加賀友禅**など伝統工芸でも有名。

地域・資源	概要
兼六園 ★★★	江戸時代を代表する池泉回遊式庭園で、岡山市の後楽園、水戸市の偕楽園と並んで「日本三名園」の一つに数えられる。**加賀藩**により金沢城の外郭に造営された藩庭を起源とする。園内の噴水は、日本に現存する最古の噴水といわれる。写真の霞ヶ池には**徽軫灯籠**（ことじとうろう）があり、池の向こうに松の**雪吊り**が見える。 冬の兼六園（徽軫灯籠と雪吊り）
金沢城公園 ★★	前田家の居城であった金沢城は公園として開放されており、石川門、三十間長屋など当時からの建造物や、近年再建された菱櫓・五十間長屋・橋爪門続櫓などが見られる。

尾山神社	加賀藩祖前田利家と正室お松の方を祀る神社。神門は洋風と和風の混淆したデザインで、ギヤマン（ガラス細工）をはめ込んでいる。
長町武家屋敷跡	加賀藩時代の上流・中流階級藩士の侍屋敷が軒を連ねている。冬には雪や凍結から土塀を守るため「こも掛け」が行われる。
三茶屋街	ひがし・にし・主計（かずえ）町の3つの茶屋街のこと。金沢芸妓は高い評価を受けており、三茶屋街は、金沢紳士の社交場として藩政期から今日までの伝統と格式を受けつぎ、数々の名妓が育ってきた。
ひがし茶屋街	卯辰山山麓を流れる浅野川の川岸には、今でもキムスコ（木虫籠）と呼ばれる美しい出格子がある古い街並みが残り、昔の面影をとどめている。2001年に国の重要伝統的建造物群保存地区に選定されている。
香林坊	金沢市中心部にあたる地域で、江戸時代には、金沢城に近い地の利を活かし北陸街道沿いの商店街として発展した。明治時代になり、近くに旧制第四高等学校ができたことから、学生向けのカフェや映画館などが集積し北陸最大の繁華街となった。
近江町市場	金沢市民の台所で、地元では「おみちょ」とも呼ばれて親しまれている。鮮魚・青果・菓子・昆布・蒲鉾製造販売・豆腐製造販売・花など食材、生活用品など約185の店舗が軒を連ね、新鮮で豊富な品ぞろえ、そして威勢のよい売り子による対面販売が魅力。
妙立寺（みょうりゅうじ）（忍者寺）	加賀藩第3代藩主前田利常が創建し、歴代藩主の祈願所として崇拝された。複雑な建築構造と外敵を欺く仕掛けから、忍者寺とも呼ばれる。
金沢21世紀美術館	2004年にオープンしたガラス張りの円形美術館。金沢市の中心に位置しており、「まちに開かれた公園のような美術館」を建築コンセプトとしている。 金沢21世紀美術館

鈴木大拙館	金沢市出身の仏教学者で、英文で「禅と日本文化」等を著した鈴木大拙（1870～1966）への理解を深めるため、2011年に金沢市が開設した。日本文化に関心を持つ外国人が多く訪れる。設計は著名な現代建築家の谷口吉生氏。
北陸新幹線	上信越・北陸地方を経由して東京都と大阪市とを結ぶ計画の整備新幹線である。1997年に高崎駅から長野駅まで部分開業し、便宜的に「長野新幹線」と呼ばれていた。2015年3月には長野駅・富山駅・金沢駅間が開業し、「北陸新幹線」と呼称が統一された。また金沢駅・敦賀駅間は2023年度末に開業予定。

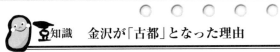

豆知識　金沢が「古都」となった理由

　加賀藩は100万石という最大の大名だったことから、歴代の加賀藩主は、幕府の警戒を和らげるため文化事業に強い関心を寄せた。このことが伝統芸能・伝統工芸を発達させてきたといえる。

　また、第二次世界大戦中に、隣県の富山市と福井市が激しい空襲を受けたにもかかわらず、金沢市は空襲を受けなかったため、市街地に武家屋敷や茶屋街などの歴史的建造物が今なお残っている。

■ 小松市および周辺と白山

　2023年度末に北陸新幹線が金沢から敦賀まで延伸され、小松駅、加賀温泉駅が設置される予定。

地域・資源	概要
小松市	加賀藩三代藩主前田利常が隠居地とし、伝統工芸などの産業を振興した。旧北国街道（北陸街道）沿いには、約10kmにわたって往事を偲ばせる町並みがある。小松空港がある。
安宅関跡（小松市）	源義経が武蔵坊弁慶らとともに奥州藤原氏の本拠地平泉を目指して通りかかり、弁慶が偽りの勧進帳を読み義経だと見破られはしたものの、関守・富樫泰家の同情で通過できたという、歌舞伎の「勧進帳」のエピソードで有名。
那谷寺（なたでら）（小松市）	真言宗の寺で懸造りの本堂（大悲閣）を中心とする。白山の神を信仰し、洞窟の中に千手観音を祀っている。洞窟を母親の胎内に見立てた「胎内くぐり」の聖地。紅葉の名所。

加賀温泉郷	「関西の奥座敷」といわれることもある。 ・粟津(あわづ)温泉(小松市)…1300年の歴史を持つ北陸最古の温泉。8世紀初めに創業した宿が現在も営業する。 ・片山津温泉(加賀市)…柴山潟の沿岸にある。 ・山代温泉(加賀市)…4つの温泉のほぼ中央にある。長い歴史を持ち、与謝野晶子など多くの文化人が訪れた。 ・山中温泉(加賀市)…山代温泉の南の山間部にある。蓮如や松尾芭蕉など多くの著名人が滞在した。
白山 ★	富山、石川、福井、岐阜の4県にまたがる。白山は、富士山、立山とともに日本三名山として、古くから山岳信仰の対象となっている。最高点の御前峰(ごぜんがみね、2702m)には、白山比咩(しらやまひめ)神社奥宮がある。高山植物の宝庫としても知られる。

那谷寺　　　　　　　　白山

■能登半島 ★

　石川県北部の大きな半島。日本海に面した**外浦**(海食崖の荒々しい海岸)、富山湾に面した**内浦**(リアス海岸の穏やかな海岸)からなる。

◎外浦(日本海側)

地域・資源	内容
禄剛崎(ろっこうざき)(珠洲市)	能登半島の北東端。外浦と内浦の境界。明治時代に造られた白亜の灯台があり、朝日と夕日の名所としても有名。
奥能登塩田(珠洲市)	禄剛崎と輪島の中間にある。400年以上の歴史を持つ古い製塩法で、現在では唯一となってしまった「**揚げ浜式製塩**」を見ることができる。世界農業遺産「能登の里山里海」に認定されている。
輪島市 ★	古くから港町として知られ、江戸時代には北前船の寄港地として繁栄した。輪島港は県内一の水揚げ高を誇りズワイガニなどが知られる。**朝市、輪島塗**(漆器)も有名。
輪島の朝市	360mの通りに200以上の出店が並ぶ。売り手のほとんどが女性で、野菜などは近所の農家から、魚介類は漁師町の女性たちが売りに出ている。起源は平安時代にさかのぼり、千年以上続いているといわれる。

1 北海道

2 東北地方

3 関東地方

4 中部地方

5 近畿地方

6 中国・四国地方

7 九州・沖縄地方

輪島キリコ会館	輪島市内のキリコ祭りで使用される、豪華な奉燈（キリコ）が展示されている。
白米千枚田（しろよねせんまいだ）（輪島市）	輪島市東部の白米町の急傾斜地にある棚田。水田一面あたりの平均面積は、約18m²と狭小で、約4haの範囲に1000枚を超える典型的な棚田景観が広がる。世界農業遺産「能登の里山里海」に認定されている。
能登金剛（志賀町）	険しい断崖が続く景勝地。天然の洞門である**巌門**、松本清張の「ゼロの焦点」の舞台となった**ヤセの断崖**などで知られる。
千里浜（ちりはま）（千里浜町ほか）	能登半島外浦の最南部。砂浜を自動車で走行できる**千里浜なぎさドライブウェイ**がある。

白米千枚田

輪島キリコ会館

解説　能登キリコ祭り

　　キリコが担ぎ出される祭りの総称で、毎年7月から9月にかけて能登半島全域の約200の地区で行われる。キリコは神輿のような担ぎ棒の付いた巨大な灯籠（御神灯）で、子供用の高さ2mくらいのものから高さ15mを超える超大型のものまである。祭りの内容は多種多様で、キリコを担いだまま海へ入っていったり、橋の上から神輿を川へ放り投げて壊したり、車輪を付けたキリコを勢いよく走らせぶつけ合ったりと、地域ごとに個性豊かなキリコ祭りが行われる。

◎内浦（富山湾側）

地域・資源	概要
和倉温泉（七尾市）	全国有数の高級温泉街として知られ、**七尾湾**に面して旅館が並ぶ。また、能登観光の玄関口でもあり、海のレジャーゾーンで知られる**能登島**にも近い。

見附島、九十九湾（つくもわん）	内浦の海岸景勝地。見附島は特徴的な形状から「軍艦島」の別名を持つ。九十九湾はリアス海岸の入り組んだ海岸線が特徴。

見附島（軍艦島）

■ 石川県の産業と特産物
食文化

- **かぶら寿司＜石川県南部＞**…カブラに切り込みを入れてブリやニンジンなどを挟んで発酵させたなれずし。
- **治部煮＜金沢市＞**…鴨肉（もしくは鶏肉）、麩、しいたけ、青菜を煮た煮物。
- **和菓子＜金沢市＞**…金沢は茶の湯の伝統があり、和菓子も非常に有名。

伝統産業

- **金箔＜金沢市＞**…金沢市は、日本の金箔の総生産量のうち99％を占める。湿度の高い気候が箔打ち作業に適していること、金箔を大量に消費する漆器や仏壇の産地（金沢市、輪島市、七尾市など）が近くにあったことがその理由。
- **九谷焼＜石川県南部＞**…江戸時代初期（17世紀初期）に始まる磁器。明治にかけては、色絵の上に金を使った金襴手（きんらんで）の技法が主流になり、「ジャパンクタニ」として、世界的にも有名になった。現在はさまざまな窯元が、それぞれ特徴のある九谷焼を制作している。
- **輪島塗＜輪島市＞**…特産の珪藻土を使った地の粉（じのこ）による下塗りをし、多数の工程を経て作る堅牢な漆器。明治時代になると、次第に豪華な沈金（ちんきん・漆面に文様を彫り付け、そこに金箔・金粉を埋め込む技法）や蒔絵が施されるようになった。

豆知識　加賀料理

　石川県金沢市に伝わる郷土料理。治部煮、かぶら寿司、鯛の唐蒸し、ごり料理などが有名で、豪華な九谷焼の皿や、加賀蒔絵を施した漆器に盛って供される。歴史的背景から、京風と江戸風の食文化の融合が見られる。

1 北海道
2 東北地方
3 関東地方
4 中部地方
5 近畿地方
6 中国・四国地方
7 九州・沖縄地方

4 福井県

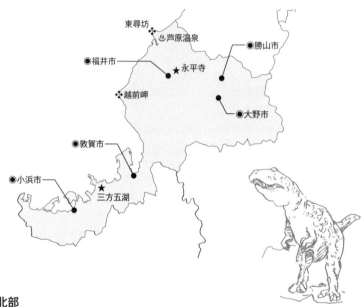

■ 福井県北部
◎福井市と永平寺

地域・資源	内容
福井市	福井県の県庁所在地。戦国時代の武将**柴田勝家**の**北ノ庄城**から城下町として形成されはじめ、江戸時代には親藩の松平氏（68万石）がおさめた。2023年度末に北陸新幹線が延伸開業する予定。
一乗谷朝倉氏遺跡（福井市）	福井市街から南東の山間部にある、一乗谷城を中心に越前国を支配した戦国大名朝倉氏の遺跡。一乗谷城（山城）と山麓の城下町からなる。発掘結果や史料等を参考に当時の城下町の町並みが復元されている。
永平寺（永平寺町）★	**道元**が開山した**曹洞宗**の寺院で、總持寺（横浜市）と並ぶ曹洞宗の大本山。大小70余棟の殿堂楼閣が立ち並び、今もつねに200名余りの修行僧が修行に励んでいる。境内は約10万坪の広さを持ち、樹齢700年といわれる鬱蒼とした老杉に囲まれた静寂な寺院。

一乗谷朝倉氏遺跡

永平寺山門

1 北海道
2 東北地方
3 関東地方
4 中部地方
5 近畿地方
6 中国・四国地方
7 九州・沖縄地方

◎東尋坊と周辺

　福井市の海側（北西側）に位置する。かつて日本海の重要港湾であり、北前船の寄港地として栄えた三国湊があったエリア。

地域・資源	内容
東尋坊（とうじんぼう）（坂井市）★	九頭竜川の河口にある海食崖。荒々しい岩肌の柱状節理が1km続く。水面上25mの高さに及び、黒い日本海の怒濤に雪が横なぐりに吹きつける冬は圧巻。
丸岡城（坂井市）	現存12天守の一つで、最古の現存天守とする説もある。
芦原温泉（あわら市）	東尋坊や永平寺に近く、北陸観光の拠点となっている。「関西の奥座敷」と呼ばれることもある。
吉崎御坊（あわら市）	1471年に比叡山延暦寺などの迫害を受けて京都から逃れた浄土真宗の**蓮如**が、北陸における布教拠点として建立した。北潟湖畔の吉崎山の頂上であり、現在は史跡になっている。
越前岬（越前町）	先端部の海食崖には奇岩が多く見られ、海抜131m地点に越前岬灯台が立つ。付近では12月から3月にかけて自生の**越前水仙**が咲き、また越前岬水仙ランドも整備されている。

東尋坊

越前岬

◎勝山市と大野市

　福井市の山側（東側）に位置する。

地域・資源	内容
勝山市	福井県は日本一の化石産出地で、国内で発掘された化石の約8割が福井県内のもの。勝山市の化石発掘現場の近くに建設された**福井県立恐竜博物館**は、世界三大恐竜博物館の一つに数えられ、30体以上の恐竜の骨格をはじめ、千数百点の標本、大型復元ジオラマや映像などが展示されている。勝山市はほかに、苔むす境内が美しい**平泉寺白山神社**も有名。

福井県立恐竜博物館

大野市	勝山のすぐ南にある城下町。丘の上に立つ**越前大野城**は「天空の城」として有名。約400年の歴史を持つ**七間朝市**でも知られる。

■福井県南部（若狭湾沿岸）

福井県から京都府北部にかけての若狭湾は典型的な**リアス海岸**で、美しい断崖・洞門・岩礁などが連なり、観光地として人気がある。2023年度末に金沢から敦賀まで北陸新幹線が延伸開業する予定。

地域・資源	内容
敦賀市	江戸時代には日本海を往来した北前船の寄港地として繁栄した。敦賀湾に臨んで「三大松原」の一つの**気比（けひ）の松原**がある。また、第二次世界大戦中にナチスドイツの迫害を逃れたユダヤ人が上陸するなど、難民を受け入れた「**人道の港**」としても知られる。
三方五湖（美浜町・若狭町）	日本海の近くにある5つの湖の総称。渡り鳥の中継地として知られ、ラムサール条約湿地に登録されている。
小浜市	国宝の寺院が多いことから「海の奈良」や「小京都」と呼ばれる。かつて南蛮貿易や日本海交易で繁栄し、廻船問屋の豪奢な邸宅・庭園や、南蛮渡来の工芸技術にならって発展した**若狭塗**が伝わるほか、**小浜放生祭**や**お水送り**などの伝統行事でも知られる。
蘇洞門（そとも）（小浜市）	日本海に面した全長約6kmの景勝地で、洞門、瀑布、断崖が連なる。 蘇洞門
鯖街道	小浜は、大陸から繋がる海の道と、都へと繋がる陸の道が結節する最大の拠点だった。小浜と京都とを繋ぐ若狭街道などの街道群は、サバが多く運ばれたことから近年は「鯖街道」と呼ばれるが、それに留まらない幅広い文化・文物交流の道であった。

福井県

1 北海道

2 東北地方

3 関東地方

4 中部地方

5 近畿地方

6 中国・四国地方

7 九州・沖縄地方

熊川宿	若狭街道の最大の宿場町であり、奉行所・番所・蔵屋敷の跡が残り、重要伝統的建造物群保存地区に選定されている。  熊川宿

テーマで整理！ 日本三大松原

◆気比の松原（福井県敦賀市）
◆美保の松原（静岡県静岡市清水区）
◆虹の松原（佐賀県唐津市）

解説 小浜の「お水送り」

　奈良東大寺の「お水取り」に先がけて、**神宮寺**と遠敷川（おにゅうがわ）・鵜の瀬（うのせ）で行われる伝統的神事。

　3月2日の夕方から、神宮寺から3000人ほどの松明行列が2km上流の鵜の瀬へ向かい、住職が祝詞を読み上げ、竹筒からお香水（こうずい）を遠敷川へ注ぐ。

　このお香水は10日かかり東大寺・二月堂の「若狭井」に届くとされており、3月12日に奈良のお水取りが行われる。

解説 日本遺産「御食国若狭と鯖街道」

　小浜市と若狭町は「海と都をつなぐ若狭の往来文化遺産群～御食国若狭と鯖街道～」として2015年に文化庁の日本遺産第1号として認定された。

　御食国（みけつくに）とは、古代において朝廷に海水産物を中心とした食料（穀類以外の副食物）を貢いだ国のことをいい、若狭国（福井県南部）、志摩国（三重県南部）、淡路国（兵庫県淡路島）などがある。

■ 福井県の産業と特産物
食文化

- **越前そば＜福井県北部＞**…蕎麦猪口のつゆの中に大根おろしを入れて食べる「おろしそば」が有名。
- **鯖のへしこ＜福井県沿岸部＞**…鯖を塩漬けにし、さらに糠漬けにした料理。
- **◆その他の食文化**
  ほかに、**越前ガニ（ずわいがに）、精進料理、ソースかつ丼。**

伝統産業

- **メガネ＜鯖江市＞**…福井県はメガネフレームの国内生産シェア96％を占めており、その中で鯖江市が最大の産地。
- **越前和紙＜越前市＞**…品質、種類、量ともに全国1位の和紙産地。
- **絹織物（羽二重）＜福井市＞**…和服に使われる最高級の絹織物。

 知識　**世界三大メガネ産地に数えられる鯖江**

　鯖江市は、安さが売りの中国（深セン・東莞、温州、丹陽、廈門（アモイ））、デザインに優れるイタリア（ベッルーノ）と並び、「品質の鯖江」として、世界三大メガネ産地の一つに数えられる。

　その起源は、明治時代後期に、増永五左衛門という人物が、雪深く農業ができない冬期の副業として眼鏡枠作りに着目し、大阪や東京から職人を招き、近在の弟子に眼鏡の製造技術を伝えたことが始まりといわれている。

5 山梨県

■ 甲府盆地と身延

◎甲府盆地と周辺

甲府盆地は、山梨県中央部に位置する盆地。中心部に県庁所在地の甲府市が位置する。**笛吹川**と**釜無川**が盆地南西部で合流して**富士川**となり、静岡方面へ向かう。多くの扇状地が形成されており、果樹栽培（**ぶどう・桃**）が盛んである。

地域・資源	内容
甲府市	甲府という名称は、戦国大名の武田氏が、甲斐国の府中という意味で命名したことに始まる。江戸時代には江戸の西方の守りの要として重要視され、また甲州街道の宿場町として栄えた。
武田神社と舞鶴城公園（甲府市）	武田神社は、戦国時代に武田氏の居館であった躑躅ヶ崎館があった場所で、武田信玄を祭神とする。舞鶴城公園は、江戸時代に入って新たに建設された甲府城（舞鶴城）の城址を公園として整備したもの。
御岳昇仙峡（みたけしょうせんきょう）	甲府市北部の富士川支流にある。全長約5kmの渓谷は、川が花崗岩を深く侵食したことにより形成された。渓谷内には、奇岩がいたる所に見られる。

御岳昇仙峡

1 北海道
2 東北地方
3 関東地方
4 中部地方
5 近畿地方
6 中国・四国地方
7 九州・沖縄地方

湯村温泉（甲府市）	甲府市街の北側にある温泉で、信玄の隠し湯であったと伝えられている。
石和温泉（笛吹市） ⭐	甲府市の東の平坦地にある温泉で、交通の便がよいため周辺の観光拠点となっている。
恵林寺（甲州市）	甲斐武田氏の菩提寺。1330年に**夢窓疎石**によって創建された。国の名勝で夢想疎石作といわれる庭園、建築などを楽しむことができる。 恵林寺三門
勝沼（甲州市） ⭐	日本一のワイン生産地であり、ワイナリーめぐりを楽しむことができる。
大菩薩峠と西沢渓谷	ともに秩父多摩甲斐国立公園を代表する景勝地で、甲府盆地から笛吹川を遡ったところにある。大菩薩峠は富士山などの絶景、西沢渓谷は清冽な水と渓谷美が楽しめる。

解説 山梨県の英雄・武田信玄

甲府駅前の信玄像

　戦国最強の武将といわれた**武田信玄**は、甲斐国を統一したのちに周辺諸国にも進出し、信濃国をめぐって越後国の上杉謙信と5度にわたり川中島で戦った。

　また、内政にも優れており、治水のための「**信玄堤**」の建設、喧嘩両成敗で有名な「甲州法度」の制定などを行ったほか、「人は城、人は石垣、人は堀、情けは味方、仇は敵なりの意味」（情けを持って人に接すれば、城や石垣や堀のように国を守ってくれるが、仇を感じさせれば逆に敵になってしまう）などの名言を残した。

◎身延とその周辺

　甲府盆地の下流、富士川沿いに位置する。

地域・資源	内容
富士川	釜無川と笛吹川の合流点より下流を富士川と呼び、そのまま富士山の西側を南流し、静岡県に入り、駿河湾に注ぐ。最上川（山形県）・球磨川（熊本県）とともに日本三大急流の一つ。

身延山久遠寺（身延町）	日蓮宗の総本山。日蓮は「いづくにて死に候とも墓をば身延の沢にせさせ候べく候」の遺言を残したので、遺骨は身延山に祀られた。久遠寺境内の2本の枝垂れ桜は樹齢400年ともいわれ、周辺の数百本の桜とともに春には見物客が多数訪れる。  久遠寺境内の2本の枝垂れ桜
下部温泉（身延町）	久遠寺から近い温泉地。武田信玄の隠し湯だったといわれる。

■ 富士山・富士五湖と周辺（山梨県南部～東部）
◎富士山・富士五湖・忍野八海

地域・資源	概要
富士山 ★★★	山梨県と静岡県にまたがり、噴火を繰り返して左右対称の秀麗な山体を造った成層火山（活火山）。日本国内では抜きん出て高い山（標高3776 m）で、第2位の北岳を600m近く上回る。すそ野が大きく広がり、山麓に湧水をもたらしている。 2013年に、周辺の神社、湖沼などとともに、**「富士山 - 信仰の対象と芸術の源泉」**としてユネスコの**世界文化遺産**に登録された。
吉田口登山道（富士登山）	富士山には、吉田ルート、須走ルート、御殿場ルート、富士宮ルートの4つの登山道があり、**吉田ルートのみが山梨県**、ほかの3つは静岡県である。 吉田ルートは富士スバルラインの五合目が登山口であり、上りは5時間、下りは3時間かかる。登山シーズンは7月～9月上旬である。富士山への登山者の半数以上が吉田口を利用している。
北口本宮冨士浅間神社（富士吉田市）	富士登山道の吉田口の正式な起点にあたる、由緒ある神社。例大祭である「吉田の火祭り」は、日本三大奇祭の一つとして知られる。

富士五湖 ★★	いずれも富士山の噴火による堰止湖で、山梨県にある。西から以下の順番に並ぶ。 ◆**本栖湖**（もとすこ）（富士河口湖町、身延町）…森林に囲まれた静かな湖で、紙幣裏面の絵のモデルになったこともある。 ◆**精進湖**（しょうじこ）（富士河口湖町）…五湖の中で最も湖水面積が小さい。 ◆**西湖**（さいこ）（富士河口湖町）…南側には青木ヶ原樹海が広がる。 ◆**河口湖**（富士河口湖町）…周辺に観光施設が多い。春の桜と秋の紅葉、富士山の眺望がよい産屋ヶ崎などが有名。 ◆**山中湖**（山中湖村）…富士五湖の中で最も大きく、かつ標高が高い。湖面の形は鯨に似ている。
忍野八海（おしのはっかい）（忍野村）★	富士山の雪解け水が地下の溶岩の間で、ろ過され湧水となって8か所の泉を造っている。「八海」の名は、富士講の人々が富士登山の際に行った8つの湧泉を巡礼する八海めぐりから来ている。

富士五湖の位置図

解説 吉田の火祭り

　北口本宮冨士浅間神社と境内社（摂社）である諏訪神社の両社による例大祭で、毎年8月26日の「鎮火祭」と、翌8月27日の「すすき祭り」の2日間にわたって行われる。秋祭りであるとともに富士山のお山じまいの祭りでもある。猛火の中で皇子を安産した祭神、木花開耶姫命の故事に基づくといわれる。日本三大奇祭の一つ（ほかは長野県の御柱祭、秋田県のなまはげ柴灯祭）。

豆知識　富士講と御師

　富士山は古くから信仰の対象とされており、江戸時代には**御師**（おし）と呼ばれる人々が関東を中心に**富士講**を組織して富士登山を案内し、宿泊を提供していた。現代に伝わる御師の住宅のうち、**旧外川家住宅、小佐野家住宅**の2つ（ともに富士吉田市）が世界文化遺産の構成資産として登録されている。

◎富士山北東側の観光資源

　富士山の北東側にあたる河口湖、富士吉田周辺は観光地として開発されており、下記以外に**河口湖オルゴールの森美術館、富士急ハイランド**などもある。

地域・資源	内容
久保田一竹美術館（富士河口湖町）★	河口湖畔にあって、現代の染色工芸家・久保田一竹（いっちく）の作品と、自然を取り入れた庭園などを鑑賞できる。一竹は、室町時代に栄えこつ然と姿を消した幻の染色技法「辻が花」を独自の技法により復活させ、「一竹辻が花」を完成させた。
新倉山浅間公園（富士吉田市）	毎年4月中旬になると園内にはソメイヨシノが咲き、五重塔と桜、富士山の美しい風景が一度に見られることから、外国人観光客に人気となっている。公園内の**五重塔**は戦没者の慰霊のために建てられた。
猿橋（大月市）	江戸時代には「日本三奇橋」の一つとしても知られ、甲州街道に架かる重要な橋であった。長さ30.9m、幅3.3m。水面からの高さ31m。深い谷間のために橋脚はなく、鋭くそびえたつ両岸から四層に重ねられた「刎木（はねぎ）」と呼ばれる支え木をせり出させ、橋を支えている。
山梨県立リニア見学センター（都留市）	山梨リニア実験線（42.8km）での走行試験の様子を見学したり、超電導リニアやリニア中央新幹線の模型や各種の展示物を見たりすることができる。2003年に有人走行による世界最高時速581kmを記録した試験車両の実物を展示している。

新倉山浅間神社

猿橋

地域・資源	概要
八ヶ岳 ★	山梨県と長野県にまたがる南北30km余りの大火山群。広大なすそ野を持ち、南東側（山梨県側）には清里高原、西側（長野県側）には富士見高原や蓼科高原などが広がる。
清里（北杜市）	八ヶ岳山麓のリゾート地。ペンションなどの宿泊施設が多くある。
清泉寮（せいせんりょう）（北杜市）	清里にある宿泊・研修施設。もとは清里開拓の父と呼ばれるポール・ラッシュが指導したキリスト教研修の中心施設であった。ソフトクリームが人気。
明野のひまわり畑（北杜市）	毎年夏になると、周囲の山を背景に約60万本のひまわりが咲き誇る。
南アルプス国立公園	山梨県、長野県および静岡県にまたがる赤石山脈（南アルプス）に位置する南北に長い国立公園。日本第2位の高峰北岳（標高3193m）をはじめ3000m級の高峰10座を有し、極めて山が深い。

明野のひまわり畑

南アルプス（北岳）

1 北海道

2 東北地方

3 関東地方

4 中部地方

5 近畿地方

6 中国・四国地方

7 九州・沖縄地方

■ 山梨県の産業と特産物

農業

> ・ブドウ、モモの生産量が日本一（扇状地が果樹栽培に適する）。

食文化

> ・ほうとう＜全県＞…小麦粉で作った太くて長い麺を、カボチャなど野菜とともに味噌仕立ての汁で煮込んだ料理。
> ・吉田うどん＜富士吉田市＞…硬くてコシが非常に強い麺と、スリダネ（独特の薬味）を特徴とするうどん。
> ・甲州ワイン…山梨県ではブドウ栽培が約1300年も前から始まっていたといわれる。甲州市勝沼と周辺は甲州ワインで有名。

伝統産業

> ・甲州水晶貴石細工＜甲府市＞…水晶の原石を加工した置物や装飾品。1000年前に金峰山周辺で水晶が発見されたのが始まり。これをきっかけに山梨県は現在も研磨宝飾産業が盛んで、ジュエリーの生産が日本一である。
> ・甲州印伝＜甲府市＞…鹿革を染めて漆でもようを施した財布や印鑑入れなどの工芸品。

 豆知識　山梨県のブドウの歴史を伝える大善寺（ぶどう寺）

　山梨県甲州市勝沼にある大善寺は、奈良時代に当地を訪れた僧の行基が、手にブドウを持った薬師如来の夢を見たことから、ブドウの房を持つ薬師如来像を作って大善寺を建立したといわれている。また、行基は、ブドウの作り方を村人に教え、これが甲州ブドウの始まりとなったと伝えられる。

　大善寺では、今も住職と檀家さんが自家製のワインを作っており、寺で楽しむことができる。

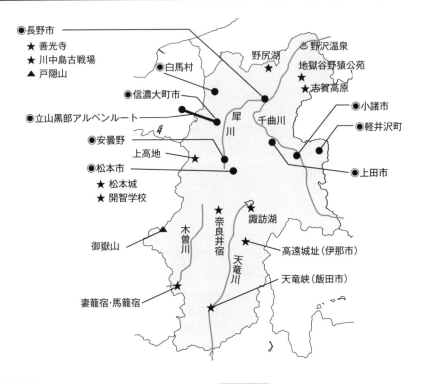

◉長野市
　★ 善光寺
　★ 川中島古戦場
　▲ 戸隠山
◉白馬村
◉信濃大町市
◉立山黒部アルペンルート
◉安曇野
上高地
◉松本市
　★ 松本城
　★ 開智学校
御嶽山
妻籠宿・馬籠宿

野尻湖
野沢温泉
地獄谷野猿公苑
★ 志賀高原
◉小諸市
◉軽井沢町
◉上田市
犀川
千曲川
奈良井宿
諏訪湖
木曽川
天竜川
高遠城址（伊那市）
天竜峡（飯田市）

解説　長野県の４つの主要な盆地と地域区分

　長野県は山によって地域が分断され、県としてまとまりづらい。そこで、かつては長野県の県歌「信濃の国」を学校で教え、有線放送で各家庭に流していたという。

　その１番の歌詞には「**松本　伊那　佐久　善光寺　４つの平は肥沃（ひよく）の地**」と歌われている。

　ここでは、これらの盆地を中心とする以下の地域区分によって、長野県の観光資源を整理する。

◆**北信**：善光寺平（長野盆地）と周辺
◆**中信**：松本盆地と周辺
◆**東信**：佐久盆地と周辺
◆**南信**：諏訪湖・伊那谷と周辺

北信
東信
中信
南信

長野県

1 北海道

2 東北地方

3 関東地方

4 中部地方

5 近畿地方

6 中国・四国地方

7 九州・沖縄地方

■ 北信：善光寺平（長野盆地）と周辺

◎善光寺平（長野盆地）

　長野県北部、千曲川中流域の盆地。千曲川が犀川など大小の支流を合流し、複合扇状地を造る。**リンゴ・ブドウ・アンズ・モモの果樹栽培やソバ栽培・畜産が盛ん。**

地域・資源	概要
長野市	県庁所在地であり、**善光寺の門前町**として発展してきた。1998年に**長野オリンピック・パラリンピック**が開催され、メイン会場があった。
善光寺（長野市） ★	無宗派の単立寺院。「牛に引かれて善光寺まいり」といわれて、特に江戸時代には多くの参拝客を集めてきた。善光寺本堂は創建以来何度も火災にあってきたが、現在の建物は1707年に建てられたもの。国内有数の木造建築で、T字型の棟の形が鐘を叩く撞木（しゅもく）に似ていることから「**撞木造り**」と呼ばれている。屋根は総檜皮葺き。
おびんずるさん	賓頭盧尊者（びんずるそんじゃ）のことで、善光寺の本堂の階段を上がった右側にある仏像。十六羅漢の一人で病を治す神通力があるといわれ、病人や怪我人が自らの患部と同じところを撫でると治るという信仰がある。別名「撫仏」（なでぼとけ）とも呼ばれていて、顔も体も磨耗している。
川中島古戦場（長野市）	川中島の戦いは、**甲斐の武田信玄**と**越後の上杉謙信**との間で、北信濃の支配権をめぐって行われた5回の戦いをいう。最大の激戦となった第4次の戦いの舞台となった長野市の川中島に、史跡公園が整備されている。
姨捨棚田（おばすてたなだ）（千曲市）	古くから景勝地として和歌などにされてきた棚田。水田の一つひとつに映り込む月は、古くから田毎月（たごとのつき）と謳われるほど美しいことで知られていた。日本で初めて文化財に指定された農耕地。

善光寺本堂

豆知識　善光寺の本尊と「御開帳」

　善光寺の本尊は、7世紀始めの推古天皇のころに**本田善光**が難波から持ち帰ったという本尊の一尺五寸の阿弥陀如来像であり、これは絶対秘仏とされている。戦国時代には、武田信玄が戦火を避けるために一時甲斐(甲斐善光寺)に持ち去ったが、そこから織田信長、徳川家康、豊臣秀吉の手をへて、42年後に長野の善光寺に戻された。

　善光寺の御開帳は丑(うし)年と未(ひつじ)年であり、数え年で7年ごと(普通の数え方で**6年ごと**)に行われるが、そのときも本尊は公開されず分身の前立本尊が公開される。

◎湯田中渋温泉郷 ★ と周辺

　長野駅から鉄道やバスで湯田中渋温泉郷にアクセスできる。その周辺は自然、温泉、歴史などの資源が豊富な人気観光地となっている。

地域・資源	概要
地獄谷野猿公苑(山ノ内町) ★	湯田中渋温泉郷の地獄谷温泉にあり、ニホンザルが入浴することで有名。冬場に温泉につかるサルを英語では "Snow Monkey" と呼び、外国人観光客にも人気。
志賀高原(山ノ内町)	標高1500～2000mの火山性の高原。岩菅山、横手山、笠ヶ岳など2000m級の山に囲まれており、湖沼群や深い渓谷がある。温泉とスキー場が多い。**上信越高原国立公園**の中心部にある。
野沢温泉(野沢温泉村) ★	源泉の数は30余りあり、住民が自ら管理する地域の日常生活に密着した温泉として知られている。100度近い源泉が湧く**麻釜**では、地元住民が野菜を茹でるなど、日常の湯処として温泉が使われている。街中には共同浴場が13か所点在しており、全て無料。野沢温泉村には雪質のよい野沢温泉スキー場がある。**野沢菜**でも有名。

地獄谷野猿公苑

野沢温泉

小布施町 ★	江戸時代に北信濃の経済文化の中心地として栄えた。豪商の高井鴻山の招きにより**葛飾北斎**が晩年を過ごしたことから北斎の肉筆画を展示する**北斎館**がある。また、**岩松院**の大天井には北斎晩年作の「八方睨み鳳凰図」がある。クリの産地としての歴史があり**栗菓子**の老舗や甘味処が多い。  左) 小布施の栗の小径 右) 岩松院の 　　「八方睨み鳳凰図」

◎北信五岳と周辺

　善光寺平の北に連なる北信五岳とその周辺は自然の宝庫として知られており、多くの地域が**妙高戸隠連山国立公園**に指定されている。

地域・資源	内容
北信五岳	善光寺平（長野盆地）から望める5つの山の総称。 ◆戸隠山（長野県長野市）：詳細は下記参照。 ◆飯縄山（長野県長野市）：修験道場として知られた。 ◆黒姫山（長野県信濃町）：黒姫高原はリゾート地。 ◆斑尾山（長野県飯山市・信濃町）：スキー場などがある。 ◆妙高山（新潟県妙高市）：詳細は新潟県を参照。
戸隠山（長野市）	岩石が切り立った特徴的な形状の山で、古くから修験道場や**戸隠流忍者**の里としても知られる。戸隠山の中腹には**戸隠神社**（奥社）がある。**戸隠蕎麦**も有名。 戸隠（とがくし）の名は、「天照大御神が、高天ヶ原の天の岩戸に隠れたとき、天手力雄命（たぢからをのみこと）が、その岩戸をここまで投げ飛ばし、世に光を取り戻した。」という伝説による。
野尻湖（長野県信濃町）	東の斑尾山と西の黒姫山に挟まれた標高654mの高原に位置する。**ナウマンゾウ**やオオツノジカの化石が出土することでも知られており、「野尻湖ナウマン象博物館」がある。

戸隠山　　　　　　　　野尻湖と黒姫山

1 北海道
2 東北地方
3 関東地方
4 中部地方
5 近畿地方
6 中国・四国地方
7 九州・沖縄地方

■ 中信：松本盆地と周辺

◎松本市

　中世に信濃国府が置かれ戦国時代から城下町として発展してきた。北アルプス観光の玄関口になっている。土蔵造りの商家や民家が多数残っており、中でも中町通りは観光およびショッピングスポットとして有名。郊外に**浅間温泉**があり、文人に愛されてきた。

地域・資源	概要
松本城 ★	現存12天守で唯一の平城。5重6階。松本城と呼ばれる以前は**深志城**といった。壁面の上部を白漆喰、下部を黒漆塗りの下見板で覆っている。
旧開智学校	1873年に開校し、1876年に校舎が新築された我が国最古級の擬洋風小学校建築。構造は木造で中央に八角塔が高くそびえ立ち、各窓に舶来のギヤマンが取り付けられている。開智学校の設計施工は、松本の大工棟梁立石清重が手がけた。
美ヶ原	松本市の東側にある標高約2000mの高原。美術館や牧場などの観光施設があり、ハイキングと松本盆地・北アルプスの絶景を楽しめる。

松本城

旧開智学校

テーマで整理！ 国宝の五城

◆**松本城**<長野県松本市>：唯一の連結複合式天守。

◆**犬山城**<愛知県犬山市>：木曽川南岸の高台に立つ。別名「白帝城」。

◆**彦根城**<滋賀県彦根市>：譜代大名井伊氏の居城。彦根山（金亀山）に立つ。

◆**姫路城**<兵庫県姫路市>：別名「白鷺城」。連立式天守。世界文化遺産。

◆**松江城**<島根県松江市>：山陰唯一の現存天守、武骨で実用本位の形式。

◎安曇野・白馬

地域・資源	概要
安曇野	地名は古代にこの地に移住してきた安曇氏に由来する。北アルプスの山々から湧き出た清流によってできた複合扇状地で、多くの美術館や記念館が点在しており、観光地になっている。
安曇野わさび田湧水群（安曇野市）★	北アルプスから流れ出る河川が形成した複合扇状地の末端にある。豊富な地下水は、安曇野の名産である**ワサビ**やニジマスを育てている。**大王わさび農場**は湧水群の一角にあり、日本一大きなわさび田。
碌山美術館（安曇野市）	安曇野出身で新宿中村屋の創業者である相馬愛蔵が、同郷の30歳で夭折した荻原守衛（碌山・ろくざん）の作品を展示するために建てた美術館。建物は教会風の煉瓦造りで、ツタのからまる建物は安曇野のシンボル的存在。
穂高神社（安曇野市）	安曇氏の祖神である穂高見命（ほたかみのみこと）を祀った古社。安曇野市穂高の本宮（里宮）のほか、上高地の明神池湖畔に奥宮、奥穂高岳山頂に嶺宮があることから、「日本アルプスの総鎮守」の通称がある。例大祭は「御船祭」と呼ばれ、毎年9月26日、27日に行われる。
白馬村（はくばむら）★	北アルプス北部の白馬岳（しろうまだけ）の麓にあり、夏は登山、冬はスキーの観光客が訪れる。単体のスキー場としては国内最大規模の**八方尾根スキー場**があり、**1998年の長野オリンピック**ではアルペンスキーの競技会場となった。近年は北海道ニセコのスキー場とともに外国人の人気が高い。
立山黒部アルペンルート	長野県側の起終点である**扇沢**は、安積野の**大町市**にある。※ルートについては富山県を参照。

大王わさび農場

碌山美術館

白馬岳

1 北海道
2 東北地方
3 関東地方
4 中部地方
5 近畿地方
6 中国・四国地方
7 九州・沖縄地方

「白馬岳」（しろうまだけ）と「白馬村」（はくばむら）は、漢字は同じだが読み方は異なる。

先に名前が付いたのは「白馬岳」（しろうまだけ）の方であり、地元の米農家が、毎年早春に、山肌に馬の雪形（山の雪が融けてできる模様）があらわれるのを見て、代掻き（しろかき）（田んぼに水をはってかき混ぜ平らにする作業）を始めたことに由来する。つまり、元々は「代馬岳」であった。

その後、1956年に「白馬村」（はくばむら）は誕生したが、どのような経緯で「代馬」の漢字が「白馬」となり、さらに、「はくば」と読まれるようになったのかは定かではない。

◎北アルプス（飛騨山脈、中部山岳国立公園）★

新潟、富山、長野、岐阜の4県にまたがり、標高3000m級の山々で構成されている。

北アルプスには、**ハイマツ**や**高山植物**、**ライチョウ**など高山特有の生物が生育・生息している。

地域・資源	概要
上高地（松本市）★	日本を代表する山岳観光地。標高1500mの**梓川**沿いにあり、**河童橋、大正池**（大正時代に焼山の噴火でできた堰止湖）、明神池などの景勝地が連なる。穂高連峰や槍ヶ岳の登山基地にもなっている。自家用車の乗り入れが禁止されている。
河童橋（松本市）	上高地のシンボルの一つとなっている木造の橋で、穂高連峰、焼岳などの山々を望むことができる。毎年4月27日に橋の袂で「上高地開山祭」、11月15日には、「上高地閉山祭」が開催される。近くに1890年創業の**上高地帝国ホテル**、日本アルプスを海外に紹介したイギリス人宣教師の**ウェストン碑**がある。  河童橋  ウェストン碑

1 北海道
2 東北地方
3 関東地方
4 中部地方
5 近畿地方
6 中国・四国地方
7 九州・沖縄地方

穂高連峰 ★ と槍ヶ岳	登山者が憧れる名峰で「槍・穂高」と並び称される。穂高連峰の主峰は**奥穂高岳**（3190m）で、北側に**槍ヶ岳**（3180m）が連なっている。  槍ヶ岳
白骨温泉（松本市）	上高地の入口にある温泉地。湯が白濁していることからこの名が付いた。

テーマで整理！ 日本の標高の高い山ベスト5

1位	富士山	3776m		＜山梨県・静岡県＞
2位	北岳	3193m	（南アルプス）	＜山梨県＞
3位	奥穂高岳	3190m	（北アルプス）	＜長野県・岐阜県＞
3位	間ノ岳（あいのだけ）	3190m	（南アルプス）	＜山梨県・静岡県＞
5位	槍ヶ岳	3180m	（北アルプス）	＜長野県・岐阜県＞

※日本には3000m峰は21座ある。

解説 高山のシンボル・ライチョウ

　本州中部地方の高山帯（北アルプス、南アルプス、御嶽山など）のみに生息する。夏は褐色・冬は純白と季節によって羽毛の色が変化する。標高2400m以上のハイマツ帯に分布。現在の数は2000羽弱といわれている。

◎木曽地方

　木曽地方は長野県の南西部にあり、中央アルプスと御嶽山にはさまれた木曽川の谷をはさんだ一帯をいう。木曽はヒノキを産し、その重要度から尾張藩の藩領だった。**林業（木曽ヒノキなど）、木曽漆器、木曽馬**などでも知られる。

地域・資源	概要
木曽路十一宿（中山道）★	江戸時代の中山道の69の宿場町のうち、11宿が木曽にあった。このうち最も南で京に近いほうが**馬籠宿**で、その隣が**妻籠宿**、さらに北に行くと上松宿、福島宿、**奈良井宿**がある。かつての街道の風情がよく残されており、街道ウォーキングに訪れる人が増えている。
馬籠宿（まごめじゅく）（岐阜県中津川市）★	かつては長野県木曽郡山口村に属したが、2005年の山口村の越県合併により**岐阜県中津川市**に編入された。岐阜県ではあるが、ここでは木曽地方の記述の中に馬籠宿を入れた。**島崎藤村**（1872～1943）は馬籠宿の本陣・問屋・庄屋を兼ねた旧家に生まれた。父をモデルとして木曽の明治維新前後を長編小説「夜明け前」で描いている。旧本陣で、島崎藤村生家跡は現在は**藤村記念館**になっている。
妻籠宿（つまごじゅく）（南木曽町）★	**中山道**42番目の宿場で、隣接する**馬籠宿**（岐阜県中津川市）とともに、**木曽路**を代表する観光名所になっている。重要伝統的建造物群保存地区、妻籠と馬籠の間にある男滝・女滝も有名。
奈良井宿（塩尻市）★	木曽十一宿の中では最も標高が高く、多くの旅人で栄えた宿場町は「奈良井千軒」といわれた。現在は重要伝統的建造物群保存地区として、当時の町並みが保存されている。木工業も盛んで昔から土産物として人気がある。
御嶽山	長野・岐阜県境にある火山。標高3063mの剣ヶ峰を最高峰とする。頂上に御嶽神社奥宮があり、古くから信仰の山として知られてきた。2014年に水蒸気爆発が起こり、死者・行方不明者63名を出した。

妻籠宿

御嶽山

1 北海道

2 東北地方

3 関東地方

4 中部地方

5 近畿地方

6 中国・四国地方

7 九州・沖縄地方

 豆知識　木曽の林業と「木曽五木」

「木曽五木」とは、江戸時代に尾張藩により伐採が禁止された、ヒノキ・アスナロ・コウヤマキ・ネズコ（クロベ）・サワラの五種類の常緑樹。

江戸時代の初期に木曽名産のヒノキの伐採が進み、山々が荒廃したので、ヒノキの伐採が禁止されたが、のちに誤伐採を防ぐため、ほかの木も伐採が禁止され、「木一本、首一つ」ともいわれるほどの厳しい政策の「留山制度」がとられた。

■ 東信：佐久盆地と周辺

千曲川が貫流しており、北を浅間山など、東と南を関東山地、西を八ヶ岳連峰で囲まれている。

◎軽井沢町 ★

浅間山の南東麓にある避暑地。もとは**中山道**の**碓氷峠**を越えた**宿場町**。明治時代にカナダ人宣教師のアレクサンダー・クロフト・ショーが別荘を設けたことがきっかけとなり、避暑地・別荘地として開発が進むこととなった。

地域・資源	概要
軽井沢町の著名な建築物	避暑地・別荘地としての歴史・文化を物語る建築物が各地にある。 ◆**ショーハウス記念館**…アレクサンダー・クロフト・ショーの別荘を移築し、記念館として公開したもの。隣にはショーが開いた教会「ショー記念礼拝堂」が現存する。 ◆**万平ホテル**…ジョン・レノンも宿泊した歴史あるホテル。 ◆**旧三笠ホテル**…明治時代の高級ホテル。現在は資料館。
軽井沢町の著名な自然景勝地	◆**白糸の滝**…幅70mの美しい滝。 ◆**雲場池**…別荘地開発とともに造られた人造湖。

旧三笠ホテル

白糸の滝

◎小諸と上田

地域・資源	概要
小諸市	千曲川の東岸にある旧小諸藩の城下町で、**北国街道**の宿場町だった。**懐古園**は小諸城址にある公園で、千曲川を望む展望台近くには**島崎藤村**の『**千曲川旅情のうた**』の歌碑が建つ。
上田市	戦国時代に真田氏が城と城下町を建設した。現在の上田城は、江戸時代に上田に移封となった仙石忠政が再建したもの。上田周辺は養蚕で栄え、今もその面影を伝える。
塩田平（上田市）	上田市の南西にあたる塩田平は、かつては塩田北条氏3代の居城「塩田城」があり、「**信州の鎌倉**」の異名を持ち、神社仏閣が点在し、現在も面影を残している。
別所温泉（上田市）	塩田平の奥に位置し、標高570mにある信州最古といわれる温泉。今も3つの共同浴場があり、大湯は木曾義仲、大師湯は円仁（慈覚大師）、石湯は真田幸村ゆかりの湯といわれる。

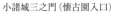

小諸城三之門（懐古園入口）

別所温泉の安楽寺八角三重塔（国宝）

豆知識　JRの駅で最も標高が高い場所にある野辺山駅（南牧村）

　JR東日本小海線の野辺山駅は標高1345mに位置し、JRグループの駅および日本の普通鉄道の駅としては日本一高い地点に位置する。隣接する清里駅との間には、JRグループの最高標高地点（1375m）と鉄道神社もある。

長野県

1 北海道

2 東北地方

3 関東地方

4 中部地方

5 近畿地方

6 中国・四国地方

7 九州・沖縄地方

■ 南信：諏訪湖・伊那谷と周辺
◎諏訪湖 ★ と周辺

地域・資源	概要
諏訪湖	長野県最大の湖であり、ここから天竜川が流れ出る。近くに諏訪大社、**上諏訪温泉（諏訪市）、下諏訪温泉（下諏訪町）** があり、南信地域最大の観光拠点となっている。冬季に起こる自然現象「**御神渡り**」と、それに伴う神事でも知られる。
諏訪大社	信濃国一宮で、全国に約25000社ある諏訪神社の総本社。敷地は以下の4か所に分かれる。 ◆**上社**（かみしゃ）**本宮**（ほんみや）＜諏訪市＞ ◆**上社**（かみしゃ）**前宮**（まえみや）＜茅野市＞ ◆**下社**（しもしゃ）**秋宮**（あきみや）＜下諏訪町＞ ◆**下社**（しもしゃ）**春宮**（はるみや）＜下諏訪町＞ 祭神は出雲の大国主命の御子神である建御名方神（たけみなかたのかみ）。7年に1度行われる例大祭の**御柱祭**（おんばしらさい）でも知られる。
霧ヶ峰	上諏訪温泉の北方にあるなだらかな山岳。高原や湿原のハイキングを楽しむことができる。
蓼科高原	八ヶ岳と蓼科山の西側に広がる高原で、茅野市からアクセスする。湖、観光施設、温泉などが点在する。

諏訪湖（御神渡り）

諏訪大社（下社秋宮）

解説 御柱祭（おんばしらさい）

　諏訪大社の社殿の4隅には、「御柱」と呼ばれるもみの木の柱が立っており、これを7年に一度（実際には寅と申の年で6年目に一度）建て替えるのが御柱祭である。祭りは主に4月の「山出し祭」と5月の「里曳き祭」からなる。山出し祭では、急な崖を滑り落ちる「木落し」や上社の御柱が宮川を渡る「川越し」などの見せ場がある。里曳き祭では御騎馬行列などが行われ、最後の「建て御柱」で社殿の4隅に柱を立てる。

　御柱祭は「日本三大奇祭」の一つに数えられる。

◎伊那谷

　長野県南部の天竜川に沿って南北に伸びる盆地。西を木曽山脈（中央アルプス）、東を赤石山脈（南アルプス）に挟まれている。

地域・資源	内容
高遠城址（伊那市）	「天下一」とも称される桜の名所で、タカトオコヒガンザクラが咲き誇る。 高遠城址
木曽駒ケ岳	中央アルプスの最高峰で、伊那市から高低差日本一の駒ケ岳ロープウェイで千畳敷カールに登ることができる。
天竜峡（飯田市）	天竜川が切り拓いた絶壁が続く渓谷。新緑や紅葉が見事で、天竜峡温泉もある。

解説　リニア中央新幹線

　建設中のリニア中央新幹線は、南信地域を横断し、飯田市に駅が設置される計画である。

　リニア新幹線は、最高設計時速505kmの高速走行が可能な超電導磁気浮上式リニアモーターカー。JR東海は首都圏−中京圏間の2027年の先行開業を目指していたが、2023年12月に「2027年以降」と変更した。東京−名古屋間を最速で40分で結ぶ計画で大阪までの全線開業は2045年を目指しており、東京−大阪間を最速67分で結ぶと試算されている。

リニア中央新幹線のルート

名古屋市ターミナル駅（名古屋市中村区）／長野県駅（飯田市）／東京都ターミナル駅（港区）／新大阪駅（大阪市淀川区）／山梨県駅（甲府市）／岐阜県駅（中津川市）／想定ルート

2045年　延伸・最速27分　　2027年　先行開業・最速40分

長野県

1 北海道

2 東北地方

3 関東地方

4 中部地方

5 近畿地方

6 中国・四国地方

7 九州・沖縄地方

■ 長野県の産業と特産物

農業・林業

- **レタス＜川上村＞**…長野県はレタス栽培日本一で、中でも千曲川の最上流部に位置する川上村は有名。川上村役場は標高1185mに位置し、これは役場や役所の所在地としては日本で最も高い。
- **リンゴ＜全県＞**…青森県に次いで生産量が多い。
- **木曽ヒノキ＜木曽地方＞**…青森のヒバ、秋田のスギとともに、**日本三大美林**の一つに数えられる。

食文化

- **信州そば＜全県＞**…冷涼で肥沃な土地が少ない長野県では、古くからそばの栽培が盛ん。特に戸隠そば（長野市戸隠山周辺）、開田そば（御嶽山麓の開田村）が名高い。
- **おやき＜北信地方、安曇野＞**…小麦粉・蕎麦粉などの皮で野菜や豆類などで作った具材を包み、焼いた食べもの。
- **野沢菜＜野沢温泉＞**…長野県を代表する土産物。

伝統産業

- **木曽漆器＜木曽地方＞**…木曽は豊富なヒノキを使った木地作りが盛んな土地柄で、江戸時代に尾張徳川藩の手厚い庇護を受けて発達した。中山道を通る旅人の土産物として人気があり、**御嶽山**への登拝の人々などによって、全国に広められた。現在は塩尻市が中心。

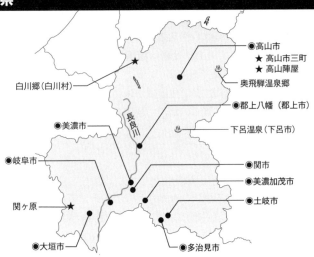

■ 岐阜県南部（美濃地域）

地域・資源	概要
岐阜市	岐阜県の県庁所在地。戦国時代に金華山に**岐阜城**が築かれ、麓が斎藤道三や**織田信長**の城下町として栄えた。
長良川 ⭐	岐阜県郡上市に源を発し、岐阜県南部を縦断して伊勢湾に注ぐ。岐阜市と関市で**鵜飼**が行われている。水質がよく、日本三大清流の一つにも数えられる。
日本ライン下り	美濃加茂市から犬山市にかけての約13kmにわたる木曽川の峡谷。風景がヨーロッパ中部を流れるライン川に似ていることから、地理学者の志賀重昂によって命名された。遊覧船で日本ライン下りを楽しめる。
関市	鎌倉時代から日本刀の産地として栄え、刀鍛冶「**関の孫六**」が有名となった。江戸中期以降は包丁、はさみなどの生産に移り、さらに明治以降は、洋食器、カミソリ替刃などの金属工業に発展した。**関鍛冶伝承館**で展示を見学できる。
美濃市 ⭐	「うだつ」（屋根の両端を一段高くした防火壁）がある町並みと、**美濃和紙**の生産で有名。
郡上八幡（ぐじょうはちまん）（郡上市） ⭐	長良川の上流にある城下町で、北町の町並みは重要伝統建造物群保存地区。水路が多い「水の町」としても知られ、現在も生活用水として利用されている。毎年7月中旬から9月上旬まで開催される**郡上おどり**でも有名。

岐阜県

1 北海道

2 東北地方

3 関東地方

4 中部地方

5 近畿地方

6 中国・四国地方

7 九州・沖縄地方

岐阜城（復興天守）

郡山おどり

解説 長良川の鵜飼

岐阜市の長良川では5月から10月まで鵜飼が行われる。篝火を付けた舟に乗った鵜匠が10〜12羽の鵜を操り、篝火に驚いた**アユ**を捕らせる。捕ったアユは鵜匠により篭に吐かせられる。岐阜市と関市の長良川鵜飼は日本で唯一、宮内庁式部職鵜匠によって行われている。宮内庁の御料場で行われる8回の鵜飼で獲れたアユは皇居へ献上されるほか、明治神宮や伊勢神宮へも奉納される。

テーマで整理！日本三大清流

◆四万十川（高知県）

◆長良川（岐阜県）

◆柿田川（静岡県）

◎大垣市と周辺

地域・資源	概要
大垣市	岐阜県で2番目に人口が多い。かつては城下町で、町のいたるところに河川や水路が流れる「水の町」として知られる。大垣八幡神社の例祭である**大垣祭**は、豪華な山車が巡航することが有名で、世界無形文化遺産「山・鉾・屋台行事」に登録された。
関ヶ原	伊吹山の南東麓に位置する。北に伊吹山地、南に鈴鹿山脈があり、近江の国と美濃の国を結ぶ中山道沿いの交通の要衝。古代には**不破関**（ふわのせき）があった。1600年には関ヶ原の戦いが行われた。
養老の滝（養老町）	大垣市の南方にある名瀑で、名水百選に選ばれている。近くには公園自体がアート作品の養老天命反転地もある。

揖斐川・長良川・木曽川の水田地帯では、洪水から村や田を守るために江戸時代から堤防を築いてきた。堤防が村々を輪のように取り囲むので、集落を**輪中**と呼ぶ。岐阜県最南端の**海津市**などが有名。

 豆知識 松尾芭蕉「奥の細道」が大垣で終わっている理由

松尾芭蕉「奥の細道」の終点として知られる大垣市には、「大垣市奥の細道むすびの地記念館」がある。その解説によれば、芭蕉がここで旅を終えた理由は、芭蕉が活躍していた元禄時代の大垣が、川運と陸運が交わる交通の要衝として非常に栄えており、優秀な門人が多く住んでいたからだと推測されている。

◎岐阜県南西部

地域・資源	内容
恵那峡 (恵那市)	木曽川中流の渓谷で奇岩が多く、ジェット船が就航する。
馬籠 (中津川市)■	旧中山道の宿場町。島崎藤村の生誕地で「夜明け前」の舞台。 ※詳細は長野県木曽地方の記載を参照。
杉原千畝記念館 (八百津町)	第二次世界大戦中に、ナチスドイツの迫害を受けたユダヤ人を「命のビザ」で救った外交官・杉原千畝の功績などを紹介する施設。

■ 岐阜県北部 (飛騨地域)
◎高山市 ★★★

飛騨地方の中心都市。江戸時代は幕府の天領だった。中心市街地には江戸時代以来の城下町・商家町の姿が保存されており、その景観から「飛騨の小京都」と呼ばれている。市町村合併によって日本一広い市となった。

地域・資源	概要
高山市三町 (さんまち)	高山城の城下町の商家町にあたる区域で、重要伝統的建造物群保存地区に選定されている。
宮川朝市	宮川 (みやがわ) 沿いの路上で、ほぼ毎朝行われている朝市。石川県輪島市の輪島朝市、千葉県勝浦市の勝浦朝市と並ぶ、日本三大朝市の一つに数えられ、このほかに陣屋前朝市もある。
高山陣屋	陣屋とは、幕府の直轄領をおさめる郡代・代官がいた場所。幕末には全国60か所以上あったといわれるが、唯一現存するのが高山陣屋。
日下部 (くさかべ) 民芸館・吉島家住宅	高山の町家建築を代表する豪商の邸宅で、ともに重要文化財に指定されている。
高山祭	日枝神社の「春の山王祭」と呼ばれる春祭り (4月14〜15日) と、桜山八幡宮の「秋の八幡祭」と呼ばれる秋祭り (10月9〜10日) を指す。屋台は飛騨匠たちの作で、奇抜な彫刻、ゼンマイ仕かけで動くからくり人形、豪華な刺繍 (ししゅう) などで飾られ、「動く陽明門」といわれる。
奥飛騨温泉郷	高山市東部の山間部にある温泉郷。新穂高温泉は温泉郷の奥に位置し、**新穂高ロープウェイ** ★ の駅があり、北アルプス・穂高連峰の岐阜県側からの登山基地になっている。ほかに平湯温泉などが点在する。

三町の町並み

春の高山祭

豆知識　飛騨匠 (ひだのたくみ)

　律令制度下で、飛騨国に対してのみ特別に庸・調の税の代わりに年間100人程の大工を都へ派遣する飛騨匠制度が定められた。高い技能を持っていた飛騨匠たちは、藤原京や平城京、平安京の建築にも携わったといわれる。その伝統は現在にも受けつがれ、高山祭の屋台やからくり人形に見ることができる。

1 北海道
2 東北地方
3 関東地方
4 中部地方
5 近畿地方
6 中国・四国地方
7 九州・沖縄地方

◎高山周辺

地域・資源	内容
白川郷（白川村）	**合掌造り**の集落が有名で、富山県の五箇山とともに「**白川郷・五箇山の合掌造り集落**」として**世界文化遺産**に登録されている。合掌造りは、深雪に対応した急勾配の切妻屋根を持つ住居で、屋根裏に二層あるいは三層の空間を持ち、屋根裏は養蚕棚として使われた。高山と白川郷は高速道路で結ばれており、そこからさらに**白山白川郷ホワイトロード**を通って金沢に出ることができる。
御母衣湖（みぼろこ）（白川村）	庄川上流をせき止めてできた人造湖。湖畔にダム建設に伴い移植した樹齢４５０年の**庄川桜**がある。
下呂（げろ）温泉（下呂市）★	高山市の南方にある温泉。有馬温泉（兵庫県）・草津温泉（群馬県）とともに、日本三名泉に数えられる。

豆知識　神岡鉱山とスーパーカミオカンデ

　飛騨地方の神岡鉱山（2001年に閉山）は、かつて亜鉛鉱石に含まれるカドミウムが流出し、富山県神通川流域で「イタイイタイ病」を発生させ、大きな社会問題になった。

　閉山後は、旧神岡鉱山内に東京大学宇宙線研究所が運用する世界最大の宇宙素粒子観測装置「スーパーカミオカンデ」が設置され、東京大学教授の梶田隆章氏は、「スーパーカミオカンデ」で素粒子ニュートリノが質量を持つことを発見し2015年のノーベル物理学賞に輝いた。

■ 岐阜県の産業と特産物

食文化

- **栗きんとん＜岐阜県南東部、特に中津川市＞**…クリを使った和菓子。中津川市とその周辺は栗の名産地として知られる。
- **朴葉（ほおば）味噌＜飛騨地方＞**…味噌にネギなどの薬味や山菜などをからめたものを朴の葉に載せて焼き、ご飯に載せて食べる。
- **五平餅＜岐阜県・長野県の山間部＞**…粒が残る程度に潰したうるち米にタレをつけ、串焼きにしたもの。

伝統産業

- **美濃焼＜土岐市・多治見市周辺＞**…日本最大の陶磁器生産拠点であり、日本の陶磁器生産量の約半分を生産している。ショップやミュージアムも多い。
- **美濃和紙＜美濃市＞**…良質な和紙で、これを使って**岐阜提灯、岐阜和傘、岐阜うちわ**が生まれた。本美濃紙として**ユネスコ無形文化遺産**に登録。
- **飛騨春慶塗＜高山市ほか＞**…春慶塗は木地に透き漆をかけ、木目の美しさが見えるように仕上げたもの。
- **一位一刀彫＜高山市ほか＞**…イチイの木は光沢があって美しく、緻密で狂いが生じにくく加工しやすい。

テーマで整理！ ユネスコ無形文化遺産「和紙・日本の手漉（てすき）和紙技術」

◆**石州半紙（せきしゅうばんし）＜島根県浜田市＞**
◆**本美濃紙（ほんみのし）＜岐阜県美濃市＞**
◆**細川紙（ほそかわし）＜埼玉県小川町、東秩父村＞**

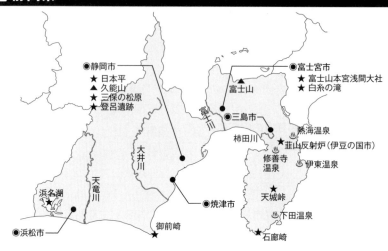

■ 静岡県中央部（静岡市、大井川流域、富士山）

◎静岡市

　静岡県の県庁所在地で、人口約70万人の政令指定都市。江戸時代には**駿府**と呼ばれ、城下町として栄えた。

地域・資源	概要
日本平（にほんだいら）	静岡市の駿河湾沿いにある有度山（うどやま）の山頂と付近一帯をいう。日本平からは、富士山や伊豆半島が**駿河湾越し**に見え、眼下には**清水港**が広がる。名称は日本武尊（ヤマトタケルノミコト）の伝説に由来する。
久能山（くのうざん）	**久能山東照宮**があり、遺命により徳川家康の遺骸は最初ここに葬られ、その後、日光に移された。**石垣いちご**も有名。
三保の松原★	**三保半島（砂嘴）**の東側に広がる、約30000本の松林が生い茂る海浜と、駿河湾を挟んで望む富士山や伊豆半島の美しい眺めで有名。ユネスコの世界文化遺産「富士山」の構成資産。天女が舞い降りて羽衣をかけたとされる「**羽衣の松**」がある。
登呂遺跡	1世紀ごろの弥生時代後期の遺跡。1943年に発見され、日本で初めての総合的な発掘調査が行われ、水田跡や井戸の跡、竪穴式住居・高床式倉庫などが見つかった。
静岡市東海道広重美術館	静岡市東部の旧由井宿にある。歌川（安藤）広重の代表作である「東海道五十三次」、「名所江戸百景」など、風景版画の名品が収蔵・展示されている。

日本平からの眺め

◎焼津市と大井川流域

地域・資源	内容
焼津漁港	遠洋漁業と水産加工が盛ん。2022年の水揚高は全国3位（金額ベースだと1位）。特にマグロの水揚高が日本一多いことで有名。
大井川	南アルプスの険しい山岳地帯を流下する水量豊富な河川。江戸の防衛に加え、徳川家康の隠居城であった駿府城の外堀の役目を果たすため、架橋はおろか渡し舟も厳禁とされ、輿や肩車で渡河した**川越**（かわごし）が行われた。両岸の**島田**（駿河国）と**金谷**（遠江国）は、それぞれ大井川を渡河する拠点の宿場町として賑わった。
寸又峡（すまたきょう）	大井川支流の渓谷で、川沿いに寸又峡温泉がある。新金谷駅から寸又峡入り口の千頭駅（せんずえき）までは**大井川鐵道のSL**が走る。

寸又峡の「夢の吊り橋」

◎富士山周辺（静岡県側）

地域・資源	概要
富士山本宮浅間大社	浅間大神とコノハナノサクヤヒメを祭神とする。全国に約3000社存在する浅間神社の総本宮が麓の**富士宮市**（静岡県）にある**富士山本宮浅間大社（浅間大社）**であり、富士山頂には「奥宮」がある。徳川家康による庇護の下、江戸幕府より八合目以上を寄進された経緯で、現在富士山の八合目より上の部分は登山道・富士山測候所を除き浅間大社の境内になっている。
白糸の滝（富士宮市）	富士山の雪解け水が、上部の水を通す地層である新富士火山層と下部の水を通さない地層である古富士火山層の境の絶壁から湧き出している。高さ20m・幅150mの湾曲した絶壁から、大小数百の滝が流れ落ちている。世界文化遺産の構成資産。
宝永山（御殿場市）	1707年の富士山の宝永大噴火（富士山の最後の噴火）の際に東南斜面にできた側火山で、**宝永火口**がある。

1 北海道
2 東北地方
3 関東地方
4 中部地方
5 近畿地方
6 中国・四国地方
7 九州・沖縄地方

217

富士山頂にある浅間大社の奥宮 　　　　白糸の滝

 富士山の４つの登山道

◆**吉田ルート**… 　登山口は富士スバルライン五合目＜山梨県富士吉田市＞。登山者の半数以上が利用。

◆**須走ルート**… 　登山口は須走口五合目＜静岡県小山町＞。

◆**御殿場ルート**… 登山口は御殿場口新五合目＜静岡県御殿場市＞。

◆**富士宮ルート**… 登山口は富士山スカイラインの富士宮口新五合目＜静岡県富士宮市＞。吉田ルートに次いで登山者が多い。

--- ⚠️ **間違いに注意！** ---

　「白糸の滝」という名前の滝は全国各地に多数あるが、以下の２つが特に有名である。

◆**白糸の滝＜静岡県富士宮市＞**…富士山の山麓にある。富士箱根伊豆国立公園。

◆**白糸の滝＜長野県軽井沢町＞**…避暑地・別荘地として有名な軽井沢にある。上信越高原国立公園。

■ 伊豆半島 ★

　駿河湾と相模灘を隔てる半島。フィリピン海プレートの端にあって、太平洋にあった火山島が約60万年前、本州に衝突してできた。

　自然の宝庫であり、海岸線と天城山などが富士箱根伊豆国立公園に指定されている。**最南端は石廊崎**。2018年に**伊豆半島ジオパーク**は世界ジオパークとして認定された。

◎伊豆半島北東部（熱海市と伊東市）

地域・資源	概要
熱海温泉（熱海市）★	長い歴史を持つ温泉で、徳川家康も湯治で滞在した記録がある。明治以降も文人墨客が多く訪れ、尾崎紅葉の「**金色夜叉**」の舞台となり、日本を代表する歓楽温泉として栄華を誇った。一時衰退していたが近年は盛り返しつつある。相模湾を見晴らす高台に尾形光琳の「紅白梅図」などを所蔵する **MOA 美術館** がある。
伊東温泉（伊東市）	熱海と同じく長い歴史を持ち、湯治場として栄えた。明治以降は、幸田露伴、川端康成などの多くの文人も伊東を訪れた。伊東市内は、溶岩が固まった断崖絶壁が美しい**城ヶ崎海岸**、お椀を伏せたような形の**大室山**などの景勝地があり、伊東温泉はこれらへの観光拠点となっている。

城ヶ崎海岸

◎伊豆半島北西部

地域・資源	内容
修善寺温泉（伊豆市）★	「伊豆の小京都」と呼ばれ、伊豆半島の温泉で最も歴史がある。温泉街の中心に修善寺川が流れ、河岸には温泉宿や飲食店が建ち並ぶ。「**竹林の小径**」、空海が開いたと伝えられる**修禅寺**（真ん中の「禅」の字が温泉名と異なることに注意）などがある。**独鈷の湯**は温泉のシンボル的存在で、無料で足湯を楽しめる。
三島市	東海道の箱根越えの要衝をなす宿場町として栄えた。伊豆国一の宮の**三嶋大社**がある。三島市周辺は富士山を源とする湧水に恵まれており、隣町の柿田川湧水（清水町）は特に有名。また、2015年に完成した三島大吊橋（**三島スカイウォーク**）は、長さ400mと歩行者専用吊橋としては日本一長く、空中70mから富士山を眺められる。
韮山反射炉（伊豆の国市）	韮山反射炉は、1853年の黒船来航を受けて、江戸幕府直営の反射炉として築造が決定された。韮山代官で品川台場の建設にもあたった**江川英龍**（ひでたつ）が建設にあたった。世界文化遺産「明治日本の産業革命遺産群」の構成資産。

修善寺温泉（独鈷の湯）

三島スカイウォーク

韮山反射炉

◎伊豆半島中部（天城峠、河津町周辺）

地域・資源	概要
天城峠（伊豆市、河津町）	三島と下田を結ぶ街道は下田街道という。天城山を越えるのは一番の難所であり、川端康成の「**伊豆の踊子**」でも取り上げられた。現在は新しい天城トンネルと河津七滝ループ橋ができている。旧トンネルを含む旧街道は、「**踊子歩道**」と呼ばれる遊歩道として整備されており、日本の滝百選の**浄蓮の滝**などを見学できる。
河津七滝（かわづななだる）（河津町）	河津川にかかる7つの滝の総称。天城峠を挟んで北側にある**湯ヶ島温泉**（伊豆市）とともに、**川端康成の「伊豆の踊子」**の舞台。
河津桜（かわづざくら）（河津町）	1月下旬から2月にかけて開花する早咲き桜で、桃色が濃く、花期が1か月と長い。河津駅近くの河口から河津川に沿って「河津桜並木」が約3km続いており、毎年この時期になると大勢の観光客で賑わう。
熱川温泉・稲取温泉（東伊豆町）	ともに河津町の北東にある。熱川温泉はバナナワニ園で有名。

天城峠（踊子歩道）　　　　　　　　　河津七滝

◎**伊豆半島南部（下田市と周辺）**

　下田は、江戸時代には江戸・大坂間の風待ち湊として栄えた。1854年、日米和親条約が締結されると箱館とともに開港し、アメリカ領事としてタウンゼント・ハリスが下田に赴任した。この出来事を記念し、**黒船祭**が毎年5月に行われている。

　下田港は**金目鯛**の水揚げが日本一。

地域・資源	内容
下田温泉	下田には温泉が点在しており、総称して下田温泉という。**蓮台寺温泉**には行基開湯の伝説が残る。
爪木崎	須崎半島の先端にあり、野水仙の群落地があり、年末から2月上旬まで**水仙まつり**が行われる。

ペリーロード	ペリーが300人の部下を引き連れて行進した場所にあるペリー上陸記念公園から、了仙寺にいたるまでの道のり。なまこ壁や石造りの民家などがあり、風情ある佇まいを見せる。
了仙寺	日米修好条約を結んだ後、**ペリー**が来航し、彼らの応対をしていた場所。日米修好条約の付属協定である**下田条約**は了仙寺で結ばれた。
玉泉寺	日本最初の米国総領事となった**ハリス**が2年10か月滞在し、幕府と日米修好通商条約の交渉に当った。
石廊崎（南伊豆町）	伊豆半島最南端にある岬。荒々しい海岸の景色が広がり、一体は観光地になっている。

解説 世界農業遺産「静岡水わさびの伝統栽培」

静岡県は豊富な湧水に恵まれることから、わさび産出額が全国の約6割を占める。約400年前に静岡市葵区の山間部で始まったわさび栽培は18世紀に伊豆地域へ栽培法が伝わり、「畳石式」と呼ばれる栽培方式が開発された。その後「畳石式」による栽培法が伊豆地域、静岡地域へ広まり、やがて日本各地に普及していった。「静岡水わさびの伝統栽培」は2018年に世界農業遺産に登録された。認定されたワサビ栽培地域は以下のとおり。

◆伊豆地域：伊豆市、下田市、東伊豆町、河津町、松崎町、西伊豆町
◆静岡地域：静岡市

1 北海道
2 東北地方
3 関東地方
4 中部地方
5 近畿地方
6 中国・四国地方
7 九州・沖縄地方

■ 静岡県西部（浜松市と周辺）

　浜松市は、静岡県西部の中心都市であり、天竜川と浜名湖の間にある。静岡県最大の人口（約80万人）と面積を誇る政令指定都市である。

　戦国時代に**徳川家康**が**浜松城**を築城し、江戸時代には宿場町として栄えた。

地域・資源	概要
浜松市の産業と特産物など	浜松市は工業都市であり、**繊維、楽器、自動車・オートバイ工業**が盛んである。スズキ、ヤマハ、カワイ楽器が本社を構え、ホンダもこの地で創業した。また、**三ヶ日みかん**や**浜松ゆかた**の産地、そして近年は栃木県宇都宮市と並ぶギョウザの街としても知られる。**浜松まつり**（5月3日〜5日）では凧揚げ合戦が行われる。
浜名湖★	**汽水湖**（海水の影響により多少塩分を含む湖沼）であり、南側は遠州灘に通じている。ウナギ、ノリ、カキ、スッポンなどの養殖が盛ん。特に**養殖ウナギ**は有名。ウインドサーフィンなどマリンスポーツ、サイクリングや遊園地などレジャー施設も多く、**舘山寺温泉**や**弁天島温泉**などの温泉地もある。
御前崎（御前崎市）	駿河湾と遠州灘を分ける岬。明治時代の灯台が残るほか、アカウミガメの産卵地としても知られる。
牧之原台地（掛川市、牧之原市ほか）	明治時代に茶の栽培が開始され、現在では全国有数の茶所として知られる。**牧之原**とさらにその西の**磐田原**、**三方原**は日本一の**茶の栽培地**である。

浜名湖

牧之原台地

解説　世界農業遺産「静岡の茶草場農法」

　2013年に**世界農業遺産**に認定された「茶草場（ちゃぐさば）農法」とは、茶園の畝間にススキやササを主とする刈敷きを行う伝統的農法のことで、茶畑の周囲には、茶園に敷く草を刈り取る「茶草場（ちゃぐさば）」が点在している。この茶草場により生物多様性が保全され、300種類以上の草花が確認されている。

　世界農業遺産に認定された地域は、牧之原市、掛川市、菊川市、島田市、川根本町に点在している。

 豆知識　静岡県が日本有数の茶所に発展した理由

　15代将軍・徳川慶喜が大政奉還により駿府に隠居した際、慶喜の身辺警護を勤める「精鋭隊」に属する武士たちも駿府に移り住んだ。

　しかし、新政府の政策によって武士の身分と俸禄（給料）が廃止されため、彼らに新たな生業を与えるため、米作に向かない不毛の土地であった牧之原に彼らを入植させ、茶畑を開墾させた。

　牧之原は標高40～200mで、水はけがよい赤土で弱酸性であり、気候が温暖で霜が降りることも少なく、茶の育成に向いていたため、この武士の失業対策は成功をおさめ、静岡県は全国有数の茶所へと発展した。

■ 静岡県の産業と特産物

農業

- **茶＜全県、特に牧之原台地と周辺＞**…静岡県は茶生産量が日本一。掛川の「深蒸し茶」などが有名。
- **みかん＜全県＞**…みかんの収穫量は全国で第3位（2018年）。
- **わさび＜静岡市、伊豆地域など＞**
- **石垣いちご＜静岡市久能山＞**

食文化

- **桜エビのかき揚げ＜駿河湾沿岸＞**…桜エビは駿河湾の特産品で、春と秋の漁期にはかき揚げなどの料理を楽しむことができる。
- **ウナギのかば焼き＜静岡県東部、特に浜名湖周辺＞**…浜名湖はウナギ養殖で有名であり、周囲にウナギ料理店が多い。
- **富士宮やきそば＜富士宮市＞**…B級グルメとして全国的に有名。
- **安倍川もち＜静岡市＞**…徳川家康が命名したという伝説がある、静岡県を代表する銘菓。

テーマで整理！ 日本三大茶

◆**静岡茶＜静岡県＞**…全国の茶畑の約4割を占め、最大の生産量を誇る。
◆**宇治茶＜京都府＞**…国内最古の歴史を持ち、高級品として知られる。
◆**狭山茶＜埼玉県＞**…ほかの産地より冷涼であるため、独特の風味を持つ。
※狭山茶に代わって「鹿児島茶」が入る場合もある。

1 北海道
2 東北地方
3 関東地方
4 中部地方
5 近畿地方
6 中国・四国地方
7 九州・沖縄地方

⑨ 愛知県

■ 愛知県西部
◎名古屋市 ★★

名古屋市は人口約200万人を超え、東京、横浜、大阪に次ぐ日本で4番目に大きな都市。首都圏・近畿圏とともに三大都市圏の一つとされる中京圏の中枢都市となっている。

地域・資源	概要
名古屋城 ★★	徳川家康が築城し1612年に完成し、御三家の一つでもある**尾張徳川家**17代の居城となった。天守閣などの建物は戦後再建されたが、石垣は建設当時のものであり、特に加藤清正が築いた**天守台石垣**は見ごたえがある。近年は本丸御殿が復元され、また城下町を模した飲食店街「金シャチ横丁」が整備されるなど、見どころが増えている。
名古屋城本丸御殿	名古屋城の本丸御殿は、京都二条城の二の丸御殿とともに武家風書院造の双璧とされてきたが、空襲で焼失した。しかし、2009年から2018年まで10年をかけて史料に忠実に復元され、見学できるようになった。
徳川美術館 ★	名古屋城から離れた東方、尾張別邸であった**徳川園**の中にある美術館。所蔵品は尾張徳川家伝来の大名道具や名古屋の豪商らからの寄贈品など。国宝「**源氏物語絵巻**」や、3代将軍家光の長女千代姫が、数え年3歳で尾張徳川家に嫁入りしたときの婚礼調度「**初音の調度**」などの所蔵品で知られる。

1 北海道
2 東北地方
3 関東地方
4 中部地方
5 近畿地方
6 中国・四国地方
7 九州・沖縄地方

熱田神宮 ★	三種の神器の一つである**草薙剣**(くさなぎのつるぎ)を御神体とする。古来より朝廷と武家の両方から深く信仰されており、伊勢神宮に次ぐ大宮として知られている。6月の**熱田まつり**は、豪華な「献灯まきわら」と花火が有名。
大須商店街	名古屋市の代表的な商店街。大須観音の門前町として発展し、一時は衰退していたが、現在は活気ある商店街として再生し、買い物客や観光客で賑わっている。
柳橋中央市場	名古屋駅から徒歩10分の市場。主に鮮魚を扱い、販売だけでなく飲食店も多くある。
トヨタ産業技術記念館	トヨタグループ発祥の地である豊田自動織機製作所の大正時代の産業遺産を保存しつつ活用するために、トヨタグループ17社により設立された博物館。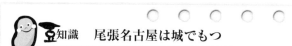トヨタ産業技術記念館・旧工場 「**繊維機械館**」は自動織機の発明に一生を捧げた**豊田**(とよだ)**佐吉**の業績と、過去から現在までの繊維機械まで見ることができる。「**自動車館**」ではトヨタ自動車工業を創業した**豊田喜一郎**の足跡と自動車の技術の変遷を知ることができる。
名古屋市のその他博物館・テーマパーク	大都市であり、産業集積地、観光地でもある名古屋市には、多彩な博物館やテーマパークがある。 ◆**ノリタケの森**…陶磁器の生産で有名なノリタケカンパニーリミテドが、かつての工場跡地を活用して開設したミュージアム。 ◆**リニア・鉄道館**…JR東海が開設したリニアモーターカーと鉄道に関する博物館。 ◆**レゴランド・ジャパン**…レゴブロックのテーマパーク。

🫘知識　尾張名古屋は城でもつ

　名古屋城は、伊勢音頭に「伊勢は津でもつ、津は伊勢でもつ、尾張名古屋は城でもつ」とうたわれるほど古くから有名であり、姫路城、熊本城とともに**日本三名城**に数えられる。

　名古屋城のシンボルといえば、天守閣の屋根に乗る「金鯱(金のシャチホコ)」であり、名古屋城の別名である「金鯱城(きんしゃちじょう)」や「金城」の由来となっている。

　現在の金のシャチホコは、1959年の天守閣再建とともに復元されたもので、高さ2.6m。オス(北)とメス(南)がある。なお、シャチホコは、体は魚、頭は虎の架空の動物のことをいう。

◎犬山市と瀬戸市

いずれも名古屋市の郊外にある。

地域・資源	概要
犬山城（犬山市）⭐	「現存天守12城」の一つで、さらに国宝五城のうちの一つ。木曽川沿いの丘上にある平山城で、「白帝城」とも呼ばれる。隣接する日本庭園「有楽苑」にある国宝茶室**如庵**（じょあん）も有名。
博物館明治村（犬山市）⭐	明治時代の建造物等を移築して保存・公開する野外博物館。帝国ホテル中央玄関はアメリカ人建築家のフランク・ロイド・ライトの設計で、大谷石を使用した独特の建築物。
日本モンキーセンター（犬山市）	サル専門の動物園であり、生きた霊長類の展示施設としては世界最大の規模を誇る。南側に京都大学霊長類研究所が隣接している。
瀬戸市	日本有数の陶磁器である瀬戸焼の生産地として知られる。「瀬戸物」という名称はこの地に由来する。愛知県陶磁美術館、窯元やギャラリーめぐりを楽しめる「窯垣の小径」などがある。**六古窯**の一つ。

犬山城

博物館明治村（帝国ホテル中央玄関）

テーマで整理！ 日本六古窯

日本六古窯（にほんろっこよう）とは、現代の陶磁器研究家の小山富士夫氏が、中世から現在まで生産が続く代表的な6つの窯を選んだもの。

◆瀬戸焼＜愛知県瀬戸市＞
◆常滑焼＜愛知県常滑市＞
◆越前焼＜福井県越前町＞
◆信楽焼＜滋賀県甲賀市＞
◆丹波立杭焼＜兵庫県丹波篠山市＞
◆備前焼＜岡山県備前市＞

これらは、日本遺産「きっと恋する六古窯」として認定されている。

豆知識　「国府宮はだか祭り」と著名な裸祭り

「国府宮はだか祭り」は、名古屋市郊外にある稲沢市の尾張大国霊（おおくにたま）神社で行われる伝統神事。災厄を一身に引き受けるとされる「神男（しんおとこ）」に触れて厄を落とそうと、真冬の寒い中で、ふんどし姿の男らが激しくもみ合う。

このような「裸祭り」は、祭りの参加者（氏子）が清浄な姿で神との交渉を行う神聖な祭事とされ、ほかに**西大寺会陽（岡山県岡山市）、筥崎宮の玉せせり（福岡県福岡市）**なども有名である。

■ 愛知県東部
◎豊田市と岡崎市

ともに名古屋市の東方にある。

地域・資源	概要
豊田（とよた）市 ★	**トヨタ自動車**が本社を置く企業城下町として全国的に有名であり、愛知県下で人口が名古屋市に次いで2位。企業博物館の**トヨタ会館**があり、工場見学（事前予約制）もある。
香嵐渓（豊田市）	矢作川支流の巴川がつくる渓谷で、東海一の紅葉の名所といわれる。近くに塩の道の宿場町として栄えた**足助**（あすけ）がある。
岡崎市	**徳川家康**の生誕地であり、岡崎城が復元されている。また、**八丁味噌**の産地としても有名。八丁味噌は米麹や麦麹を用いず大豆のみから作られる豆味噌の一種であり、赤褐色の辛口味噌。

香嵐渓

◎知多半島と三河湾

地域・資源	概要
知多半島	愛知県南部に並ぶ2つの半島のうち西側。先端は羽豆岬（はずみさき）。
常滑（とこなめ）市	日本六古窯の一つに数えられ、**招き猫**の生産で有名な**常滑焼**の産地。登り窯やレンガ煙突がある**やきもの散歩道**などの見どころがある。同市の伊勢湾の海上の人工島には**中部国際空港（セントレア）**がある。
半田市	酢・醤油・味噌などの生産が盛んな**醸造の町**で、立派な蔵が立ち並ぶ。
三河湾の島	三河湾に浮かぶ日間賀島や篠島は漁業が盛んであり、タコとフグが有名である。

常滑市の「やきもの散歩道」

◎豊川流域と渥美半島

地域・資源	内容
豊川稲荷（豊川市）	正式名称は**妙厳寺**（みょうごんじ）であるが、「豊川稲荷」が通称として広まっている。織田信長など戦国武将の崇敬を受け、稲荷信仰の流行とともに発展した。東京都港区赤坂に別院がある。
鳳来寺（新城市）	鳳来寺山の山頂にある古刹。長い石段と、徳川家光によって建てられた鳳来山東照宮などが有名。
渥美半島	愛知県南部に並ぶ2つの半島のうち東側。先端は**伊良湖岬**（島崎藤村の「椰子の実」の歌碑がある）。電照菊やメロン栽培など施設園芸農業が盛んで、日本有数の出荷額を誇る。

豊川稲荷

■ 愛知県の産業と特産物

工業

> ・愛知県は自動車産業などの工業が集積し、**都道府県別の工業生産額が日本一**。
> ・トヨタ自動車の本社がある**豊田市**は、**市町村別の工業製品出荷額が日本一**。
> ・**一宮市**を中心とする尾州（旧尾張国）は、**毛織物**の産地として世界的に有名。

食文化

> ・**ひつまぶし＜名古屋市＞**…蒲焼にしたウナギの身を切り分けた上で、お櫃などに入れたご飯に載せた料理。
> ・**味噌煮込みうどん＜全県＞**…八丁味噌仕立ての汁でうどんを煮込んだ麺料理。
> ・**名古屋めし**…名古屋市で広く食べられている名物料理の総称。**ひつまぶし、味噌煮込みうどん、味噌カツ、手羽先から揚げ、天むす、台湾ラーメン**などがある。
> ・**ういろう**…名古屋銘菓として有名。

 豆知識　世界三大毛織物産地

　愛知県の一宮市、稲沢市、津島市、江南市とその周辺にあたる「尾州（旧尾張国）」は、日本最大の毛織物産地であり、国内シェアの約8割を占める。

　また「尾州」は、イタリアのビエラ、イギリスのハダースフィールドとともに、世界三大毛織物産地と称されるほど、世界的に知名度が高い。

1 北海道

2 東北地方

3 関東地方

4 中部地方

5 近畿地方

6 中国・四国地方

7 九州・沖縄地方

1 佐渡島にあって、漁業で使われてきた「たらい舟」の乗船体験で有名な観光地
はどれか。
①九十九湾　②尖閣湾　③小木湾　④駿河湾

2 新潟県の伝統工芸品であり、独特の「しぼ」が持ち味の麻織物はどれか。
①久留米絣　②大島紬　③黄八丈　④小千谷縮

3 立山黒部アルペンルートを富山県側から長野県側に向けて通過した際の、正
しい観光資源の順序はどれか。
①弥陀ヶ原−室堂−黒部ダム−関電トンネル
②黒部ダム−関電トンネル−室堂−弥陀ヶ原
③関電トンネル−黒部ダム−弥陀ヶ原−室堂
④室堂−弥陀ヶ原−関電トンネル−黒部ダム

4 毎年9月1日から3日にかけて行われる「おわら風の盆」と、風情ある古い街並
みで知られる街はどれか。
①八尾　②岩瀬　③高岡　④井波

5 「金沢の台所」といわれ、市民と観光客で賑わう市場はどれか。
①黒門市場　②和商市場　③近江町市場　④唐戸市場

6 毎年7月から10月にかけて能登半島全域の祭りで担がれる、神輿のような担
ぎ棒の付いた巨大な灯籠（御神灯）を何というか。
①竿燈　②キリコ　③山鉾　④山笠

7 福井県にある曹洞宗の大本山で、座禅体験ができる寺院はどれか。
①瑞龍寺　②妙立寺　③總持寺　④永平寺

1 北海道

2 東北地方

3 関東地方

4 中部地方

5 近畿地方

6 中国・四国地方

7 九州・沖縄地方

8 国宝の寺院や古い街並みが残ることから「海の奈良」「若狭の小京都」と呼ばれ、「お水送り」などの行事でも有名な都市はどれか。
①小浜　②敦賀　③舞鶴　④福井

9 甲府市北部の富士川支流にある全長約5kmの渓谷で、いたる所に奇岩が見られる場所はどれか。
①恵那峡　②昇仙峡　③寸又峡　④天竜峡

10 富士五湖の中で最も西に位置する森林に囲まれた静かな湖で、紙幣の裏面の絵のモデルになったことがある湖はどれか。
①精進湖　②本栖湖　③西湖　④山中湖

11 ニホンザルが入浴することで有名な、外国人観光客にも人気がある温泉はどれか。
①下諏訪温泉　②別所温泉　③野沢温泉　④地獄谷温泉

12 北アルプスの上高地のシンボルで、梓川や穂高岳などの眺望が美しい橋はどれか。
①河童橋　②合羽橋　③谷瀬の吊り橋　④猿橋

13 高山城の城下町の商家町にあたる区域で、重要伝統的建造物群保存地区になっている場所はどれか。
①今井町　②主計町　③三町　④長町

14 古くは刀鍛冶で知られ、現在は洋食器、カミソリ替刃、ポケットナイフなどの金属工業で知られる岐阜県の都市はどれか。
①岐阜市　②美濃加茂市　③多治見市　④関市

15 静岡県の最南端にあたり、駿河湾と遠州灘を分けている岬はどれか。
　　①石廊崎　②御前崎　③伊良湖岬　④羽豆岬

16 全国一の茶の産地として知られる、静岡県内の台地はどれか。
　　①牧之原　②関ヶ原　③美ヶ原　④弥陀ヶ原

17 かつての尾張徳川家の別邸であり、「源氏物語絵巻」などを所蔵する徳川美術
　　館がある場所はどれか。
　　①兼六園　②懐古園　③徳川園　④舞鶴城公園

18 日本六古窯の一つに数えられる陶器の産地で、やきもの散歩道などの見どこ
　　ろがあり、中部国際空港があることでも知られる都市はどれか。
　　①多治見市　②瀬戸市　③常滑市　④半田市

19 北陸地方の県名と温泉名の組み合わせとして正しいものはどれか。
　　①富山県　－　山中温泉
　　②福井県　－　芦原温泉
　　③新潟県　－　宇奈月温泉
　　④石川県　－　瀬波温泉

20 世界遺産「白川郷・五箇山の合掌造り集落」のうち五箇山にある集落はどれか。
　　①荻町　②下呂　③菅沼　④金屋町

21 中山道木曽路の特産品として知られるものはどれか。
　　①漆器　②赤べこ　③寄木細工　④曲げわっぱ

中部地方

1 北海道

2 東北地方

3 関東地方

4 中部地方

5 近畿地方

6 中国・四国地方

7 九州・沖縄地方

22 第二次世界大戦中の「命のビザ」の一件で知られる杉浦千畝の記念館がある場所はどれか。
①三国町　②舞鶴市　③敦賀市　④八百津町

23 「伊豆の小京都」とよばれ、独鈷の湯、散策路の「竹林の小径」などで知られる場所はどれか。
①熱海温泉　②修善寺温泉　③伊東温泉　④下田温泉

24 愛知県にあり、三種の神器の一つである草薙剣をご神体とする神社はどれか。
①日吉大社　②香取神宮　③熱田神宮　④住吉大社

正解　1.③　2.④　3.①　4.①　5.③　6.②　7.④　8.①　9.②　10.②　11.④　12.①　13.③
14.④　15.②　16.①　17.③　18.③　19.②　20.③　21.①　22.④　23.②　24.③

5 章

近畿地方

5 近畿地方

主要都市、国立公園、世界遺産

地域	概要
京都府	・県庁所在地の**京都市**は政令指定都市であり、日本有数の観光都市。 ・山陰海岸国立公園、世界文化遺産「**古都京都の文化財**」がある。
滋賀県	・県庁所在地は**大津市**。 ・世界文化遺産「**古都京都の文化財**」（比叡山延暦寺）がある。
三重県	・県庁所在地は**津市**。 ・伊勢志摩国立公園、吉野熊野国立公園、世界文化遺産「**紀伊山地の霊場と参詣道**」がある。
奈良県	・県庁所在地は**奈良市**。 ・吉野熊野国立公園、世界文化遺産「**法隆寺**」「**古都奈良の文化財**」「**紀伊山地の霊場と参詣道**」がある。
和歌山県	・県庁所在地は**和歌山市**。 ・吉野熊野国立公園、瀬戸内海国立公園、世界文化遺産「**紀伊山地の霊場と参詣道**」がある。
大阪府	・県庁所在地の**大阪市**は政令指定都市で近畿地方最大の都市。堺市も政令指定都市。
兵庫県	・県庁所在地の**神戸市**は政令指定都市。 ・瀬戸内海国立公園、山陰海岸国立公園、世界文化遺産「**姫路城**」がある。

地形

◆ **北部（おおむね京都府北部、兵庫県北部、滋賀県北西部）**：一帯は**丹波高地**および**中国山地**にあたり、標高はそれほど高くないが平地は少ない。沿岸部は東寄りにリアス海岸の**若狭湾**、西寄りに**丹後半島（経ヶ岬）**がある。

◆ **中央低地（おおむね三重県北部、滋賀県、京都府南部、奈良県北部、大阪府、兵庫県南部）**：大阪平野、播磨平野、京都盆地、奈良盆地、近江盆地などの平地がある。また、国内最大の湖である**琵琶湖**と、そこから流れ出る淀川がある。南西に瀬戸内海の一部である**大阪湾**と淡路島がある。

◆ **南部（おおむね三重県南部、奈良県南部、和歌山県）**：日本最大の半島である**紀伊半島（潮岬）**にあたり、急峻な山岳が多く平地は少ない。東端に**志摩半島（大王岬）**、西側は四国との間に**紀伊水道**がある。

気象

・**北部（日本海側）**：冬季は降雪が多い。
・**中央低地**：比較的穏やかな気候である。
・**南部（紀伊半島）**：日本有数の多雨地帯として知られる。

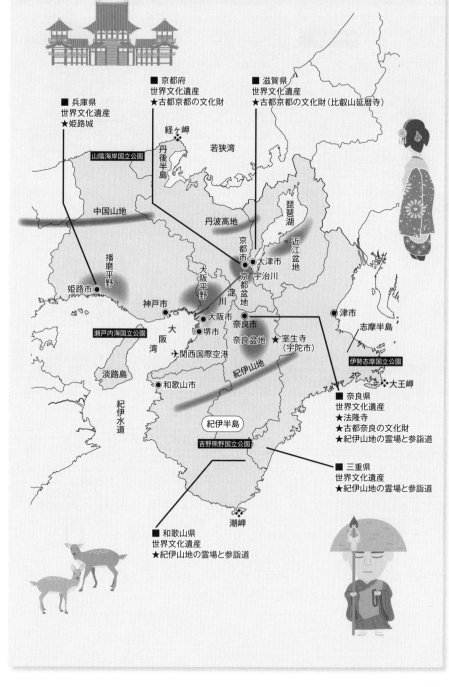

■ 兵庫県
世界文化遺産
★姫路城

■ 京都府
世界文化遺産
★古都京都の文化財

■ 滋賀県
世界文化遺産
★古都京都の文化財（比叡山延暦寺）

経ヶ岬

若狭湾

山陰海岸国立公園

丹後半島

中国山地

丹波高地

琵琶湖

近江盆地

播磨平野

京都市
大津市
宇治川
京都盆地

姫路市

大阪平野

神戸市

津市

志摩半島

大阪市
奈良市
堺市
奈良盆地

淀川

大阪湾

関西国際空港

室生寺
（宇陀市）

伊勢志摩国立公園

瀬戸内海国立公園

淡路島

紀伊山地

大王岬

和歌山市

紀伊水道

紀伊半島

■ 奈良県
世界文化遺産
★法隆寺
★古都奈良の文化財
★紀伊山地の霊場と参詣道

吉野熊野国立公園

■ 三重県
世界文化遺産
★紀伊山地の霊場と参詣道

潮岬

■ 和歌山県
世界文化遺産
★紀伊山地の霊場と参詣道

1 北海道
2 東北地方
3 関東地方
4 中部地方
5 近畿地方
6 中国・四国地方
7 九州・沖縄地方

237

京都府

桂川
京都市
向日市
長岡京市
大山崎町
八幡市
宇治市
宇治川
木津川

京都市

〈洛中〉
　★ 京都駅
　★ 本願寺（西本願寺）
　★ 二条城
　★ 三条大橋
　★ 錦市場

〈洛東〉
　★ 蓮華王院
　　（三十三間堂）
　★ 清水寺
　★ 祇園
　★ 南禅寺
　★ 慈照寺
　　（銀閣寺）

〈洛北〉
　★ 賀茂別雷神社（上鴨神社）
　★ 賀茂御祖神社（下賀茂神社）
　★ 鹿苑寺（金閣寺）
　★ 修学院離宮
　★ 大原

〈洛西〉
　★ 龍安寺
　★ 広隆寺
　★ 天龍寺
　★ 嵐山
　★ 西芳寺
　★ 桂離宮

〈洛南〉
　★ 教王護国寺（東寺）
　★ 東福寺
　★ 伏見稲荷大社
　★ 伏見の酒蔵
　★ 醍醐寺

● 〈京都市南方〉
　★ 平等院
　★ 石清水八幡宮

1 北海道

2 東北地方

3 関東地方

4 中部地方

5 近畿地方

6 中国・四国地方

7 九州・沖縄地方

解説 京都の歴史と京都府南部の地域区分

　794年に桓武天皇が平安京に遷都し、1869年に明治天皇により東京遷都が行われるまで、京都は1000年以上も日本の都であった。

　平城京は条坊制（東西南北の大路を碁盤の目状に組み合わせた左右対称で方形の都市計画）であったが、幾多の統治者の変遷や動乱を経て、現在では複雑な構造となっている。

　本書では地図などでの確認のしやすさを重視し、京都市の行政区分をもとに以下のような区分を行った。

◆**洛中**（京都市上京区・中京区・下京区）
◆**洛東**（京都市東山区・左京区南部）
◆**洛北**（京都市北区・左京区北部）
◆**洛西**（京都市右京区・西京区）
◆**洛南**（京都市南区・伏見区・山科区）
◆**京都市南方**（宇治市、八幡市、長岡京市、大山崎町）

■ 洛中（京都市上京区・中京区・下京区）

　豊臣秀吉は、16世紀末に、京都の中心地の周りに**御土居**をめぐらせた。その内側を**洛中**といい、外側を**洛外**といった。北は**北大路通り**、南は**九条通り**、西は**西大路通り**、東は**鴨川**で囲まれたところで、ほぼ現在の上京区、中京区、下京区の範囲にあたる。

◎京都駅と周辺（下京区）

地域・資源	内容
本願寺（西本願寺）	**浄土真宗本願寺派**の本山で、江戸時代初期にはほぼ現在に近い姿に整えられた。その後、1657年に**黒書院**、17世紀末に南能舞台、1760年に本堂が再建され、近世を代表する建物や庭園が多く残されている。**飛雲閣**は秀吉の造った**聚楽第**（じゅらくだい）の遺構と伝えられる3重の楼閣建築。
東本願寺	**真宗大谷派**の本山。1602年に本願寺が二分された際に現在地に建立された。建築物の大半は幕末の動乱で焼失し、その後建築技術の粋を尽くして再建された。
京都駅ビル	現代建築として人気がある。設計者は原広司（ほかに大阪市の梅田スカイビルなどを設計）。

梅小路公園	京都駅の西方にある公園。**京都水族館**、平安建都1200年を記念した日本庭園「朱雀の庭」などがある。また、隣接地にはSLの展示で有名な**京都鉄道博物館**がある。
島原	京都の六花街の一つ。かつて置屋（料亭・饗宴施設）であった**角屋**（すみや）と、島原で唯一営業を続けている置屋（芸者を抱える家）の**輪違屋**（わちがいや）がある。

西本願寺飛雲閣

島原の輪違屋

◎二条城と周辺（中京区）

地域・資源	概要
二条城 ★★★	**徳川家康**が1603年に京の宿館として建設した平城で、以降は徳川幕府の京都における拠点となった。幕末の1867年には15代将軍慶喜がここで大政奉還を行った。旧桂宮御殿を移した本丸（重要文化財）と豪壮な二之丸御殿（国宝）からなる。二之丸御殿の絢爛豪華な建築と障壁画は目を見はる。
京都国際マンガミュージアム	2006年に開館した日本初の総合的な漫画ミュージアムであり、日本最大の漫画博物館。

二条城二之丸御殿

京都府

1 北海道

2 東北地方

3 関東地方

4 中部地方

5 近畿地方

6 中国・四国地方

7 九州・沖縄地方

◎四条河原町・三条大橋周辺（中京区）

河原町通りのうち三条から四条までの間は、京都市最大の繁華街となっている。その西に錦市場と新京極がある。

地域・資源	概要
錦市場 ★★	平安時代に起源を持ち、四条通の北側に東西に延びる、食品販売中心の商店街。「京の台所」と呼ばれ、生鮮食品から加工食品までを商う多彩な老舗・専門店が集まる。
新京極	河原町通りの西側に南北に延びる繁華街。修学旅行の学生など観光客向けの店舗が多い。
三条大橋	かつての**東海道五十三次**の終点であり、かつ**高瀬川（角倉了以が開削）**の船着場に隣接していたため、旅籠・問屋・両替商等が立地し、明治以降もビジネスの中心として発展した。
先斗（ぽんと）町	京都の六花街の一つ。現在は飲食街として栄えており、夏になると鴨川に床（ゆか）が出る。

三条大橋

歌川広重「三条大橋」

◎京都御所と周辺（上京区）

地域・資源	内容
京都御所	1331年から1869年までの間、歴代天皇が居住し儀式・公務を執り行った場所。築地塀で囲まれた東西250m、南北450mの中に檜皮葺の御殿が並ぶ。
紫宸殿	京都御所の南寄りに立つ正殿で、かつて宮中の重要な儀式が行われた。現在の建物は江戸時代の再建であるが、平安時代の寝殿造を基調としている。
京都御苑	京都御所を取り巻く外苑のことで、東西700m、南北1300mの巨大な公園になっている。かつて大小200もの公家屋敷が並んでいたが、明治維新で東京に移住してしまった。
相国寺	室町幕府全盛期の3代将軍・足利義満は、御所のすぐ北西に「花の御所」を構え、その東隣（御所の北側）に相国寺を建立した。相国寺は京都五山第2位の格式を誇った。

京都御所紫宸殿

◎北野天満宮と西陣周辺

地域・資源	概要
北野天満宮	菅原道真を祭神とし、学問の神様として信仰を集める神社で、全国に約1万2000あるといわれる天満宮の総本社。約1500本の梅が茂る**梅園**がある。毎月25日に「**天神さん**」の縁日がある。
西陣	応仁の乱のときに西軍（山名宗全側）が本陣を置いたことにちなむ京都の地名。高級絹織物の**西陣織**の発祥の地であり、織物産業が集中する地域。**西陣織会館**では多彩な展示や「きものショー」が楽しめる。
上七軒	京都の六花街の一つ。かつては西陣織の旦那衆が訪れたことで繁栄した。3月末に上七軒歌舞練場で「北野をどり」が上演される。

北野天満宮拝殿

1 北海道

2 東北地方

3 関東地方

4 中部地方

5 近畿地方

6 中国・四国地方

7 九州・沖縄地方

豆知識　豊臣秀吉が築いた「御土居」の痕跡

　16世紀に天下を統一した**豊臣秀吉**は、戦乱で荒廃した京都を立て直すため、外敵の来襲に備える防塁と、鴨川の氾濫から市街を守る堤防として、**御土居**（おどい）といわれる城壁を造った。

　御土居の範囲内に、室町時代以来御所があった上京、町人が市街地を形成していた中京、そして戦国時代に発展してきた下京を含めて、これらを**洛中**、御土居の外を**洛外**とした。

　御土居の大半は都市開発によって破壊されたが、北野天満宮境内などで保存されている場所がある。

■ 洛東（京都市東山区・左京区南部）
◎蓮華王院（三十三間堂）と周辺

地域・資源	概要
蓮華王院（三十三間堂）★★	平清盛が後白河法皇のために建てた。国宝の本堂と1001体もの千手観音像で有名。 三十三間堂
京都国立博物館 ★	平安〜江戸時代の京都の文化を中心とした文化財を展示する。多数の国宝・重要文化財がある。
方広寺と豊国神社	方広寺は、かつて豊臣秀吉が造営した大仏があり、また、大坂の陣のきっかけとなった鐘がある。その隣に、死後の秀吉を祭神とする豊国神社が建立された。

◎清水寺と周辺

地域・資源	内容
清水寺 ★★★	778年に**音羽の滝**上に観音を祀ったことに始まり、平安時代初期に**坂上田村麻呂**が仏殿を建立し桓武天皇の勅願寺になったと伝えられている。国宝の本堂は1633年に再建された**懸造り**の建物で、「**清水の舞台**」として有名。

三年坂（産寧坂（さんねいざか））	清水寺から下る石段で土産物屋が並ぶ。三年坂で転ぶと3年後に死ぬという言い伝えがあり、お守りの瓢箪を売る店がある。北に向かうと**二年坂**に繋がり、高台寺や八坂神社方面と往来できる。
高台寺	清水寺の北側にある落ち着いた雰囲気の寺院。豊臣秀吉の正室である高台院が、秀吉の冥福を祈るため建立した。

清水寺

◎八坂神社、知恩院と周辺

地域・資源	概要
八坂神社	古くから地元の氏神としての信仰を集め、地元では**「祇園さん」**の名で親しまれている。例祭として毎年7月に行われる**祇園祭**が有名。
祇園（祇園甲部）★★★	京都の六花街の中で最大の規模であり、単に祇園というとここを指す。江戸時代初期以来、八坂神社の門前町として栄えており、メインストリートである**「花見小路」**は今も多くの観光客で賑わう。毎年4月1日 ～ 30日にかけて、京都の祇園甲部歌舞練場で**都をどり**が開催される。
祇園東・宮川町	ともに京都の六花街に数えられ、祇園の近くにある。
建仁寺	祇園の南側にある臨済宗の寺院。京都最古の禅寺であり、京都五山の第3位に列せられる。俵屋宗達の「風神雷神図」などの多数の文化財、桃山時代の庭園などで有名。
四条大橋	橋の西側は四条河原町、東側は祇園と、京都を代表する二大繁華街を結ぶ橋。交差点北西角には**出雲阿国の像**、南東角に歌舞伎の殿堂である**南座**がある。
知恩院★	法然が開いた**浄土宗の総本山**。江戸時代初期に徳川家康・秀忠・家光3代の庇護を受け、現代の壮大な伽藍が形成された。**三門**（山門）は現存する日本の寺院の三門の中で最大の二階二重門である。

左) 祇園（祇園甲部の花見小路）
右) 知恩院三門

解説 京都三大祭①：京都祇園祭

平安時代の9世紀に疫病・災厄の除去を祈った祇園御霊会を始まりとする、京都の**八坂神社**の祭礼。京都の夏の風物詩で、**7月1日から1か月間**にわたって行われ、**「山鉾巡行」**（7月17日と24日）と前日の**「宵山」**がハイライト。

山や鉾はさまざまな美術・工芸品で装飾されており、**「動く美術館」**ともたとえられる。順番は毎年くじで決めるが、**長刀鉾**（なぎなたぼこ）は毎年先頭になることが慣例になっており、人形ではなく本物の**稚児**（ちご）が鉾に乗る。山や鉾が交差点で方向転換をする**「辻回し（つじまわし）」**は、巡行の中でも一番の見せ場になっている。

テーマで整理！ 京都の六花街

京都には6つの花街があり、これらを総称して京都の六花街と呼ぶ。また、島原以外の京都花街組合連合会に加盟する5地区を総称して五花街と呼ぶこともある。

- ◆**島原** ＜洛中＞…京都駅の北西
- ◆**上七軒** ＜洛中＞…北野天満宮の近く
- ◆**先斗町** ＜洛中＞…鴨川の西岸
- ◆**祇園甲部**＜洛東＞…八坂神社の門前
- ◆**祇園東** ＜洛東＞…八坂神社の門前
- ◆**宮川町** ＜洛東＞…鴨川の東岸

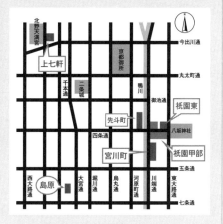

◎南禅寺

地域・資源	概要
南禅寺 ★	臨済宗南禅寺派の大本山で、室町時代には**京都五山の最高位（別格）**とされた。応仁の乱で焼失した伽藍を、徳川家康の相談役であった金地院崇伝が復興した。 ◆**大方丈前庭**…小堀遠州作と伝えられ、「虎の子渡し」と呼ばれる庭園。江戸初期の代表的な枯山水庭園として知られる。 ◆**三門**…江戸時代初期に建てられた高さ22mの二重門。歌舞伎では**石川五右衛門**が「絶景かな」と見栄を切る場面がある。

1 北海道
2 東北地方
3 関東地方
4 中部地方
5 近畿地方
6 中国・四国地方
7 九州・沖縄地方

金地院	南禅寺の塔頭の一つで、崇伝が住したことで知られる。小堀遠州作の「鶴亀の庭」、狩野探幽や長谷川等伯の名画、家康を祀る東照宮が有名。
水路閣	南禅寺の境内を通過するレンガ積み水路で、琵琶湖疏水の一部（疏水については以下を参照）。

南禅寺方丈庭園

水路閣

◎平安神宮、琵琶湖疏水と周辺

地域・資源	内容
平安神宮	平安遷都1100年を記念して1895年に創建された神社。平安京に遷都した**桓武天皇**と事実上の平安京最後の天皇である**孝明天皇**を祀る。社殿は平安京正庁の朝堂院を8分の5の規模で再現したもの。10月に**時代祭**が行われる。
琵琶湖疏水記念館	蹴上にある琵琶湖疏水の記念館。この疏水は、琵琶湖の水を京都まで引く全長約20kmの水路で、1890年に完成した。この事業は、幕末の動乱と東京遷都で衰退していた京都の再興をはかる一大事業であった。
インクライン（傾斜鉄道）	インクラインは、急勾配の斜面にレールを渡して船を載せた台車を行き来させ、高低差のある疏水を結んだ軌道で、全長は581.8mあった。蹴上広場には疏水の設計者で工事を指揮した田辺朔郎博士の像が立つ。
びわ湖疏水船	2018年から、疏水を運行する観光船が京都市蹴上～大津市間で運航している。
哲学の道	南禅寺の北の若王子橋から**慈照寺（銀閣寺）**まで琵琶湖疏水の分流に沿って伸びる約2kmの散策路。哲学者の西田幾多郎が思索にふけりながら散策したことからこの名がある。
禅林寺（永観堂）⭐	京都屈指の紅葉の名所として知られる浄土宗の寺院。
如意ヶ嶽（大文字山）	8月16日の「**五山の送り火**」において、「大」の文字が灯されることで有名な山。蹴上や銀閣寺などから登ることができる。

平安神宮

インクライン

1 北海道

2 東北地方

3 関東地方

4 中部地方

5 近畿地方

6 中国・四国地方

7 九州・沖縄地方

解説　京都三大祭②：時代祭 ★

　毎年10月に行われる平安神宮の祭礼。祭神である桓武天皇と孝明天皇が京都市内を巡行し、平安京1200年の歴史の各場面で歴代の天皇に仕えた人々が、明治維新、江戸、安土桃山、室町、吉野、鎌倉、藤原、延暦の8つの時代の衣装をまとって行列する。

解説　五山の送り火

　8月16日、夏の夜空をいろどる京都五山の送り火は、祇園祭とともに京都の夏を代表する風物詩の一つである。お精霊（しょらい）さんと呼ばれる死者の霊をあの世へ送り届ける盂蘭盆会の行事とされる。京都三大祭に五山の送り火を加えて「京都四大行事」と呼ぶこともある。

◎慈照寺（銀閣寺）と周辺

地域・資源	概要
慈照寺（銀閣寺）★★	足利義政が応仁の乱を避けて東山山荘を営んだところ。相国寺の境外塔頭とされる。**銀閣**は義政が東山山荘に**観音殿**として建てた2層の楼閣で**1階が書院造、2階が禅宗様（唐様）**。
東求堂同仁斎（とうぐどうどうじんさい）	東求堂は慈照寺にある持仏堂。同仁斎は東求堂の東北隅にある4畳半の部屋で、足利義政の書斎であり、茶室にも使用された。同仁斎は**書院造**の典型例で、形式が整った最古のものである。
銀沙灘（ぎんしゃだん）	方丈（本堂）の南面に広がる白砂を檀状にして砂盛りしたもの。その上面には美しい直線状の模様の筋が、幾重にも描かれている。灘（だん）とは、大海原を意味する。

向月台（こうげつだい）	銀沙灘の西南に接する高さ180cmの円錐の白色の盛砂。月を鑑賞するためだけでなく、太陽や月の光の反射を、本堂や銀閣の部屋内に採光する役目を果たしている。

東求堂

■ 洛北（京都市北区・左京区北部）
◎上賀茂神社と下鴨神社

地域・資源	概要	
賀茂別雷神社（かもわけいかづちじんじゃ）（上賀茂神社）	7世紀末にはすでに有力な神社として知られ、平安時代以降は国家鎮護の神社として朝廷の崇敬を集めた。また、山城の国一宮として庶民からも信仰された。下鴨神社とともに京都最古の神社であり、5月15日の**葵祭**で名高い。	賀茂別雷神社（上賀茂神社）
賀茂御祖神社（かもみおやじんじゃ）（下鴨神社）	賀茂別雷神社（上賀茂神社）と同じく国家鎮護の神社として朝廷の崇敬を集めてきた。応仁の乱により荒廃したが、1581年に平安時代の状況に再び整えられた。賀茂別雷神社と同様の**流造り**の代表である東西の本殿は、1863年に造り替えられたもの。	賀茂御祖神社（下鴨神社）

解説 京都三大祭③：葵祭 ★

　　毎年5月15日に行われる賀茂別雷神社（上賀茂神社）と賀茂御祖神社（下鴨神社）の祭礼。正式には賀茂祭といい、参列者や社殿、用具に葵（フタバアオイ）を飾ることから、葵祭と呼ばれている。9世紀の平安時代には、国家的行事として行われてきた。

祭の見どころは「路頭の儀」で、勅使をはじめ検非違使や斎王代など、総勢500余名が平安貴族そのままの姿で列をつくり、京都御所を出発し、下鴨神社へ、さらに上賀茂神社へ向かう約8kmにも及ぶ行列をする。

豆知識　**上流の「賀茂」と下流の「鴨」**

　上「賀茂」神社と、下「鴨」神社の「かも」の漢字が使い分けられている理由は、両者を区別するためだといわれている。そして、両神社の近くを流れる河川もこれに応じて名前が変わっており、下鴨神社のすぐ近くにある賀茂大橋を境として、上流（上賀茂神社側）は「賀茂川」、下流は「鴨川」と表記される。

◎鹿苑寺（金閣寺）と大徳寺

地域・資源	概要
鹿苑寺（金閣寺）★★★	**足利義満**が貴族の別荘を譲り受け、1397年に別邸北山殿に造り替えたもので、義満の死後に**夢窓疎石**を開山とする禅宗寺院・鹿苑寺とされたことに始まる。庭園は特別史跡・特別名勝に指定されている。
金閣	鹿苑寺庭園の池に向かって建つ、**三層（上層は唐様・中層は武家造・下層は寝殿造）**の豪華な舎利殿で、上の二層は金箔で彩られている。1950年の火災で焼失したが、1955年に再建された。
大徳寺 ★	洛北の紫野にある臨済宗大徳寺派の総本山。室町時代以降は**一休宗純**をはじめ多くの名僧を輩出し、茶の湯文化とも縁が深く、日本の文化に多大な影響を与え続けてきた。京都の寺院で有数の規模を誇り、22の塔頭を持つ。
大仙院	大徳寺の塔頭の中では最も古い。枯山水の庭園で知られ、龍安寺石庭とともに枯山水の二大庭園とされる。

左）鹿苑寺金閣
右）大仙院の枯山水庭園

◎比叡山麓と鞍馬・貴船

※比叡山延暦寺は滋賀県を参照。

地域・資源	内容
修学院離宮 ☑	比叡山の南西山麓にある、後水尾上皇が17世紀中ごろ造営した広大な離宮。3か所の離宮の間には田畑が広がり、田園風景の中の細い松並木道が各御茶屋を結んでいる。
大原 ☑	比叡山の北西山麓にある静かな山里。門跡寺院（皇族・公家が住職を務める特定の寺院）の**三千院**や、建礼門院（安徳天皇の母、平清盛の娘の徳子）がひっそりと余生を過ごした**寂光院**がある。
鞍馬寺 ☑	山岳信仰の寺院であり、牛若丸（幼少時の源義経）が修業したと伝えられる。10月の鞍馬の火祭りでも有名。
貴船神社 ☑	鞍馬寺の北東、山の反対側にある歴史ある神社。自然豊かな貴船地域は「京の奥座敷」と呼ばれ、夏に川床（かわどこ）料理が楽しめる。

修学院離宮　　　　　　　　貴船の川床

■ 洛西（京都市右京区・西京区）
◎龍安寺、妙心寺、仁和寺

地域・資源	概要
龍安寺 ☑☑	**石庭**は室町中期の枯山水庭園の代表例で、幅25m・奥行き10mの75坪ほどの敷地に白砂を敷き詰め、大小15の石を7個・5個・3個の3群に分けて配置している。
妙心寺 ☑	京都有数の規模の禅宗寺院であり、塔頭は境外を含めると48もあり、その中には上記の龍安寺や、初期水墨画の代表作とされる瓢鮎図（ひょうねんず）を所蔵する**退蔵院**がある。
仁和寺（にんなじ） ☑	888年に宇多天皇の勅願寺として建立され、以降皇子・皇孫が門跡を務めたことから**門跡寺院の筆頭**、また「**御室御所**（おむろごしょ）」と称されている。応仁の乱により全伽藍を焼失したが、江戸時代前期に当時の御所の紫宸殿と常御殿を移築し再興された。有名な「御室桜」は背丈の低い遅咲きの桜。

龍安寺石庭

仁和寺

1 北海道

2 東北地方

3 関東地方

4 中部地方

5 近畿地方

6 中国・四国地方

7 九州・沖縄地方

解説 門跡寺院

　宇多天皇が仁和寺で出家し、仁和寺を御門跡と称した。以来、皇族・公家などが出家して代々入寺する寺院の寺格を示す称号になった。

豆知識　**謎に包まれた龍安寺の作者**

　龍安寺石庭は日本で最も有名な庭園の一つであり、また、1975年に龍安寺の石庭を訪れたイギリスのエリザベス女王が絶賛し、そのニュースを英国放送協会（BBC）が大々的に取り上げたことで、「Rock Garden」として世界中にその名前が知れ渡った。

　それほど有名な石庭だが、実は作者は不明である。寺伝では、室町時代末期に禅僧によって作庭されたと伝えられるが、作庭者、作庭時期、意図ともに諸説あって定かではない。造園法に遠近法や黄金分割法など西洋の手法が取り入れられていることから、そうした手法を駆使した江戸時代初期の茶人・**小堀遠州**の作という説もある。

◎太秦、嵯峨野、高山寺

地域・資源	概要
広隆寺	京都の太秦（うずまさ）にある寺で、渡来人の秦氏が聖徳太子から与えられた仏像を本尊にして創建したと伝えられる。国宝第1号の**弥勒菩薩**をはじめ数多くの国宝、重要文化財の仏像を持つ。
東映太秦映画村	日本映画の故郷として数々の名作を生み出した、太秦（うずまさ）にある映画のテーマパーク。

嵯峨野	桂川の北、愛宕山麓の平坦地。太秦を根拠としていた**秦氏**によって開発が進められたとされ、平安遷都後は天皇や公家の遊猟、行楽地となった。**藤原定家**がこの地に小倉山荘を造営してここで**小倉百人一首**を選んだと伝えられる。高名な寺社仏閣が点在し、現在は風光明媚な観光地となっている。
大覚寺	嵯峨天皇が離宮嵯峨院を造営して居住し、その崩御後に営まれた門跡寺院。大沢池のほとりに建つ。
天龍寺 ★★	**足利尊氏**が**後醍醐天皇**の菩提を弔うために創建した寺院。京都五山の第1位の寺院。度々の兵火により主要な伽藍は失われたが、開山の**夢窓疎石**が作庭した嵐山を借景とする池泉回遊式庭園は残り、当時の趣を伝えている。
嵯峨野の竹林	天龍寺の北側の小径は、美しい竹林のトンネルが約200mにわたって続く。嵯峨野を代表する観光名所の一つ。
高山寺	嵯峨野の北の山間部にある。774年に開創された寺を、13世紀初頭に明恵上人が中興して高山寺と改称したことに始まる。国宝「鳥獣戯画」を所蔵する。日本最古といわれる茶園がある。

天龍寺　　　　　　　　　　嵯峨野の竹林

◎嵐山と保津峡

地域・資源	概要
嵐山 ★★	嵯峨野から見て桂川の対岸（南西岸）にあたる地域で、古くは貴族の別荘が営まれ、桜や紅葉の名所として知られてきた。現在は、嵯峨野の一部を含む渡月橋周辺の全域をまとめて嵐山と称することが多い。
渡月橋（とげつきょう）	桂川にかかる渡月橋は、嵐山の象徴として知られる。渡月橋をはさんで上流が**大堰（おおい）川**で、下流から**桂川**となる。
保津峡	大堰川の上流にあたる保津川は、**亀岡**から**嵐山**に出るまでの11.5kmにわたって**愛宕山**南麓の狭い山間部を蛇行して流れる。この山間部の渓谷が保津峡であり、**川下り**や観光**トロッコ列車**で知られる景勝地になっている。

渡月橋

◎西芳寺（苔寺）と桂離宮

地域・資源	概要
西芳寺（さいほうじ）（苔寺）★	8世紀に行基が開いたと伝えられ、その後14世紀に**夢窓疎石**が禅宗寺院として復興した。上段の**枯山水庭園**と、下段の**池泉回遊式庭園**がある。下段の庭園が苔に覆われていることから、寺自体が「**苔寺**」とも呼ばれるようになった。
桂離宮	皇族の八条宮の別邸として3代にわたって造営された建築群と庭園からなる。回遊式の庭園は日本庭園の傑作とされる。また、建築物のうち**書院群**は書院造を基調に**数寄屋造**を取り入れている。庭園には4棟の茶屋が配されている。

苔寺

桂離宮（松琴亭、書院群）

 豆知識　天下の名園として名高い西芳寺・桂離宮

　桂川の南西岸に位置する西芳寺と桂離宮の庭園は、造営された時代や様式は異なるものの、ともに天下の名園として名高い。

　西芳寺については、室町幕府の3代将軍・足利義満は西芳寺を何度も訪れ、西芳寺を模して鹿苑寺（金閣寺）を創建し、また、8代将軍・義政は西芳寺と鹿苑寺を模して慈照寺（銀閣寺）を創建したという逸話がある。

　桂離宮については、昭和初期に訪れたドイツ人建築家**ブルーノ・タウト**が、桂離宮を「泣きたくなるほど美しい」と表現し、簡素さの中に美と深い精神性を表した建築および庭園として高く評価した。

1 北海道
2 東北地方
3 関東地方
4 中部地方
5 近畿地方
6 中国・四国地方
7 九州・沖縄地方

■ 洛南（京都市南区・伏見区・山科区）

◎東寺と東福寺

地域・資源	概要
教王護国寺（東寺）★	平安京造営に際し**羅城門**の東西に建立された官寺の一つで、823年に**空海**に下賜され、**真言密教の道場**となった。**五重塔**は現存する塔の中では高さが最大（55m）で、京都の景観のシンボルとなっている。毎月21日に**弘法市**が開かれる。
東福寺 ★	臨済宗の寺院で、京都五山の第4位に格付けされ、25寺の塔頭を有する。寺名は奈良の東大寺、興福寺の二大寺から1字ずつ取った。境内の**通天橋**は紅葉の名所。東福寺方丈庭園は作庭家の**重森三玲**（しげもりみれい）の作。

左）教王護国寺
右）東福寺

◎**伏見**

　伏見は京都市南部の郊外にあり、もとは桃山時代に**秀吉**の**伏見城**の城下町として始まった。京都市街と繋がる**高瀬川**と、大阪などと繋がる宇治川（淀川）が接続する場所であったため、重要な港町・宿場町としても栄えた。**明治天皇の桃山陵**もある。

地域・資源	内容
伏見稲荷大社 ★★★	全国に約3万社あるといわれる稲荷神社の総本社。初詣では近畿地方の社寺で最多の参拝者を集める。江戸時代には願い事が「通る」「通った」という御礼の意味から、鳥居を奉納する習慣が広がり、膨大な**千本鳥居**を形成するにいたった。稲荷山の頂上まで1万本以上の鳥居があるといわれる。
伏見の酒蔵と観光地	湧き水に恵まれた伏見は日本酒の製造が盛んで、**酒蔵**が立ち並ぶ。その品質は「灘（兵庫県）の男酒・伏見の女酒（力強い味の灘の酒、まろやかな伏見の酒）」と並び称される。その他、幕末の坂本龍馬襲撃の舞台となった**寺田屋**、掘割を走る**「伏見十石舟」**（遊覧船）なども知られる。
醍醐寺 ★	9世紀に創建された真言宗の寺院。伽藍は非常に広大で、山上と西麓の平地に分かれる。951年に建立された五重塔は、年代が明らかな建物の中では京都に現存する最古のもの。秀吉は晩年に醍醐の花見を催した。

伏見稲荷

十石舟と酒蔵

醍醐寺五重塔

テーマで整理！ 諸説がある日本三大稲荷

日本三大稲荷として、総本社である伏見稲荷神社が含まれることは間違いないとされる。ほかさまざまな説があるが、よく名前が挙がる有名な神社として、以下のものがある。

◆伏見稲荷大社＜京都府京都市＞
◆豊川稲荷（妙厳寺）＜愛知県豊川市＞
◆笠間稲荷神社＜茨城県笠間市＞
◆祐徳稲荷神社＜佐賀県鹿島市＞

■ 京都市南方（宇治市、八幡市、長岡京市、大山崎町）

◎宇治市 ★

京都府南東部。宇治川の沿岸に開けた都市で、宇治茶の産地としても有名。

地域・資源	概要
平等院 ★	**藤原道長**が**宇治川**の西岸にあった別荘を譲り受け、その子**頼通**が11世紀中ごろに寺院に改めたもの。平安時代の藤原一族の栄華を今に伝える。 ◆鳳凰堂（国宝）…鳳凰を屋上に戴く阿弥陀堂。仏師・**定朝**作の**阿弥陀如来像**と、52体の**雲中供養菩薩像**がある。 ◆梵鐘（国宝）…日本三名鐘の一つといわれる。 ◆庭園（史跡および名勝）…浄土空間を現出させたといわれる。 ◆鳳翔館…平等院の博物館。
宇治上神社（うじがみじんじゃ）	川の東岸の朝日山の山裾にある。**神社建築では日本最古とされる本殿**（1060年）は、平安時代後期の木材が使われ、一間社流造の三殿からなる。**拝殿**（国宝）は鎌倉時代の優れた建物遺構。
宇治市源氏物語ミュージアム	源氏物語の写本「大沢本」などの資料の保管・展示などを行う。宇治は源氏物語の「宇治十帖」の舞台としても有名。

| 萬福寺 | 江戸時代に中国・明出身の僧である隠元禅師が開山した、黄檗宗大本山の寺院。建物や仏像の様式は中国風で、ほかの仏教寺院とは異なった景観を有する。ここの精進料理は「普茶料理」と呼ばれる独特のもの。 |

平等院鳳凰堂

宇治上神社

◎八幡市、長岡京市、大山崎町

京都府南西部に位置する。

地域・資源	内容
石清水八幡宮 （八幡市）	古くから皇室や貴族の尊崇を集めてきた古社で、伊勢神宮とともに二所宗廟の一つ、そして日本三大八幡宮の一つに数えられる。本殿を含む建造物10棟が国宝に指定されている。
長岡京市	8世紀後半、平城京と平安京の間のわずか10年間だけ、長岡京が置かれていた場所。
待庵（たいあん） （大山崎町）	日本最古の茶室建造物であり、千利休作として確かな唯一の現存茶室。国宝に指定されており、**妙喜庵**の境内にある。

豆知識　名水の里・山崎

　山崎（現在の京都府大山崎町、大阪府島本町）は、古くから名水の里として知られ、千利休はそれを求めて山崎に待庵（国宝）を造ったといわれている。

　そして、昭和に入り、サントリーの創業者である鳥井信治郎は、ウイスキーづくりに適した水を求めて全国を探し回った末に、山崎に白羽の矢を立て、**山崎蒸留所（大阪府島本町）**を建設した。

1 北海道

2 東北地方

3 関東地方

4 中部地方

5 近畿地方

6 中国・四国地方

7 九州・沖縄地方

テーマで整理！ 世界文化遺産「古都京都の文化財」

◆構成資産

＜京都府京都市＞

洛中：西本願寺、二条城

洛東：清水寺、慈照寺（銀閣寺）

洛北：賀茂別雷神社（上賀茂神社）、賀茂御祖神社（下鴨神社）、鹿苑寺（金閣寺）

洛西：龍安寺、仁和寺、天龍寺、高山寺、西芳寺（苔寺）

洛南：教王護国寺（東寺）、醍醐寺

＜京都府宇治市＞：平等院、宇治上神社

＜滋賀県大津市＞：比叡山延暦寺

◆間違いに注意！

①比叡山延暦寺だけが滋賀県にある。

②御所と離宮は世界遺産に登録されていない。

③以下の有名な社寺は世界遺産に登録されていない。

洛中：東本願寺、相国寺、北野天満宮

洛東：蓮華王院（三十三間堂）、八坂神社、建仁寺、知恩院、南禅寺、平安神宮

洛北：大徳寺

洛西：妙心寺

洛南：東福寺、石清水八幡宮

■ 京都府北部

経ヶ崎

伊根の舟屋

天橋立

●舞鶴市

美山かやぶきの里
（南丹市）

地域・資源	概要
天橋立（宮津市）★	丹後半島の付け根の宮津湾にある**砂州**で、全長約3.6km、幅 20 ～ 170m。北方の成相山の**傘松公園**からの眺望がすばらしい。宮城の松島、広島の宮島と並ぶ**日本三景**の一つ。
伊根の舟屋（伊根町）	200棟以上もある舟屋は、伊根湾の海面にせり出して建築されており、1階が船着場など、2階が住居になっている。漁村として全国初の重要伝統的建造物群保存地区に選定された。

舞鶴市	若狭湾に面し、東西2つの市街地がある。**東舞鶴**は工業地域で、かつては鎮守府が置かれた重要な軍港であり、海軍ゆかりの**赤レンガ倉庫群**がある。**西舞鶴**は旧城下町で商業地域。郊外の海岸沿いに**舞鶴引揚記念館**があり、収蔵品のうち570点が**ユネスコ記憶遺産**に登録された。
経ヶ岬（京丹後市）	丹後半島の先端にある岬。第1等灯台の**経ヶ岬灯台**がある。
美山かやぶきの里（南丹市）	丹波高原の山間部に、30戸以上の茅葺き屋根民家が保存されており、民宿、食事処、ギャラリーなどとして使用されているものもある。重要伝統的建造物群保存地区。

天橋立（傘松公園からの眺望）

伊根の舟屋

解説 ユネスコ記憶遺産「舞鶴への生還 1945－1956
シベリア抑留等日本人の本国への引き揚げの記録」

　舞鶴港は、終戦直後の1945年10月7日に引揚第1船「雲仙丸」が入港して以来、13年にわたり、66万人以上の引揚者と16000柱の遺骨を迎え入れた。また、ソ連軍の捕虜となり、シベリアに抑留されていた旧軍人も、舞鶴へ帰還した。これを物語る資料が記憶遺産に登録された。

テーマで**整理**！　全国に5か所しかない「第1等灯台」

最も大きなレンズである「第1等レンズ」（レンズ直径259cm）を使用した灯台のこと。日本では現在次の5か所しかないが、何れも有名な灯台なのでまとめて覚えておくとよい。
◆犬吠埼灯台＜千葉県銚子市＞
◆経ヶ岬灯台＜京都府京丹後市＞
◆出雲日御碕灯台＜島根県出雲市＞
◆角島灯台＜山口県下関市＞
◆室戸岬灯台＜高知県室戸市＞

■ 京都府の産業と特産物

農業

- **宇治茶<宇治市>**…京都府宇治市と周辺に産する茶で、鎌倉時代の初め、明恵 (みょうえ) 上人がお茶を宇治に移植したのに始まる。覆下 (おおいした) 栽培で**玉露**を作り、日本を代表する高級茶の産地としての地位を固めた。
- 京野菜<京都市と周辺>…聖護院蕪、壬生菜、賀茂なす、堀川ごぼう、九条ねぎ等。

食文化

- **京漬物<京都市>**…京都は野菜の産地であり、発酵食品の技術が高かっため、漬物文化が発達した。代表的なものに、しば漬け、千枚漬け、すぐき等。
- **賀茂なすの田楽<京都市>**…賀茂なすは大型の丸なすで、肉質は緻密で弾力がある。田楽や煮物にしてよく食べられる。
- **京菓子<京都市>**…長らく都であった京都では、宮中や公家、寺社、茶家などの行事・儀式向けの菓子文化が発達した。代表的なものに八ツ橋がある。
- **京懐石<京都市>**…茶の湯とともに発展。
- **おばんざい<京都市>**…京都の一般家庭で作られているお惣菜。
- **湯葉料理<京都市>**…精進料理や懐石料理とともに発展。

伝統産業

- **西陣織<京都市上京区西陣>**…糸を先に染めてから織る高級絹織物 (先染め)。
- **京友禅<京都市>**…絹織物の白布に絵をかき、染め出したもの (後染め)。
- **京焼・清水焼<京都市>**…清水寺周辺などに窯元がある。
- **日本酒<京都市伏見区>**…兵庫県の灘と並ぶ日本酒の産地。
- **丹後ちりめん<丹後地方 (京都府北部)>**…江戸時代に発祥した絹織物。しなやかで染色性に優れ、友禅染などの着物の生地となってきた。現在も丹後は着物の生地の約6割を生産する絹織物産地である。

1 北海道
2 東北地方
3 関東地方
4 中部地方
5 近畿地方
6 中国・四国地方
7 九州・沖縄地方

● 高島市
竹生島
● 長浜市
● 彦根市
● 大津市
★ 延暦寺
◎ 坂本
★ 三井寺
★ 石山寺
● 近江八幡市
● 甲賀市
◎ 信楽
★ MIHO MUSEUM

解説 琵琶湖 ★

　滋賀県の面積の6分の1を占め、日本最大の面積と水量を持つ。古くから日本海側と京都・奈良・大阪との間を結ぶ水上交通路として利用され、その戦略的重要性故に湖周辺では戦乱が多く、歴史に登場する場所が数多くある。

　水源としても重要であり、唯一の流出河川である瀬田川は、下流に行くと宇治川、さらに淀川と名前を変え、京阪神を潤している。また、人間だけではなく多様な動植物にも恩恵を与えており、ラムサール条約湿地に登録されている。

■ 湖南

◎大津市

　滋賀県の県庁所在地。京都市との間に比叡山が南北に走り、山を挟んで向かい合う。天智天皇が近江**大津宮**に遷都して以来の古い歴史がある。比叡山延暦寺、園城寺（三井寺）、日吉大社、石山寺などがあり、国指定文化財保有件数は、京都市、奈良市に次いで3番目に多い。

地域・資源	概要
延暦寺 ★	788年に比叡山に伝教大師・**最澄**が創建。平安京の**鬼門（北東）**を守る鎮護国家の道場であった。**天台密教**の拠点として、平安時代以後数々の高僧たちを輩出し、今もなお修行道場として厳粛な雰囲気に満ちている。史跡に指定されている境内は広大で、**根本中堂**（国宝）、大講堂（重要文化財）のほか、美術工芸品を含めて10にのぼる国宝、50以上の重要文化財を有する。
坂本	**延暦寺**の**門前町**として栄えてきた。延暦寺と山麓を結ぶ**坂本ケーブル**は全長2025mと日本最長。随所に見られる石垣は、安土城・江戸城の石垣築城に活躍した坂本近郊の**穴太衆**（あのうしゅう）によるもの。
日吉大社	延暦寺の門前町坂本の鎮守神。京都の鬼門にあたることから、鬼門除け・災難除けの社として崇敬された。全国の日吉・日枝・山王神社の総本社。**猿**を神の使いとする。
三井寺	正式には**園城寺**（おんじょうじ）という。延暦寺の天台座主3世円仁と、5世円珍との仏教解釈の相違からその末流が対立し、円珍門流は山を下り園城寺に入って独立し寺門派となり、円仁門流は延暦寺に拠って山門派と称した。
石山寺	真言宗の寺院で、滋賀県最古の建築である国宝の本堂や、観音像が有名。紫式部はここで「源氏物語」の着想を得たと伝えられる。
近江神宮	1940年に創祀された天智天皇を祭神とする神社。競技かるたの聖地としても有名。
雄琴温泉	比叡山麓の琵琶湖湖岸にある温泉。

比叡山延暦寺

日吉大社

三井寺

1 北海道
2 東北地方
3 関東地方
4 中部地方
5 近畿地方
6 中国・四国地方
7 九州・沖縄地方

◎甲賀（こうか）市

滋賀県の南端、鈴鹿山脈の北西山麓にあり、**甲賀忍者**（こうかにんじゃ）の里として有名。

地域・資源	内容
信楽（しがらき）	焼き物の町として有名。**信楽焼**は日本六古窯の一つに数えられ、特にタヌキの置物がよく知られる。
MIHO MUSEUM（ミホミュージアム）★	「桃源郷」をイメージして造られた美術館で、容積の8割が地下に埋没している。コレクションは、ギリシヤ、ローマ、エジプト、中近東、ガンダーラ、中国、日本など、幅広い地域と時代にわたる2000点以上。建物設計は、ルーヴル美術館の「ガラスのピラミッド」で有名なイオ・ミン・ペイ氏。 MIHO MUSEUM

■ 湖東

地域・資源	概要
近江八幡（おうみはちまん）市	豊臣秀次が築いた城下町を基礎として発展し、**近江商人**の発祥の地の一つとなった。近世の風情のある街並みは重要伝統的建造物群保存地区に選定されている。また、市街地と琵琶湖を結ぶ**八幡堀**など水路が多く、水郷のまちとしても知られる。 八幡堀
安土城跡（近江八幡市）	1576年に**織田信長**が築いた城で、琵琶湖に面し、5層7階の天守閣を備えた大城郭であった。1582年に焼失し、現在は石垣のみが残っている。
彦根城★と城下町（彦根市）	彦根城は3層5階の天守閣を持ち、国宝五城の一つであり、大名庭園の玄宮園がある。彦根は井伊氏35万石の城下町として発展し、重要伝統的建造物群保存地区の河原町芹町地区、旧魚屋町などに古い町並みが残る。 彦根城

| 湖東三山 | 西明寺（甲良町）、金剛輪寺（愛荘町）、百済寺（東近江市）の3つの天台宗寺院の総称。鈴鹿山脈の西側山麓に位置し、近くの永源寺（東近江市）とともに紅葉の名所として知られる。 |

豆知識　近江商人の「三方よし」

　近江商人の経営哲学の一つである「三方よし」とは、「売り手よし、買い手よし、世間よし」、つまり、売り手の都合だけで商いをするのではなく、買い手が心の底から満足し、さらに商いを通じて地域社会の発展や福利の増進に貢献しなければならないという意味。近江商人からは高島屋、白木屋（東急百貨店の母体）、伊藤忠、丸紅、西武グループなどが出ている。

■ 湖北

地域・資源	概要
長浜市	**羽柴秀吉**が**長浜城**と城下町を整備して以来、湖北地方の中心地となり、北国街道や琵琶湖水運の要衝として発展した。**黒壁スクエア**は古い町並みをリノベーションしたエリアで、ガラス工房やカフェなどが立ち並ぶ。
竹生島（長浜市）	古来より信仰の対象とされた島。日本三大弁天の一つに数えられる**都久夫須麻神社**（本殿は伏見城から移築したといわれる）と、**宝厳寺**（国宝の唐門は大坂城から移築したといわれる）がある。長浜港などから竹生島へ遊覧船が発着している。
賤ヶ岳（長浜市）	**羽柴秀吉**と柴田勝家が戦った賤ヶ岳の戦い（1583年）の古戦場がある。山頂は琵琶湖などの見晴らしがよい。
長浜市街地周辺の史跡（長浜市）	市街地周辺には、賤ヶ岳のほかに、浅井長政の居城であった小谷城跡、石田三成出生の地、姉川古戦場跡などがある。また、国友（くにとも）は近世に国内有数の鉄砲生産地として栄えた。

長浜市街（黒壁スクエア）

竹生島

■ 湖西

地域・資源	概要
針江（高島市）	豊富な湧水を各住居に引き込んで、生活用水として利用する「川端文化」（かばたぶんか）が存在し、国の重要文化的景観に選定されている。
近江舞子（高島市）	松林と砂浜で有名。湖水浴場がある。
海津大崎（高島市）	琵琶湖の北端近くに突き出た岬。春の桜の名所として知られる。

■ 滋賀県の産業と特産物
食文化

・**鮒寿司＜全県＞**…日本古来のなれずしの一種。古代から琵琶湖産のニゴロブナなどを主要食材として作られている。

・**鴨鍋＜全県＞**…滋賀県は古くから鴨猟が行われており、鴨肉を使った鍋が広く食べられている。

・**近江牛＜湖東＞**…江戸時代に将軍に献上された歴史を持つ。

鮒寿司

伝統産業

・**信楽焼＜甲賀市信楽＞**…日本六古窯の一つ。タヌキの置物で有名。

3 三重県

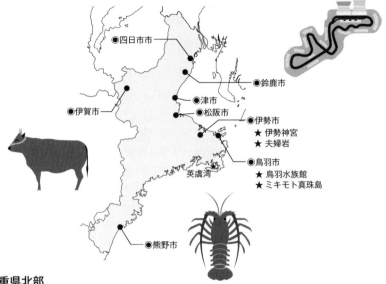

四日市市
鈴鹿市
津市
松阪市
伊賀市
伊勢市
★ 伊勢神宮
★ 夫婦岩
鳥羽市
英虞湾
★ 鳥羽水族館
★ ミキモト真珠島
熊野市

1 北海道
2 東北地方
3 関東地方
4 中部地方
5 近畿地方
6 中国・四国地方
7 九州・沖縄地方

■ 三重県北部

地域・資源	概要
津市	三重県の県庁所在地。かつては港町として知られ、伊勢音頭の歌詞に「伊勢は津でもつ 津は伊勢でもつ 尾張名古屋は城でもつ」と歌われている。
四日市市	中京地域最大の石油コンビナートがあり、工場夜景で知られる。地場産業として**萬古焼**がある。
鈴鹿市 ★	日本有数のレーシングコースである**鈴鹿サーキット**がある。
ナガシマスパーランド（桑名市）	長島温泉にある総合レジャー施設。絶叫マシン愛好家や外国人旅行者からは「東の富士急、西のナガシマ」といわれる。
松阪市	伊勢街道に面し、**松阪牛**と伊勢商人で知られる。
関宿（亀山市）	東海道の宿場町であり、重要伝統的建造物群保存地区に選定されている古い街並みが残る。

湯の山温泉 （菰野町）	鈴鹿山脈の主峰・御在所岳の東側山麓にある温泉地。

■ 三重県中部（伊勢・志摩）

伊勢・志摩の主要部は伊勢志摩国立公園に指定されており、自然と歴史・文化が融合した観光地となっている。

◎伊勢市 ★

伊勢神宮の門前町として発展してきた。

地域・資源	内容
伊勢神宮 ★★	皇祖神とされる**天照大神**を祀る**内宮**（ないくう）、および五穀の神である**豊受大神**（とようけのおおかみ）を祀る**外宮**（げくう）、別宮などを含む125社を総称して伊勢神宮という。正式には「神宮」という。外宮を参拝してから内宮に行くのが正しいとされる。 御神体は**八咫鏡**（やたのかがみ）である。**20年ごと**に**式年遷宮**が行われ、全社殿のほか**五十鈴川**を渡る**宇治橋**も造り替えられる。**正殿**は、弥生時代の穀倉を原型とする高床式で、「**唯一神明造**」と呼ばれる。
おはらい町	**伊勢神宮内宮の門前町**で、宇治橋から五十鈴川に沿ったおよそ800mの美しい石畳の通りに沿って、伝統的な建築様式の土産物店、飲食店などや、神宮道場や祭主職舎などの歴史的建造物などが連なる。
おかげ横丁	おはらい町の中央にあり、江戸期から明治期にかけての建築物が移築・再現され、飲食店や土産物店が建ち並ぶ。**赤福、伊勢うどん**はともに伊勢の名物。
夫婦岩	**二見浦**（ふたみがうら）の**二見興玉神社**（ふたみおきたまじんじゃ）の境内の磯にある2つの岩。二見浦は、かつて伊勢参宮を控えた人々が汐水を浴び、心身を清めた禊場であったが、現在では、禊をする代わりに神社に参拝する。

伊勢神宮（内宮）

おかげ横丁

夫婦岩

三重県

1 北海道
2 東北地方
3 関東地方
4 中部地方
5 近畿地方
6 中国・四国地方
7 九州・沖縄地方

◎志摩半島 ★

　リアス式海岸と温暖な気候による植生が特徴で、**英虞湾**、的矢湾、五ヶ所湾など深い入り江が多い。**海女**、**真珠の養殖**で知られる。先端は**大王崎**。

地域・資源	概要
鳥羽水族館（鳥羽市）★	日本屈指の規模を誇る水族館で、約1200種の生物が展示されている。
ミキモト真珠島 ★	御木本幸吉が初めて真珠の養殖に成功した場所に整備されたレジャー施設。真珠工芸品が展示されているほか、海女の実演もある。
鳥羽の海女小屋体験	国内に約2000人いる海女さんのうち、500人以上が鳥羽に住んでいるといわれる。市内の海女小屋（海女さんの休憩小屋）では、海女さんの話を聞きながらとれたての魚介類を味わう体験ができる。
英虞湾 ★ と賢島	英虞湾は志摩半島南部の景勝地であり、真珠の養殖地としても知られる。賢島は英虞湾最大の島で、2016年に伊勢志摩サミットが開催された。

ミキモト真珠島

鳥羽の海女

解説 世界に知られる真珠王・御木本幸吉

　御木本幸吉は、**アコヤ貝**による真珠の養殖を手がけ、1905年に真円真珠の養殖に成功した。彼は養殖真珠を世界各国に輸出し、「真珠王」として国際的に有名となり、それ故、ミキモト真珠島には数多くの外国人観光客が訪れる。

■ 三重県内陸部（伊賀地方）

地域・資源	概要
伊賀上野（伊賀市）★	伊賀上野城の城下町。伊賀忍者の里として知られ、**伊賀流忍者博物館**がある。松尾芭蕉生誕の地でもあり芭蕉翁記念館がある。
赤目四十八滝（名張市）	赤目町の滝川の渓谷にある滝の総称で、一帯は渓谷の自然が美しい。古くは修験道の行場であり、忍者が修行したとも伝えられる。

伊賀流忍者博物館

 豆知識　なぜ伊賀・甲賀が忍者の里になったのか

　三重県の伊賀と、滋賀県の甲賀は、県こそ違うが隣り合っており、山深い土地という共通点がある。これらが忍者の里となった理由は定かではないが、小領主が分立したため諜報や暗殺などの技術が発達したこと、周辺に修験道の山が多かったため山伏との交流で技術が高まったこと、山がちで農業に不向きなため忍術を活かした傭兵として出稼ぎに出たこと等が考えられる。

■ 三重県内陸部（熊野地方）

世界文化遺産「紀伊山地の霊場と参詣道」のうち伊勢路が通る。

地域・資源	概要
熊野参詣道・伊勢路	◆**鬼ヶ城（熊野市）**…海岸景勝地で、戦国時代は頂上に城跡があった。 ◆**獅子岩（熊野市）**…巨大な獅子の姿をした奇岩。 ◆**花の窟（熊野市）**…海岸にある巨岩。日本書紀にも記されている日本最古の神社がある。 ◆**七里御浜（熊野市、紀宝町）**…延長25kmの美しい砂浜。  熊野参詣道・伊勢路（獅子岩と七里御浜）
丸山千枚田	熊野市の山間部にある広大な棚田。

■ 三重県の産業と特産物

食文化

> ・**伊勢うどん＜伊勢市＞**…柔らかくゆでた太いうどんを、たまり醤油などで作った黒く濃厚なつゆにつけて食べる。
>
> ・**手こね寿司＜志摩半島＞**…志摩半島の名物。鰹や鮪などの赤身の魚を、醤油を中心としたタレに漬け込んだ後、寿司飯と合わせて食べる。
>
> ほかに、**赤福＜伊勢市＞**、**さんま寿司＜志摩半島、南部＞**、**焼きはまぐり＜桑名市＞**。

伝統産業

> ・萬古焼＜四日市市＞
>
> ・伊賀焼＜伊賀市＞

1 北海道

2 東北地方

3 関東地方

4 中部地方

5 近畿地方

6 中国・四国地方

7 九州・沖縄地方

■ 奈良盆地北部

◎奈良市

奈良は、710年から784年までの日本の首都であり、政治・経済・文化の中心として栄えた。首都が京都へ移った後も、大社寺を中心に宗教都市として存続して、繁栄した。

以下に挙げた7つの寺社が、1998年に日本で9件目の世界文化遺産「古都奈良の文化財」として登録された。

地域・資源	概要
東大寺 ★★★	国家鎮護の寺院として8世紀に**聖武天皇**の発願で建立、751年に金堂（大仏殿）が完成、8世紀末に伽藍全体が完成した。創建当時の建物で現在も残っているのは**三月堂、転害門と正倉院**。金剛力士像で有名な**南大門**は鎌倉時代に造られた。
興福寺 ★★	**藤原氏の氏寺**で、平城京への遷都に伴って藤原不比等が現在の場所に移した。**阿修羅像**など多数の国宝・重要文化財の仏像・美術品がある。興福寺の南にある**猿沢池**は、興福寺五重塔が水面に映る風景が有名。 興福寺（阿修羅像）

春日大社および春日山原始林 ★★	春日大社は、春日山の西麓に**藤原氏の氏神**を祀った神社。祭神が茨城県の鹿島神宮から白鹿に乗ってきたとされることから、**鹿を神の使いとする**。また、春日山は古くから神山として守られ、明治時代には奈良公園に編入され、1955年に**春日山原始林**として特別天然記念物に指定された。
元興寺（がんごうじ）	6世紀末に**蘇我馬子**が建立した**飛鳥寺**を平城京に移転したもの。かつて元興寺の境内だった場所が**ならまち**で、狭い街路に江戸時代以降の町屋が数多く建ち並び、多くの観光客を集める。
薬師寺 ★	**天武天皇**が発願した官寺で、718年に現在の奈良市**西の京**に移された。当時から残る唯一の建造物である**東塔**は、白鳳期の建築様式をよく伝えており、明治時代のお雇い外国人**フェノロサ**が「**凍れる音楽**」と評したことでも有名。
唐招提寺 ★	唐から日本に招聘された**鑑真**が、戒律を学ぶための寺として759年に創建した。講堂、金堂など奈良時代の建物が残る。**講堂は平城宮の役所である東朝集殿を移築**したもので、平城宮の面影をとどめる唯一の建築物。
平城宮跡（へいじょうきゅうせき）	平城宮は平城京の中央北端に位置する宮跡。建造物の復元が進められており、1998年に朱雀門が復元、2001年に宮内省地区・東院庭園地区が復元、そして2010年に平城京遷都1300年を記念して**大極殿が復元**された。

薬師寺（東塔）

平城宮跡（大極殿）

解説 奈良公園 ★★★

　奈良市の中心に広がる奈良公園は、正確には寺社や博物館などの敷地を含まないが、一般的には**興福寺、東大寺、春日大社、奈良国立博物館、若草山**などの有名な観光地を含む全体が「奈良公園」と呼ばれている。

　この広義の奈良公園の範囲には、多数の国宝や世界遺産の社寺があり、また、あちこちに鹿、春の桜、四季折々の行事などの魅力に溢れており、奈良、そして日本を代表する観光地となっている。

　公園の中央にある**奈良国立博物館** ★ は、赤坂離宮（迎賓館）も手掛けた片山東

熊の建築で、常時100体近くの仏像などを鑑賞できる。

若草山は公園の東端にあり、1月の「若草山焼き」が有名。

解説 奈良に春を告げる「東大寺修二会（お水取り）」

東大寺修二会は、8世紀中ごろから1200年以上も続く伝統行事で、二月堂の本尊十一面観音に、東大寺の僧侶が人々に代わって罪を懺悔し、国家の安泰と万民の豊楽を祈る法要。

若狭小浜市の若狭神宮寺で行われた「お水送り」の行事を受けて、東大寺の若狭井（わかさい）という井戸から観音に供える「お香水」を汲み上げる儀式が有名であり、これを基に修二会の全体が「お水取り」と呼ばれることも多い。

◎斑鳩町

斑鳩町は奈良市の西方にあり、飛鳥時代に聖徳太子が斑鳩宮を建て移り住み、寺院を建立した。このうち法隆寺と法起寺は、1993年に姫路城とともに日本で最初に**世界文化遺産「法隆寺地域の仏教建造物」**に登録された。

地域・資源	内容
法隆寺（斑鳩町） ★★	聖徳太子が建立した寺院で、西院伽藍と東院伽藍に分かれる。**西院伽藍の金堂・五重塔・中門・回廊は世界最古の木造建築群。****東院伽藍**は聖徳太子が営んだ斑鳩宮があったところで、**夢殿**がある。 法隆寺（金堂と五重塔）
法起寺（斑鳩町）	高さ24mと日本有数の規模を誇る**三重塔**が特に有名。三重塔としては日本最古で、706年ごろの完成と見なされている。 法起寺（三重塔）

⚠ **間違いに注意！**

◆ **「斑鳩」（いかるが）＜奈良県斑鳩町＞**…奈良盆地北部にある地域。世界文化遺産の法隆寺で有名。

◆ **「飛鳥」または「明日香」（あすか）＜奈良県明日香村＞**…奈良盆地南部の丘陵地帯にある地域。飛鳥寺や石舞台古墳で有名。

奈良県

1 北海道
2 東北地方
3 関東地方
4 中部地方
5 近畿地方
6 中国・四国地方
7 九州・沖縄地方

■ 奈良盆地南部

◎ 橿原市、桜井市、宇陀市

地域・資源	概要
藤原宮跡と大和三山（橿原市）	藤原京は、中国の都城を参考にして造営された日本で初めての本格的な都。かつてその宮城があった場所が**藤原宮跡**として整備されている。藤原京は次の大和三山に囲まれていた。 ・天香久山（あまのかぐやま）…南東側 ・畝傍山（うねびやま）…南西側 ・耳成山（みみなしやま）…北側
今井町（橿原市）	江戸時代に「大和の金は今井に七分」といわれるほど繁栄し、現在も町家がまとまって残る。伝統的建造物群保存地区。
大神神社（おおみわじんじゃ）（桜井市）	日本最古の神社の一つで、大和国一之宮。背後にある**三輪山**そのものが御神体であり、本殿を持たず、拝殿の奥にある三ツ鳥居から三輪山をご神体として拝する。この付近から奈良市の春日山麓まで続く「山辺の道」は、日本現存最古の道であり、歴史・文化・自然あふれるハイキングルートとして知られる。 大神神社
長谷寺（桜井市）	日本有数の観音霊場として知られる古刹。7000株の牡丹が咲き誇る「花の御寺」としても有名。
室生寺（宇陀市）	室生山の山麓から中腹にある真言宗の山岳寺院。女人禁制であった高野山に対して、室生寺は女性でも参詣が自由であったため「**女人高野**」ともいわれた。境内の**五重塔**は、屋外にある五重塔としては法隆寺五重塔に次いで古く、高さ16m余りと国内最小。 室生寺五重塔

◎ 明日香村

飛鳥（明日香）は7世紀に都が置かれ、当時の遺産が数多く残る。

地域・資源	概要
飛鳥寺	**蘇我馬子**が建立した**日本最初の本格的な仏教寺院**。蘇我氏の氏寺で、本尊の**飛鳥寺釈迦如来像**は**飛鳥大仏**とも呼ばれ、**現存する日本最古の仏像**であり、**鞍作鳥**（くらつくりのとり）作といわれる。

甘樫丘（あまかしのおか）	蘇我蝦夷・入鹿親子が中腹と麓に邸宅を構えていたといわれる。頂上（148m）にある展望台から明日香村を一望できる。
石舞台古墳	元は土を盛った古墳であったが、土が失われて石室が露出したもの。蘇我馬子の墓と伝えられる。
高松塚古墳	700年前後に築造された古墳で、石室の彩色壁画が有名。
飛鳥の石造物	飛鳥には、亀石、鬼の雪隠・鬼の俎（まないた）、酒船石などの石造物が多いが、用途のはっきりしない謎の石造物も多い。

飛鳥寺釈迦如来像

石舞台古墳

■ 奈良県山間部

　奈良県のうち、吉野川の南側は紀伊半島中心の山間部にあたる。主要な観光資源は吉野熊野国立公園、世界文化遺産「紀伊山地の霊場と参詣道」に含まれる。

◎吉野と大峰山

地域・資源	概要
吉野山（吉野町）★	修験道を始めた**役小角**（えんのおづぬ・役行者）が開基した山岳霊場。蔵王権現を安置した**金峯山寺**（きんぷせんじ）がある。古代より遊興の地で、歴代の天皇や貴族が吉野を訪れた。**後醍醐天皇**はここに南朝を置いた。日本でも有数の**ヤマザクラの名所**としても知られる。 吉野山
大峰山	吉野の南に連なる大峰山系の総称。修験道の聖地で、大峯山寺がある**山上ヶ岳（天川村）**、近畿地方最高峰の**八経ヶ岳（天川村・上北山村）**などが連なる。大峰山の稜線を走る**大峯奥駈道**は吉野山と熊野三山を結ぶ、修行場として開かれた道で、熊野古道の中でも最も険阻なルート。
吉野川	紀伊山地に源を発して奈良県を東西に流れ、和歌山県に入ると**紀ノ川**に名前を変える。上流の流域には美しい**スギ・ヒノキの人工林**が広がる。源流の**大台ヶ原**（奈良・三重県境）は日本有数の多雨地域であり独特の生態系が息づく。

十津川村	奈良県南端の山村。十津川（下流は和歌山県の熊野川）と支流が深い谷を刻む。生活用吊り橋としては日本一長い**谷瀬（たにぜ）の吊り橋**（長さ297m、川面からの高さ54m）や、その近くの**十津川温泉**が知られる。 谷瀬の吊り橋

テーマで整理！日本三大桜名所

◆**弘前公園（弘前城）<青森県弘前市>**
◆**高遠城址公園<長野県伊那市>**
◆**吉野山<奈良県吉野町>**

■ 奈良県の産業と特産物
林業

・**吉野杉<吉野川上流>**…美しいスギ・ヒノキの人工林が広がる。

食文化

・**柿の葉寿司<全県>**…奈良県は柿の生産が多く、柿の葉で包んだ柿の葉寿司が有名。鯖寿司を包んだものが多いが、鮭なども使う。
・**三輪そうめん<桜井市>**…三輪山の山麓が発祥の手延べ素麺。
・**奈良漬<全県>**…白うり、胡瓜などの野菜を塩漬けにし、さらに酒粕で漬けた漬物。

伝統産業

・**赤膚焼（あかはだやき）<奈良市>**…奈良市の西の五条山（赤膚山）で産する陶土で焼いた陶器。
・**金魚<大和郡山市>**…明治維新後に、職禄を失った藩士や農家の副業として盛んに行われるようになった。

右側のタブ（縦書き）:
1 北海道
2 東北地方
3 関東地方
4 中部地方
5 近畿地方
6 中国・四国地方
7 九州・沖縄地方

■ 和歌山市と高野山
◎ 和歌山市と周辺

地域・資源	概要
和歌山市	紀ノ川（上流は吉野川）の河口に位置する和歌山県の県庁所在地。江戸時代には御三家の一つである**紀州徳川家**の**和歌山城**の城下町として栄えた。
和歌の浦（和歌山市）	和歌浦湾を取り巻く風光明媚な一帯で、万葉集の歌枕の地となり、以後松尾芭蕉など文人墨客が訪れた。
友ヶ島（和歌山市）	紀伊半島と淡路島との間の紀淡海峡にある無人島群。砲台跡や灯台などで知られる。瀬戸内海国立公園。
根来寺（岩出町）	戦国時代に一大宗教都市として繁栄し、根来衆と呼ばれる鉄砲で武装した僧兵集団を擁した。現在も立派な伽藍がある。
湯浅町	和歌山市の南方にある。中世にさかのぼる**醤油醸造発祥の地**といわれ、現在も瓦葺の屋根と繊細な格の町家や、白壁の土蔵が残り重要伝統的建造物群保存地区に選定されている。
広川町	1854年に地震の津波が襲来した際に、濱口梧陵が稲むらに火をつけて避難路を示したという逸話がある。濱口梧陵が築いた広村堤防、災害の記憶を伝承する津浪祭などがある。

根来寺

◎高野山と周辺

地域・資源	内容
高野山（高野町） ★★	平安時代の初めに真言宗の弘法大師**空海**が修行の場として開いた。標高1000m前後の山の盆地状の平地に門前町が広がる。空海が密教の教えに基づいて伽藍を配置した「**壇上伽藍**」、総本山の**金剛峯寺**、そして弘法大師の御廟と多くの戦国大名の墓のある**奥の院**がある。117か寺に及び、その約半数が**宿坊**を兼ねている。 高野山金剛峰寺
町石道	高野山への参詣者が利用した古道であり、山麓の慈尊院から高野山入口の大門まで約22kmにわたって続く。
龍神温泉	高野山から高野龍神スカイラインを通って南下した場所にある温泉。美人の湯として知られる。

■ 熊野三山 ✪ と周辺

　熊野三山とは、熊野本宮大社、熊野速玉大社、熊野那智大社の3つの神社の総称で、全国の約3000社ある熊野神社の総本社。3社のそれぞれの神は3社共通の祭神とされている。

解説 世界文化遺産「紀伊山地の霊場と参詣道」✪

　和歌山県・奈良県・三重県にまたがる3つの霊場と参詣道は、2004年に「**紀伊山地の霊場と参詣道**」として世界文化遺産に登録された。
<3つの霊場>
◆**吉野・大峰<奈良県>**…役小角（役行者）が開いた修験道の聖地
◆**熊野三山<和歌山県>**…本宮大社・速玉大社・那智大社から成る熊野信仰の聖地
◆**高野山<和歌山県>**…弘法大師（空海）が開いた真言密教の聖地

1 北海道

2 東北地方

3 関東地方

4 中部地方

5 近畿地方

6 中国・四国地方

7 九州・沖縄地方

<**参詣道**>

◆**中辺路<和歌山県>**…田辺市沿岸部
と熊野三山を山間部経由で結ぶ。

◆**大辺路<和歌山県>**…田辺市沿岸部
と熊野三山を海岸経由で結ぶ。

◆**伊勢路<三重県・和歌山県>**
…伊勢方面と熊野三山を結ぶ。

◆**小辺路<奈良県・和歌山県>**
…高野山と熊野三山を結ぶ。

◆**高野参詣道<和歌山県>**
…高野山への参詣道（町石道ほか）。

◆**大峰奥掛道<奈良県・和歌山県>**
…吉野と熊野三山を結ぶ修験道の道。

◎熊野本宮大社と周辺

地域・資源	概要
熊野本宮大社（くまのほんぐうたいしゃ）（田辺市）★	創祠以来、本宮大社の社殿は熊野川の中洲にあったが、明治時代の大洪水の後に、現在の場所（熊野川西岸）に移築された。旧社地の中洲は「**大斎原**」（おおゆのはら）と呼ばれ、日本一高い大鳥居（33.9m）が建つ。
湯の峰温泉（田辺市）	本宮大社の近くにある。世界最古の共同浴場ともいわれ、古くから熊野詣の旅人達にとっての湯垢離（ゆごり・参詣前に身を清める）と休息の場として知られていた。「**つぼ湯**」は熊野参詣道の一部として世界文化遺産に登録されている。

熊野本宮大社（大斎原の大鳥居）

つぼ湯

豆知識　九十九王子（くじゅうくおうじ）

　熊野参詣道の発展とともに、道沿いに「王子」と呼ばれる儀礼を行う場所が整備された。それが沢山ある様子から「九十九王子」と呼ばれる。

　田辺市中辺路町にある**滝尻王子**は、熊野三山の入り口として昔から重要視されており、現在は和歌山県世界遺産センターが置かれ、熊野古道ウォーキングの拠点となっている。

◎熊野速玉大社と周辺

地域・資源	概要
熊野速玉大社（くまのはやたまたいしゃ）（新宮市）★	熊野川下流の川沿いにある。元々は祭神が最初に降臨したところと伝えられる**ゴトビキ岩**がある**神倉神社**（元宮）に祀られていたが、いつしか現在の場所（新宮）に移転したといわれる。
熊野川（新宮市ほか）	紀伊山地を貫いて流れる河川。かつては本宮大社から速玉大社まで、参詣者が熊野川の船で移動したことから、この間の河川が熊野参詣道として世界文化遺産に登録された。
瀞峡（どろきょう）（新宮市ほか）	熊野川支流の峡谷で、上流から奥瀞、上瀞、下瀞に分かれ、そのうち下瀞が「瀞八丁」とも呼ばれる。

神倉神社

◎熊野那智大社と周辺

地域・資源	概要
熊野那智大社（那智勝浦町）★	立派な石段と杉並木の**大門坂**を登った山の中腹に鎮座する。かつては那智滝に社殿があり、滝の神を祀ったものだと考えられている。**那智の火祭（那智の扇祭り）**は7月14日に行われる熊野那智大社の例祭。

1 北海道
2 東北地方
3 関東地方
4 中部地方
5 近畿地方
6 中国・四国地方
7 九州・沖縄地方

那智の滝 ★	落差133mで一段の滝としては日本1位を誇る。栃木県日光の華厳の滝、茨城県の袋田の滝とともに、日本三名瀑に数えられる。
青岸渡寺（那智勝浦町）	那智大社に隣接する寺院。かつての熊野三山は神仏習合の聖地であり、那智大社と青岸渡寺は一体として発展・繁栄した。 那智の滝の脇に立つ三重塔は青岸渡寺に属する。  青岸渡寺三重塔と那智の滝

■紀伊半島南部沿岸部
◎田辺湾と白浜町

地域・資源	概要
田辺市中心部（沿岸部）	田辺市の中心部は、熊野参詣道の中辺路（なかへち）と大辺路分岐点で、「口熊野」といわれる。粘菌の研究で知られる**南方熊楠**の顕彰館と旧邸がある。田辺湾の北側にある**天神崎**は日本ナショナル・トラスト運動の第1号として知られる。 ※田辺市の市域は東西に広く、山間部の熊野本宮大社にまで及ぶ。
白浜温泉（白浜町）	田辺湾を抱く白浜半島一帯に湧く温泉の総称。古くは「万葉集」や「日本書紀」にも取り上げられ、有馬温泉、道後温泉とともに日本三古湯の一つに数えられる。
アドベンチャーワールド（白浜町）	動物園、水族館、遊園地からなるテーマパーク。ジャイアントパンダの繁殖研究事業が特に有名。

◎串本町と太地町

地域・資源	概要
潮岬（しおのみさき）（串本町）	**本州最南端**の岬で**陸繋島**。本土と繋ぐ砂州の上に**串本町**の市街がある。市街地の東側には**紀伊大島**があり、1999年に完成した「くしもと大橋」で結ばれている。
橋杭岩（はしぐいいわ）（串本町）	海岸から海に向かって一列に並んだ岩柱が、橋を渡すための杭のように見えることから、このように呼ばれている。
串本海中公園（串本町）	世界最北の**テーブルサンゴ群生地**であり、海中展望塔がある。ラムサール条約に登録されている。串本町は温帯気候であるが、海中は暖流の影響で熱帯・亜熱帯の世界が広がる。

太地（たいじ）町	日本の古式捕鯨発祥の地といわれる。太地町立くじらの博物館がある。

橋杭岩

 豆知識　熊野水軍と古式捕鯨の伝統を伝える「御舟行事」

　豊富な木材と良港に恵まれたが、耕作地に乏しい熊野灘沿岸では、古くから熊野水軍が組織され、源平合戦などで大活躍した。そして、江戸時代に入ると、熊野水軍の流れを汲む人々が捕鯨の技術を発達させた。

　串本町の河内（こうち）祭の御舟（みふね）行事は、源平合戦で活躍した熊野水軍の凱旋報告が起源とされる勇壮な行事で、古式捕鯨の鯨舟に装飾を施した舟が使用されている。

■ 和歌山県の産業と特産物

農林業

- **林業＜山間部＞**…和歌山県は平野部が少なく山地が大部分を占めるため、古くからスギ・ヒノキを中心にした林業が盛ん。
- **みかん＜県北西部＞**…和歌山県はみかんの収穫高日本一。**紀ノ川、有田川**流域の南斜面の段々畑で栽培されている。
- **南高梅＜南部沿岸部＞**…和歌山県は梅生産量が日本一。日高郡**みなべ町**が発祥の南高梅は高品質で知られ、主に梅干しや梅酒に加工される。

食文化

- **鯨の竜田揚げ＜南部沿岸部＞**…ひと口大に切った鯨に下味をつけて油で揚げる料理。
- **めはりずし＜熊野地方＞**…高菜の浅漬けの葉でくるんだ弁当用のおにぎり。
- **高野豆腐＜高野山＞**…豆腐を凍結、低温熟成させた後に乾燥させた保存食品。高野山の精進料理が全国に広まったといわれる。

1 北海道

2 東北地方

3 関東地方

4 中部地方

5 近畿地方

6 中国・四国地方

7 九州・沖縄地方

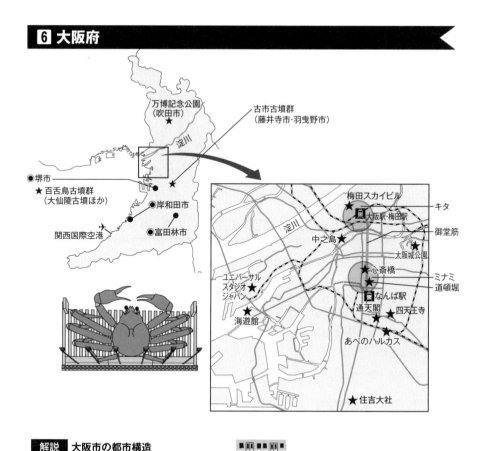

万博記念公園
（吹田市）
★

古市古墳群
（藤井寺市・羽曳野市）

淀川

◉堺市
★ 百舌鳥古墳群
（大仙陵古墳ほか）

関西国際空港

◉岸和田市

◉富田林市

梅田スカイビル
★ 大阪駅・梅田駅 ── キタ
御堂筋
中之島 ★
大阪城公園
ユニバーサル
スタジオ
ジャパン ★
心斎橋 ── ミナミ
道頓堀
なんば駅
通天閣 四天王寺
海遊館 ★
あべのハルカス

★ 住吉大社

解説　大阪市の都市構造

　大阪市には「キタ」と「ミナミ」の二大繁華街があり、これらは御堂筋で結ばれている。

◆**キタ**…大阪市の北側にある繁華街。**JR大阪駅・私鉄各線梅田駅**周辺を指す。主要交通路が集まるターミナルシティであり、<u>主にビジネスとショッピングの街</u>である。

◆**ミナミ**…大阪市の中央部にある繁華街。**道頓堀**を中心に、私鉄各線の**難波（なんば）駅・心斎橋駅**周辺のエリアを指す。<u>主にエンターテイメント・飲食・ショッピングの街</u>である。

◆**御堂筋（みどうすじ）**…大阪市の南北幹線の基軸。名前は北御堂（西本願寺津村別院）と南御堂（東本願寺難波別院）の2つの寺院が沿道にあることに由来する。全長約4kmある6車線の幹線道路で、街路樹の大イチョウ並木が有名。

1 北海道

2 東北地方

3 関東地方

4 中部地方

5 近畿地方

6 中国・四国地方

7 九州・沖縄地方

■ 大阪市

　大阪は古代から難波（なにわ）と呼ばれて都が置かれ、瀬戸内海に面する重要な国際港であった。江戸時代は「天下の台所」と呼ばれる経済の中心地だった。

　現在の大阪市は、国内第3位の人口約270万人を誇る大都市であり、かつ、東京とは異なる独自の文化を持つ都市として栄えている。

◎大阪市北部（キタ、大阪城、中之島周辺）

地域・資源	概要
大阪城公園 ★★	大阪城は、最初に豊臣秀吉が建設し、徳川家がそれを大幅に造り替えたが、1665年に落雷で天守を焼失し、以後は天守を持たない城であった。また、ほかの建物の大半も明治初年の動乱で焼失した。1928年、当時の大阪市長であった關一が天守再建を含む大阪城公園整備事業を提案し、1931年に今日の天守閣と大阪城公園が完成した。 大阪城
中之島	堂島川と土佐堀川に挟まれた細長い中洲。江戸時代には諸藩の蔵屋敷が集中して全国各地の物資が集まり、「天下の台所」の中枢を担った。明治時代以降は商業やビジネスの中心となり、明治時代末期竣工の**大阪府立中之島図書館**、大正時代竣工の**大阪市中央公会堂（中之島公会堂）・大阪市役所**を始め、各時代のビルが集まる。 中之島
造幣局	貨幣などを鋳造する造幣局の本局であり、**大阪造幣局**とも呼ばれる。構内に造幣博物館がある。毎年桜の開花時期に合わせ1週間限定で一般開放される「**桜の通り抜け**」は明治から続く春の風物詩になっている。 桜の通り抜け

大阪天満宮	大阪市民からは「天満（てんま）の天神さん」と呼ばれ親しまれている。祭礼の一つである**天神祭**は、6月下旬吉日から7月25日の約1か月間にわたり諸行事が行われ、特に大川（旧淀川）に多くの船が行き交う**船渡御（ふなとぎょ）**と**奉納花火**が有名で、「火と水の祭典」と呼ばれている。
梅田 ★★	JR大阪駅と私鉄各線の梅田駅を中心とするエリア。デパートが集中する一大ショッピングエリア。
梅田スカイビル	大阪駅の北側にある、2つのビルが上空で繋がるユニークな形のビル。空中庭園展望台が人気。京都駅ビルも設計した原広司氏の設計。

豆知識　「大阪駅」と「梅田駅」

　キタの中心であるJR大阪駅と私鉄各線の梅田駅は、駅名は異なるが同じ場所にあり、相互に繋がっている。両駅がある場所の地名は「梅田」であり、この地名は、低湿地を埋めて田畑にした（埋め田）ことに由来する。

　大阪最初の鉄道駅は明治政府が設置した大阪駅であったが、実はその前に民間による鉄道敷設計画があり、政府に却下されていた。この経緯に反発した当時の大阪の人々は、大阪駅のことを「梅田駅」「梅田ステンショ」などと呼んだ。そして、のちに大阪駅一帯に乗り入れた私鉄の駅は、地元で親しまれている「梅田」の名をことごとく採用することとなった。

◎大阪市中央部（ミナミと周辺）

地域・資源	内容
心斎橋	御堂筋から一筋東の心斎橋筋商店街を中心に、百貨店・専門店・高級ブランド店などが集積するショッピング街。

道頓堀 ★★	難波駅の北、道頓堀川一帯に広がる繁華街。戎橋（えびすばし）周辺に、お菓子メーカー「グリコ」やかに料理専門店「かに道楽」などの派手な看板が連なる。大阪のソウルフード「たこ焼き」「お好み焼き」のほか「串かつ」などの有名店が軒を連ねる「食い倒れ」の中心。
法善寺横丁	「水掛不動尊」で知られる法善寺の北側にある趣ある石畳の細い路地。昭和初期に小説『夫婦善哉』に登場して有名になった。
黒門市場 ★	「大阪の台所」ともいわれる市場・商店街で、約580mの通りには、鮮魚店を中心に、青果や乾物、飲食店など200軒近い店舗が並ぶ。近年は「食べ歩き」を目的とした観光客が多く訪れる。
ミナミの劇場	◆国立文楽劇場…人形浄瑠璃・文楽の殿堂。 ◆なんばグランド花月…漫才とお笑いの殿堂。
アメリカ村 ★	西心斎橋にある若者の街。古着屋などが集まる。

道頓堀

国立文楽劇場

◎大阪市南部（新世界、阿倍野、天王寺、住吉大社）

地域・資源	概要
通天閣	現在の通天閣は2代目で、高さ103mの展望タワー。最上階からは大阪市内の景色が一望でき、足の裏を触れば幸せになるとされている幸福の神様ビリケンも鎮座している。通天閣を中心とするエリアは新世界と呼ばれ、昭和の風情が色濃く残されている。
あべのハルカス	高さ300mある超高層ビル。横浜ランドマークタワー（高さ296m）を抜き、2022年末時点で「日本一高いビル」となったが、東京でより高いビルが完成した。

1 北海道
2 東北地方
3 関東地方
4 中部地方
5 近畿地方
6 中国・四国地方
7 九州・沖縄地方

四天王寺	593年に**聖徳太子**が四天王を安置するために建立したと伝えられる。蘇我馬子が建立した飛鳥寺と並び、日本における本格的な仏教寺院としては最古のもの。
住吉大社	摂津国一宮。全国の住吉神社の総本社。海の神として信仰され、遣隋使・遣唐使の守護神だった。本殿は4棟が並び、いずれも国宝に指定されている。

住吉大社

豆知識　「塔博士」内藤多仲

　日本の主要都市では、昭和の戦後に相次いでタワー（電波塔）が設置されたが、その多くは「塔博士」と呼ばれた内藤多仲の作品である。代表作に、名古屋テレビ塔、2代目通天閣、さっぽろテレビ塔、東京タワー、博多ポートタワーがある。

◎大阪市湾岸部

地域・資源	概要
ユニバーサル・スタジオ・ジャパン	ハリウッド映画の世界が体験できるテーマパーク。
海遊館	国内の巨大水族館のさきがけ。今なお世界最大級の水族館である。複合型アミューズメント施設の天保山（てんぽうざん）ハーバービレッジにある。

■大阪府南部

地域・資源	概要
堺市 ★	大阪市の南隣にあるベッドタウンかつ工業都市。戦国時代から安土桃山時代にかけて自由都市（自治権を持った都市）として商業や貿易で栄え、千利休が活躍した。**堺打刃物**（さかいうちはもの）は高品質で有名。

1 北海道
2 東北地方
3 関東地方
4 中部地方
5 近畿地方
6 中国・四国地方
7 九州・沖縄地方

大仙陵古墳（堺市）	日本最大の前方後円墳であり、**仁徳天皇陵**と推定されている。世界最大の面積を持つ墓であるといわれている。周囲の古墳とともに**百舌鳥古墳群**（もずこふんぐん）を構成する。
古市古墳群（ふるいちこふんぐん）	藤井寺市と羽曳野市にまたがる古墳群。応神天皇の陵に治定されている**誉田御廟山古墳**（こんだごびょうやまこふん）がある。
岸和田市	堺市の南西にある城下町。毎年9月～10月に開催される**だんじり祭り**は、山車（だんじり）が豪快に角を曲がる「やりまわし」が見どころ。
関西国際空港	大阪府南部の沖合にある、24時間離発着可能な国際空港。
富田林（とんだばやし）寺内町（富田林市）	戦国時代の浄土真宗の門徒たちに起源を持ち、歴史的建造物からなる街並みがよく保存されており、重要伝統的建造物群保存地区に選定されている。

大仙陵古墳

だんじり祭り

■大阪府北部

地域・資源	概要
箕面（みのお）市	箕面は古くは修験道の道場であり、今日は景勝地として知られる。日本の滝百選の箕面滝、勝尾寺、箕面温泉などが有名。
万博記念公園（吹田市）	1970年大阪万博の跡地を整備した公園。岡本太郎作の「**太陽の塔**」や、世界各地の生活文化を研究・紹介する**国立民族学博物館**がある。

箕面滝

■ 大阪府の産業と特産物

食文化

- **箱寿司＜全域＞**…木型にシャリと魚介類などを詰め、押して成形する寿司。ネタは〆鯖、鯛の昆布〆、焼き穴子、玉子焼きなどがある。
- **白みそ雑煮＜全域＞**…大阪や京都では、麹の比率が高い白味噌が多く用いられ、正月などに白味噌仕立てのお雑煮が食される。
- **お好み焼き、たこ焼き＜全域＞**…小麦粉を用いた「粉物」がよく食される。
- **てっちり（ふぐ料理）＜全域＞**…大阪の冬の風物詩。

伝統産業

- **堺打刃物（さかいうちはもの）＜堺市＞**…高い品質で有名。

兵庫県

1 北海道

2 東北地方

3 関東地方

4 中部地方

5 近畿地方

6 中国・四国地方

7 九州・沖縄地方

7 兵庫県

- ● 豊岡市
  - ♨ 城崎温泉
  - ★ 玄武洞
- ● 朝来市
  - ★ 竹田城
  - ★ 生野銀山
- ● 丹波篠山市
- ● 姫路市
  - ★ 姫路城
  - ★ 圓教寺
- 有馬温泉（神戸市）
- 六甲山
- ● 赤穂市
- ● 明石市
- ● 宝塚市
- ● 神戸市
  - ★ 北野異人館街
  - ★ 南京町
  - ★ 神戸港
- ◇◇ 淡路島

■ 神戸市と周辺

◎神戸市 ★★

　人口約150万人の政令指定都市で、兵庫県の県庁所在地。**瀬戸内海と六甲山地**の間に東西に細長く市街地が発展しており、日本を代表する港町の一つとしても知られる。

　平安時代の末期、平清盛が貿易港と都を設置し一時栄えたが、本格的に発展したのは1868年に兵庫が開港し、神戸に外国人居留地や港が造られて以降のことである。

地域・資源	概要
北野異人館街 ★	北野町山本通は、明治〜大正時代に建てられた洋風建築物（異人館）が数多く残り、伝統的建造物群保存地区に選定されている。
旧居留地	神戸市の商業の中心である三ノ宮駅と神戸港の間に位置するかつての外国人居留地。明治時代〜昭和初期の近代建築が数多く残る。
南京町	日本三大中華街の一つ。ほかに横浜中華街、長崎新地中華街。
神戸港	神戸のシンボルである**ポートタワー**、メリケンパーク、ホテルなどがあり、港町らしい風景が楽しめる。
有馬温泉 ★	六甲山北麓にある歴史ある温泉で、清少納言が「枕草子」で言及し、豊臣秀吉は何度も訪れている。**日本三古湯**および**日本三名泉**の一つ。

灘五郷 (なだごごう)	神戸市の東灘区・灘区と西宮市を合わせた「灘五郷」は、ミネラル豊富な地下水（宮水）があり、六甲山系から流れ出る河川の水車で精米ができ、酒を積み出せる港があったことから、江戸時代から日本酒の名産地として発展してきた。
六甲山地 ★	神戸市などの背後に連なる山地で、東西約30km あり、最高峰は東六甲山（海抜931m）。日本最古のゴルフ場をはじめ、スキー場・高山植物園・観光牧場などがある。瀬戸内海国立公園の一部。摩耶山掬星台から望む夜景は日本三大夜景の一つに数えられる。

北野異人館街

テーマで整理！ 日本三古湯、日本三名泉の両方に選ばれている有馬温泉

日本三古湯…日本書紀、風土記などに登場することに基づいた三古湯
◆有馬温泉＜兵庫県神戸市＞
◆道後温泉＜愛媛県松山市＞
◆白浜温泉＜和歌山県白浜町＞

日本三名泉…江戸時代の儒学者・林羅山が詩文に残した３つの温泉
◆有馬温泉＜兵庫県神戸市＞
◆草津温泉＜群馬県草津町＞
◆下呂温泉＜岐阜県下呂市＞

◎神戸市周辺の都市

地域・資源	内容
宝塚市	六甲山地の東にある。宝塚歌劇や手塚治虫記念館で知られる。
丹波篠山（たんばささやま）市	篠山藩の城下町として発展してきた。江戸時代の民謡を起源とするデカンショ節は全国的にも知名度が高く、8月に「デカンショ祭」が行われる。特産は丹波黒大豆。

■ 明石市と淡路島、姫路市周辺

神戸の西方に明石市、その南方対岸に淡路島、これらの北西に姫路市がある。

◎明石市と淡路島

地域・資源	概要
明石市	タコやタイで知られる漁港であり、魚の棚商店街には新鮮な海の幸が並ぶ。**日本標準時子午線（東経135度）**が通ることでも有名。
明石海峡大橋	神戸市と淡路島を結ぶ明石海峡に架かる**世界最長の吊り橋**（長さ3911m）。 明石海峡大橋
淡路島	瀬戸内海最大の島で、北端は**明石海峡**、南西端は**鳴門海峡（渦潮で有名）**、南東端は紀淡海峡にのぞむ。神話では日本列島の主要な陸地のなかで最初に創造された島とされており、それにちなんだ伊弉諾神宮（いざなぎじんぐう）がある。玉ねぎの栽培が盛ん。

◎姫路市と赤穂市

地域・資源	概要
姫路城（姫路市）★★	1993年に奈良の法隆寺とともに、日本で初の世界文化遺産に登録された。「姫山」（標高45.6m）にある平山城で、江戸時代初期に**池田輝政**が**5層7階の大天守**を持つ現在の姿とした。天守群は大天守と渡櫓（わたりやぐら）で結ばれた**3つの小天守からなる日本で唯一の連立式天守**。白壁が美しく、華やかな構成美が羽を広げて舞う白鷺にたとえられて「**白鷺城**」とも呼ばれる。城内には日本庭園の**好古園**が復元されている。 姫路城
圓教寺（姫路市）	姫路城の北の郊外、書写山の上にある天台宗の寺院で、「西の比叡山」と呼ばれる大寺院。ハリウッド映画「ラスト・サムライ」のロケ地として海外でも有名。 圓教寺
赤穂市	姫路市の西方、岡山県との県境にある。忠臣蔵で有名な赤穂事件ゆかりの地で、毎年、赤穂義士祭が行われている。古くから塩田が栄え、**赤穂の塩**として全国に流通している。

1 北海道
2 東北地方
3 関東地方
4 中部地方
5 近畿地方
6 中国・四国地方
7 九州・沖縄地方

■ 兵庫県北部
◎豊岡市

　兵庫県北部の中心都市。海岸沿いの景勝地は、山陰海岸国立公園や山陰海岸ジオパークとなっている。

地域・資源	概要
城崎温泉 ★	平安時代から1300年の歴史を持つ。文人墨客に愛され、志賀直哉は「城の崎にて」を書いた。川沿いに風情ある温泉街が形成され、浴衣姿で全外湯をめぐる「外湯めぐり」が名物となった。 城崎温泉
玄武洞	柱状節理の玄武岩が見事であり、岩石採掘でできた洞窟の周辺が公園として整備されている。 玄武洞
出石 (いずし)	「但馬の小京都」と呼ばれ、辰鼓楼（時計台）を中心に碁盤目状の古い街並みが残る。重要伝統的建造物群保存地区。出石そばもよく知られる。

豆知識　豊岡とコウノトリ

　豊岡市の城崎温泉は、コウノトリが傷を癒していたことにより発見されたとの伝説がある。かつて全国各地に生息していたコウノトリは、乱獲で急速に減少したが、豊岡市周辺では最後まで野生の個体群が生息していた。江戸時代に出石藩の藩主がコウノトリを霊鳥として保護したことから、この地域では保護意識が高かったともいわれている。
　野生の個体群は1971年には絶滅したが、現在は豊岡市のコウノトリの郷公園で人工繁殖の取組みが進められている。

◎朝来（あさご）市

地域・資源	概要
竹田城	標高353.7mの虎臥山（とらふすやま）の山頂に築かれ、廃城から約400年を経ても、石垣がほぼそのままの状態で残っている。9月から4月の雲海に浮かぶ姿が有名で、「天空の城」「日本のマチュピチュ」と呼ばれる。

生野鉱山	江戸時代には銀山として佐渡金山、石見銀山と並び幕府直轄の鉱山だった。1868年には政府の直轄となり、現在の姫路港と生野鉱山を結ぶ馬車専用道路「銀の馬車道」が1876年に完成した。

竹田城

生野鉱山

■ 兵庫県の産業と特産物

農業

- **但馬牛＜全県＞**…兵庫県内で生産される和牛を但馬牛（たじまうし）といい、山がちな兵庫県北部を中心に飼育される。但馬牛からとれる牛肉のうち、一定の格付けを満たすものは但馬牛（ぎゅう）等、さらに厳しい基準を満たすものが神戸ビーフ、神戸牛等と表記することが許される。
- **玉ねぎ＜淡路島＞**
- **丹波黒大豆＜丹波地域＞**
- **酒米「山田錦」＜神戸市周辺＞**…酒造りに適した米で、全国の6割が兵庫県で生産される。

食文化

- **ぼたん鍋＜丹波地域＞**…猪肉を用いた鍋料理。
- **いかなごのくぎ煮＜瀬戸内海沿岸＞**…イカナゴの幼魚を醤油やみりん、砂糖、生姜などで水分がなくなるまで煮込んだ料理。
- **日本酒＜神戸市灘区・東灘区、西宮市＞**…「灘五郷」は江戸時代から日本酒の製造が盛んであり、今も最大の産地である。
- **明石焼き（玉子焼き）＜明石市＞**…たこ焼きのルーツの一つといわれている。
- **出石そば＜豊岡市＞**
- **赤穂の塩＜赤穂市＞**

伝統産業

- **丹波立杭焼＜丹波篠山市＞**…日本六古窯の一つ

1 北海道
2 東北地方
3 関東地方
4 中部地方
5 近畿地方
6 中国・四国地方
7 九州・沖縄地方

近畿地方のチェックテスト

1　世界文化遺産「古都京都の文化財」の構成資産を北から南に並べた順番として
　　正しいものはどれか。
　　①賀茂別雷神社－賀茂御祖神社－教王護国寺－醍醐寺
　　②教王護国寺－賀茂別雷神社－醍醐寺－賀茂御祖神社
　　③醍醐寺－教王護国寺－賀茂御祖神社－賀茂別雷神社
　　④賀茂御祖神社－醍醐寺－賀茂別雷神社－教王護国寺

2　京都の嵯峨野にあり、足利尊氏が後醍醐天皇を弔うために建立し、夢窓疎石
　　が手がけた庭園で有名な寺院はどれか。
　　①瑞泉寺　②恵林寺　③天龍寺　④西芳寺

3　北野天満宮の近くにある京都の六花街の一つで、春に「北野をどり」が行われ
　　る場所はどれか。
　　①島原　②上七軒　③祇園甲部　④先斗町

4　藤原氏の栄華を物語る鳳凰堂や、源氏物語ミュージアムなどの観光地がある
　　場所はどれか。
　　①宇治　②伏見　③嵐山　④大原

5　滋賀県の美術館で、世界中の2000点以上のコレクションと、容積の8割が地
　　中に埋没した個性的な建築で知られるものはどれか。
　　① MOA 美術館　②地中美術館　③成川美術館　④ MIHO MUSEUM

6　古来より信仰の対象とされた琵琶湖に浮かぶ島で、伏見城から移築した建築
　　や、日本三大弁天の一つに数えられる都久夫須麻神社などの見所がある島は
　　どれか。
　　①賢島　②江ノ島　③大久野島　④竹生島

7　伊勢神宮内宮の門前町の中央にあり、江戸期から明治期にかけての代表的な

建築物が移築・再現され、飲食店や土産物店が建ち並ぶ場所はどれか。
①花見小路 ②おかげ横丁 ③仲見世 ④法善寺横丁

8 三重県にある観光資源の組み合わせはどれか。
① 有馬温泉－玄武洞
② 十津川温泉－吉野山
③ 湯の山温泉－夫婦岩
④ 白浜温泉－潮岬

9 藤原氏の氏神を祀り、鹿を神の使いとして大切にしている神社はどれか。
①大神神社 ②貴船神社 ③春日大社 ④近江神宮

10 奈良県や和歌山県などで食べられている郷土寿司で、ご飯にサバなどの魚を
のせて植物の葉でくるんだものはどれか。
①柿の葉寿司 ②鯖寿司 ③鮒寿司 ④めはりずし

11 弘法大師（空海）が高野山に開いた、真言密教の総本山はどれか。
①金峯山寺 ②金剛峰寺 ③教王護国寺 ④延暦寺

12 和歌山県にある世界最北のテーブルサンゴ群生地であり、ラムサール条約に
登録されている場所はどれか。
①友ヶ島 ②英虞湾 ③ミキモト真珠島 ④串本海中公園

13 大阪駅の北側にある、空中庭園で有名な高層ビルはどれか。
①あべのハルカス ②ランドマークタワー ③梅田スカイビル ④通天閣

14 大阪の道頓堀川にかかり、大きな看板が見られることで有名な橋はどれか。
①宇治橋 ②戎橋 ③心斎橋 ④三条大橋

1 北海道
2 東北地方
3 関東地方
4 中部地方
5 近畿地方
6 中国・四国地方
7 九州・沖縄地方

15 明治〜大正時代に建てられた洋風建築物（異人館）が数多く残り、伝統的建造物群保存地区に選定されているエリアはどれか。
①旧居留地　②北野　③南京町　④メリケンパーク

16 「但馬の小京都」と呼ばれる碁盤の目状の古い町並みが残り、そばでも有名な街はどれか。
①出石　②小浜　③丹波篠山　④舞鶴

17 京都の神社とゆかりの祭りの組み合わせとして正しいものはどれか。
①平安神宮　　　　−　　　祇園祭
②賀茂御祖神社　　−　　　五山送り火
③賀茂別雷神社　　−　　　葵祭
④八坂神社　　　　−　　　時代祭

18 京都府北部にあり、舟屋で知られる地名はどれか。
①宮津　②伊根　③舞鶴　④亀岡

19 全てが京都府の特産物である組み合わせはどれか。
①千枚漬・丹波立杭焼・小千谷縮
②高菜漬け・赤膚焼・西陣織
③野沢菜・萬古焼・結城紬
④すぐき・清水焼・丹後ちりめん

20 天台宗の僧である円珍が再興し、「三井の晩鐘」があることでも知られる寺院はどれか。
①延暦寺　②百済寺　③園城寺　④石山寺

近畿地方

1 北海道

2 東北地方

3 関東地方

4 中部地方

5 近畿地方

6 中国・四国地方

7 九州・沖縄地方

21 三重県にある旧東海道の宿場町で、重要伝統的建造物保存地区である場所はどれか。
①草津 ②関ケ原 ③関 ④島田

22 薬師寺東塔を見て「凍れる音楽」と評した人物は誰か。
①ブルーノ・タウト ②アーネスト・フェノロサ
③フランク・ロイド・ライト ④ル・コルビジェ

23 現在の奈良県橿原及び明日香村にあり、持統天皇が新たな都として定めたものはどれか。
①大津京 ②藤原京 ③平城京 ④近江京

24 世界文化遺産「紀伊山地の霊場と参詣道」の構成資産であり、巨岩をご神体とし、日本最古の神社だと言われているものはどれか。
①本宮大社 ②速玉大社 ③那智大社 ④花の窟神社

25 毎年夏に大阪で行われる天神祭の神事はどれか。
①お水取り ②船渡御 ③山鉾巡行 ④だんじり

26 兵庫県の地名と観光資源の組み合わせとして正しいものはどれか。
①明石 － デカンショ館
②姫路 － 圓教寺
③朝来 － 伊弉諾神宮
④丹波篠山 － 竹田城

正解 1.① 2.③ 3.② 4.① 5.④ 6.④ 7.② 8.③ 9.③ 10.① 11.② 12.④ 13.③
14.② 15.② 16.① 17.③ 18.② 19.④ 20.③ 21.③ 22.② 23.② 24.④ 25.② 26.②

6 章

中国・四国地方

主要都市、国立公園、世界遺産

区分		都道府県	概要
中国地方	山陰	鳥取県	・県庁所在地は**鳥取市**。 ・**大山隠岐国立公園・山陰海岸国立公園**がある。
		島根県	・県庁所在地は**松江市**。 ・**大山隠岐国立公園**、世界文化遺産「**石見銀山**」がある。
	瀬戸内	岡山県	・県庁所在地は**岡山市**。 ・**瀬戸内海国立公園、大山隠岐国立公園**がある。
		広島県	・県庁所在地の**広島市**は政令指定都市。 ・**瀬戸内海国立公園**、世界文化遺産「**原爆ドーム**」「**厳島神社**」がある。
		山口県	・県庁所在地は**山口市**。 ・**瀬戸内海国立公園**、世界文化遺産「**明治日本の産業革命遺産**」がある。
四国地方		徳島県	・県庁所在地は**徳島市**。 ・**瀬戸内海国立公園**がある。
		香川県	・県庁所在地は**高松市**。 ・**瀬戸内海国立公園**がある。
		愛媛県	・県庁所在地は**松山市**。 ・**瀬戸内海国立公園、足摺宇和海国立公園**がある。
		高知県	・県庁所在地は**高知市**。 ・**足摺宇和海国立公園**がある。

地形

◆**山陰（鳥取県、島根県）**：陸地には標高1000m前後の中国山地が連なり、河川の下流に鳥取平野、米子平野、出雲平野などが点在。海岸は、東から**山陰海岸、島根半島（美保関、日御碕）**があり、北の沖合に隠岐諸島が浮かぶ。

◆**瀬戸内（岡山県、広島県、山口県、香川県、愛媛県）**：海を挟んで比較的穏やかな地形が広がっており、北側に岡山平野と広島平野、南側に讃岐平野と松山平野がある。瀬戸内海には無数の島が浮かび、主要なものとして東から**淡路島（兵庫県）、小豆島、直島諸島、芸予諸島、周防大島諸島**がある。

◆**四国太平洋側（徳島県、高知県）**：**中央構造線と吉野川**より南は、急峻な**四国山地**であり平地は少ない。海岸は東から、**紀伊水道、蒲生田岬、室戸岬、土佐湾、足摺岬、豊後水道**と並ぶ。

気象

・山陰：冬季は降雪が多い。

・瀬戸内：瀬戸内式気候であり、冬季でも温暖で比較的降水量が少ない。

・四国太平洋側：日本有数の多雨地帯として知られる。

■ 山口県
世界文化遺産
★明治日本の産業革命遺産

■ 島根県
世界文化遺産
★石見銀山

■ 広島県
世界文化遺産
★原爆ドーム
★厳島神社

隠岐諸島

大山隠岐国立公園

山陰海岸国立公園

松江市
島根半島
美保関
日御碕
米子平野
山　陰　海　岸
鳥取市
出雲平野
雲南市
大山隠岐国立公園
鳥取平野

中国山地

帝釈峡

岡山平野
岡山市

広島平野

萩市
山口市
宮島
広島市
小豆島
淡路島

瀬戸内海国立公園
高松市

松山平野
讃岐平野
吉野川
徳島市
紀伊水道

佐田岬
松山市
四国山地

浦生田崎

高知市

豊後水道
土佐湾
室戸岬

足摺宇和海国立公園

足摺岬

❶直島諸島
❷芸予諸島
❸周訪大島諸島

1 北海道
2 東北地方
3 関東地方
4 中部地方
5 近畿地方
6 中国・四国地方
7 九州・沖縄地方

1 鳥取県

■ 鳥取市と鳥取県東部

　県庁所在地の鳥取市を中心とする地域。海岸の景勝地の多くは、**山陰海岸国立公園および世界ジオパークの「山陰海岸ジオパーク」**に含まれる。

地域・資源	内容
鳥取市	鳥取県の県庁所在地。かつては城下町であり、鳥取城跡には久松公園と**仁風閣**（片山東熊設計の洋館）がある。
白兎海岸（鳥取市）	因幡の白うさぎの伝説の舞台といわれる美しい砂浜。沿岸に白兎神社がある。
鳥取砂丘（鳥取市）★	南北2.4km、東西16kmに広がる日本最大級の砂丘。砂の美術館では砂の彫刻を鑑賞できる。ラッキョウとメロンの栽培が盛ん。山陰海岸国立公園かつ山陰海岸ジオパーク。

白兎海岸

白兎神社

鳥取砂丘

浦富（うらどめ）海岸（岩美町）	約15kmにわたるリアス海岸。断崖・奇岩・洞門が続き、大小の島や岩が散在する風景が宮城県の松島に似ていることから「山陰の松島」と呼ばれる。山陰海岸国立公園かつ山陰海岸ジオパーク。
鳥取市の温泉	◆**吉岡温泉**：鳥取市街地の西側、湖山池の南にある。 ◆**浜村温泉**：吉岡温泉のさらに西側。民謡「貝殻節」が有名。

浦富海岸

■ 倉吉市と鳥取県中央部

地域・資源	概要
倉吉市	「山陰の小京都」とも呼ばれる城下町。市内の**打吹玉川（うつぶきたまがわ）地区**は、昔ながらの白壁漆喰塗の土蔵群と赤褐色の石州瓦の屋根を持つ古い街並みが玉川沿いに連なり、重要伝統的建造物群保存地区に選定されている。 玉川沿いの土蔵群
三佛寺（さんぶつじ）（三朝町）	鳥取県のほぼ中央に位置する**三徳山（みとくさん）**にある山岳寺院。山岳修験の道場である。「**投入堂（なげいれどう）**」の通称で知られる国宝の奥院は、平安時代の建築物であり、垂直に切り立った絶壁の窪みに建てられている。 三佛寺投入堂

三朝（みささ）温泉 （三朝町）	900年前から三徳山参詣の拠点で、現在も深く繋がりがある。伝統的な和風旅館が多く、情緒ある温泉街が形成されている。世界屈指、国内最多のラドン含有量を誇る温泉で、温泉医療のメッカとしても知られている。  三朝温泉
倉吉周辺の温泉	◆**はわい温泉＜湯梨浜町＞**：東郷池の西岸にある。 ◆**東郷温泉＜湯梨浜町＞**：東郷池の南岸にある。 ◆**関金温泉＜倉吉市＞**：倉吉市街の南西にあり、国内第2位のラドン含有量を誇る。

豆知識　三佛寺と三朝温泉の深い関わり

　三佛寺と三朝温泉は近くにあるというだけではなく、まずは三朝温泉で「六感（観、聴、香、味、触、心）」を清め、その上で三佛寺に参って「六根（目、耳、鼻、舌、身、意）」を清めることが決まりとされた。

　このような深い関係を踏まえ、両者は2015年に「日本遺産」の第1号に認定された。

■ 米子市、大山と鳥取県西部

地域・資源	概要
皆生（かいけ）温泉（米子市）	弓ヶ浜にある温泉。山陰随一の温泉歓楽街として大型ホテルを含む宿泊施設が集まる。**日本トライアスロン発祥の地**といわれ、毎年7月に大会が行われる。
弓ヶ浜（米子市・境港市）	日本海（美保湾）と中海を分ける砂州。外洋側には長い砂州があり、防風林である松原が沿うようにして広がっている。
境港（さかいみなと）（境港市）	弓ヶ浜半島の北端に位置する港町。境港は日本海有数の漁港で、対馬海流のアジ、ブリ、サバのほか**ベニズワイガニ**の漁獲量が多い。漫画家水木しげるの出身地であり、**水木しげるロードと水木しげる記念館**がある。
大山（だいせん）（大山町ほか）	中国山地の最高峰（1729m）であり、美しい山容から伯耆富士とも呼ばれる。隣接する岡山県の蒜山高原とともに山岳リゾート地を形成している。

皆生温泉

大山

■ 鳥取県の産業と特産物
農業

- ・**二十世紀梨＜沿岸部＞**…梨全体だと生産量は全国第5位前後だが、二十世紀梨に限れば全国第1位。
- ・**ラッキョウとメロン＜鳥取砂丘＞**

食文化

- ・**かに汁＜全県＞**…ズワイガニのメスを使って作られる味噌汁。
- ・**とうふちくわ＜東部＞**…木綿豆腐と魚のすり身を原料としたちくわ。

1 北海道
2 東北地方
3 関東地方
4 中部地方
5 近畿地方
6 中国・四国地方
7 九州・沖縄地方

2 島根県

隠岐諸島

◉出雲市
　★ 出雲大社
　★ 日御碕

◉松江市
　★ 松江城
　★ 小泉八雲旧宅
　♨ 玉造温泉

宍道湖　　中海

◉大田市
　★ 世界文化遺産
　　「石見銀山遺跡とその文化的景観」
　♨ 温泉津温泉

足立美術館
（安来市）

▲三瓶山
（大田市ほか）

◉奥出雲町

◉雲南市

◉津和野町
　★ 殿町通り・本町通り
　★ 太鼓谷稲成神社

■ 出雲地方（島根県東部）

◎松江市 ★

　島根半島と宍道湖（しんじこ・しじみが有名）と中海（なかうみ）に挟まれた松江藩の城下町。

地域・資源	概要
松江城	江戸時代初期に山陰側の拠点として築かれた平山城で「千鳥城」ともいう。2015年に国宝に指定された天守閣は、質実剛健な造り。松江城のお堀を小舟でめぐる**堀川遊覧船**も人気。 松江城
宍道湖	松江市街地に隣接する汽水湖で、しじみが有名。ラムサール条約登録湿地。
玉造温泉 ★	奈良時代開湯といわれる古湯で、規模、歴史ともに島根県随一を誇る。松江、出雲などの観光地にも近く、観光拠点となっている。
小泉八雲旧居	日本を西洋世界に紹介した**小泉八雲（こいずみやくも、ラフカディオ・ハーン）**の旧居を利用した資料館。
美保関	島根半島の東端にあたる地域で、かつて北前船の寄港地として栄えた。石畳の町並み、美保神社、美保関灯台などの見所がある。

 豆知識　茶道文化が息づく松江

　松江は「茶どころ」（茶道が盛んな土地）として知られ、京都、金沢と並んで**日本三大菓子処**とされる。その源流は、江戸時代中期の松江藩7代藩主松平治郷（不昧公）に遡る。不昧公は、茶道を家臣に定着させただけでなく、陶器や漆器、木工、茶菓子などの職人を地元で育成した。

◎安来市と奥出雲地域

　安来市は松江市の東隣で、斐伊川が中海に注ぐ下流の町。その上流が奥出雲地域である。

地域・資源	概要
安来（やすぎし）市	安来市は鋼の積出港として栄えた歴史を持ち、伝統的な製鉄法のたたら製鉄をテーマとする**和鋼博物館**（わこうはくぶつかん）がある。また、安来市の民謡**安来節**は、滑稽な「どじょうすくい踊り」で知られる。
足立美術館（安来市）⭐	近代日本画を中心とした美術館で、質量ともに日本一として知られる横山大観の作品は総数130点にのぼる。また、面積5万坪に及ぶ**日本庭園**は国内はもとより海外でも評価が高く、米国の日本庭園専門雑誌が行っているランキングでは、初回の2003年から2022年まで、20年連続で庭園日本一に選出されている。 足立美術館
奥出雲地方 ⭐	**奥出雲地方**は砂鉄と木炭が豊富だったことから、古代よりたたら製鉄が盛んであり、現在は世界で唯一たたら製鉄が続いている地である。**奥出雲たたらと刀剣館**（奥出雲町）、**菅谷たたら山内生活伝承館**（雲南市）などでたたら製鉄の文化と技術に触れることができる。

解説　たたら製鉄 ⭐　

　たたら製鉄は、原料に砂鉄を用い、木炭の燃焼熱によって砂鉄を還元し、鉄を得る方法。炉に空気を送り込むのに使われる鞴（ふいご）が「たたら」と呼ばれていたために名前が付いた。日本刀の原料となる純度の高い**玉鋼**（たまはがね）は、たたら製鉄でしか得られない。

　近代製鉄技術導入の影響などで一旦途絶えたが、日本美術刀剣保存協会などが復活させた。得られた玉鋼は全国の刀匠に配分されている。

1 北海道

2 東北地方

3 関東地方

4 中部地方

5 近畿地方

6 中国・四国地方

7 九州・沖縄地方

◎**出雲市**

宍道湖の西側にあり、出雲大社の門前町として発展した。

地域・資源	内容
出雲大社 ⭐	祭神は**大国主神**。高さ24mの国宝の**本殿**は1744年に建立されたもので、大社造りの代表建築。**神楽殿**にある長さ13mのしめ縄は日本一の大きさといわれる。10月は、一般的には神無月であるが、神々が集まるこの地域だけは**神在月**（かみありづき）呼ばれている。2013年には60年ごとに行われる**式年遷宮**が行われた。
神門通り	出雲大社の門前町で、土産物屋や飲食店が軒を連ねる。
稲佐の浜	「国譲り」神話の舞台といわれる場所であり、また旧暦10月には全国の神々が出雲にやって来る際の上陸地点になるといわれる砂浜。
日御碕（ひのみさき）	島根半島のほぼ西端にある日本海に面する岬で、夕日は絶景。出雲日御碕灯台は第1等灯台の一つで、高さ43mと石積みの灯台としては東洋一の高さを誇る。
日御碕神社	日御碕にある古社で、出雲大社の「祖神様（おやがみさま）」として崇められる。現在の社殿は徳川3代将軍・家光の命で造営された権現造の建築。
経島（ふみしま）	ウミネコの繁殖地として知られる。

出雲大社（右奥が本殿、手前が拝殿）

日御碕灯台

1 北海道

2 東北地方

3 関東地方

4 中部地方

5 近畿地方

6 中国・四国地方

7 九州・沖縄地方

■ 石見地方（島根県西部）

地域・資源	概要
世界文化遺産「石見銀山遺跡とその文化的景観」★	石見銀山遺跡は日本海に面する島根県のほぼ中央に位置し、最盛期は戦国時代後期から江戸時代前期にかけてであった（現在は閉山）。当時、日本は世界の銀の約3分の1を産出したとも推定されている。 ◆**大森**…鉱山町であり、武家屋敷や代官所跡（現・**石見銀山資料館**）、豪商の旧宅などが残る。 ◆**温泉津（ゆのつ）温泉**…かつての銀の積出港であった、風情ある温泉地。 ◆**龍源寺間歩**…石見銀山の坑道である間歩（まぶ）の中で唯一、通年で一般公開されており、内部を見学できる。
三瓶山	大田市東部にあるカルデラが美しい山で、国引き神話の舞台にもなった。大山隠岐国立公園。

大森の町並み

龍源寺間歩の入口

豆知識　石見神楽

　島根県西部（石見地方）と広島県北西部（安芸地方北部）は、伝統芸能として神楽が受けつがれている。石見神楽は、演劇性・エンターテインメント性を強めた大衆的な芸能として発展しており、子供から高齢者にまで幅広く人気がある。石見地方・広島県北西部には定期公演が行われている施設が数多くある。

◎津和野町 ★

　島根県西部の山間の小さな盆地にある。かつては津和野藩の城下町で、「山陰の小京都」と呼ばれる。7月末の祇園祭で街中を練り歩く**鷺舞**も有名。津和野駅は「SLやまぐち号」の終点としても知られる。

地域・資源	内容
殿町通り・本町通り	**殿町通り**は、水路に沿って武家屋敷などが並び、津和野カトリック教会、藩校養老館跡などもある。**本町通り**は、古くからの商家が立ち並ぶ。これらの通りと周辺は伝統的建造物群保存地区に選定されている。
太鼓谷稲成神社	津和野だけではなく広い地域から尊崇を集める神社。「千本鳥居」は壮観で、本物のおあげをお供えする参拝方法もユニーク。社名は「稲荷」ではなく「稲成」と書く。
森鷗外旧宅・森鷗外記念館	森鷗外が生まれ、幼少時代を過ごした旧宅が保存されており、その隣に記念館がある。

津和野の街並み（殿町通り）

解説 SL やまぐち号

　JR 山陽新幹線・山口線の新山口駅を出発し、山口駅などに停車し、島根県の津和野駅まで運行している臨時快速列車。蒸気機関車（SL）の牽引により運行される動態保存列車の先駆けであり、観光列車として今なお人気が高い。

 間違いに注意！

津和野は島根県

　津和野町は島根県の西端にある。町内には JR 山口線が通り、そこを通る SL「やまぐち号」の終着駅であり、しかも山口県の萩市とともに「萩・津和野」として観光ルートとされることが多いため、山口県にあると勘違いされやすいので注意。

■ **隠岐諸島**

　島根半島北方の沖合にある離島。主な海岸や山地の景勝地は、隠岐世界ジオパーク、大山隠岐国立公園に含まれる。

　また、隠岐は古くから流刑地であり、建武の新政を行った**後醍醐天皇**や、鎌倉時代に承久の乱に負けた**後鳥羽上皇**が流されたことでも知られる。

地域・資源	内容
島前（どうぜん）	隠岐諸島の西側にある、有人3島を中心とする群島。**国賀（くにが）海岸**は海食崖の海岸線が見事で、上は牧草地になっており、牛や馬が放牧されている。
島後（どうご）	隠岐諸島の東側にある、最大の面積を持つ島。山間部にある岩倉の乳房杉、海岸の奇岩であるローソク岩などが知られる。

> ⚠ **間違いに注意！**
>
> **ともに日本海に浮かぶ「隠岐」と「壱岐」**
> ◆**隠岐（おき）**…島根県にある諸島。　◆**壱岐（いき）**…長崎県にある単独の島。
> 　これらは、「古事記」の「国生み」で神の生んだ8つの島（淡路、四国、隠岐、九州、壱岐、対馬、佐渡、本州）に含まれる由緒ある島である。

■ **島根県の産業と特産物**
食文化

> ・**出雲そば＜出雲地方（県東部）＞**…そばの実と甘皮を一緒に挽いて打つため、麺は黒っぽくコシがあり、香りも極めて高い。食べ方は、割子という丸い器に薬味を加えて、つゆをかけて食べる割子そばが一般的。
> ・**しじみ汁＜宍道湖周辺＞**…砂抜きをしたしじみを火にかけてあくを取り、しょうゆや味噌で味付けをした汁物。宍道湖はしじみの名産地。
> ・**和菓子＜松江市＞**…京都市、金沢市とともに日本三大菓子処として知られる。

伝統産業

> ・**奥出雲玉鋼工芸品＜奥出雲地域＞**…奥出雲地域は古くから優れた鋼の産地であり、現在では日本で唯一伝統的な「たたら製鉄」が行われている。
> ・**石州半紙（せきしゅうばんし）＜浜田市＞**…石見地方（県西部）の浜田市を中心に製造されている和紙。ユネスコの世界無形文化遺産に登録されている。

テーマで整理！ 日本三大そば

◆戸隠そば＜長野県長野市＞　　◆出雲そば＜島根県出雲市＞
◆わんこそば＜岩手県盛岡市、花巻市＞

1 北海道
2 東北地方
3 関東地方
4 中部地方
5 近畿地方
6 中国・四国地方
7 九州・沖縄地方

③ 岡山県

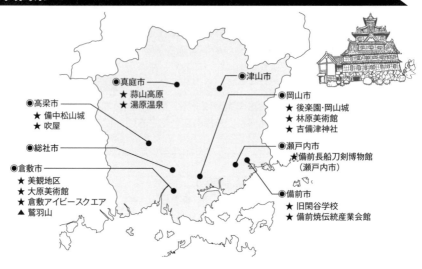

- ●真庭市
  - ★ 蒜山高原
  - ★ 湯原温泉
- ●津山市
- ●高梁市
  - ★ 備中松山城
  - ★ 吹屋
- ●岡山市
  - ★ 後楽園・岡山城
  - ★ 林原美術館
  - ★ 吉備津神社
- ●総社市
- ●瀬戸内市
  - ★ 備前長船刀剣博物館
    （瀬戸内市）
- ●倉敷市
  - ★ 美観地区
  - ★ 大原美術館
  - ★ 倉敷アイビースクエア
  - ▲ 鷲羽山
- ●備前市
  - ★ 旧閑谷学校
  - ★ 備前焼伝統産業会館

■ 岡山市と周辺

◎岡山市

　岡山県の県庁所在地で、人口約70万人の政令指定都市。岡山藩の城下町として栄えた。

地域・資源	概要
後楽園 ★	江戸時代初期に2代岡山藩主・池田綱政によって造営された、元禄文化を代表する大名庭園。水戸の偕楽園、金沢の兼六園とともに日本三名園の一つ。
岡山城 ★	岡山市のシンボルであり、別名は烏城（うじょう）。外観復元の天守が立つ。
西大寺	真言宗の寺院で、**西大寺会陽**（さいだいじえよう）と呼ばれる裸祭りが行われることで有名。
林原美術館	岡山市にある私設美術館。洛中洛外図屏風、国宝の刀剣などを所蔵していることで知られる。

後楽園と岡山城

◎吉備路 ★

　岡山市北西部から総社市にかけての観光エリア。約21kmの吉備路自転車道が整備され、歴史と四季折々の自然に触れながらサイクリングを楽しむことができる。

地域・資源	内容
吉備津神社（きびつじんじゃ）（岡山市）	備中国一宮で、桃太郎のモデルとなった吉備津彦命が祀られている。
造山古墳（岡山市）	前方後円墳では全国で第4位の規模を持ち、人が立ち入れる古墳としては最も大きい巨大な古墳。
鬼ノ城（きのじょう）（総社市）	**鬼城山（きのじょうさん）**山頂に造られた古代の山城。切り立った山の上に城壁が築かれているため、眺望が素晴らしい。 鬼ノ城（きのじょう）
備中国分寺（総社市）	奈良時代に全国に建立された国分寺の一つ。江戸時代に再建された五重塔がそびえ、吉備路を代表する景観として有名。

◎高梁市

岡山市・総社市の北西、高梁川の上流に位置する城下町。武家屋敷の街並みが残り、「備中の小京都」と呼ばれる。

地域・資源	概要
備中松山城	臥牛山（430m）の山頂にある山城で、現存十二天守の一つがある。「天空の城」の別名を持つ。
頼久寺（らいきゅうじ）庭園	小堀遠州が作庭した枯山水庭園が、当時に近い状態で残されている。
吹屋	高梁市郊外の成羽町にあり、**石州瓦**と**ベンガラ漆喰壁**の赤い商家の町並みで知られ、重要伝統的建造物群保存地区に選定されている。 吹屋の町並み

◎備前市と瀬戸内市

ともに岡山市の東方にある。

地域・資源	概要
旧閑谷学校（きゅうしずたにがっこう）（備前市）	岡山藩主**池田光政**（みつまさ）が創設した庶民教育のための学校（郷学）。明治維新後も私立学校などとして存続した。国の特別史跡で、講堂は国宝。
備前焼伝統産業会館（備前市）	日本六古窯の一つである備前焼の展示・販売が行われている。

備前長船刀剣博物館 （瀬戸内市）	約40振りの日本刀が展示され、また、併設の工房では、日曜日に研師、鞘師、柄巻師の仕事を見学できる。

旧閑谷学校講堂

テーマで整理！ 日本遺産「近世日本の教育遺産群」

　我が国では、江戸時代以前から、全国各地に武士から庶民までさまざまな階層を対象とした学校が設置されており、これらが明治以降の近代化の原動力となったといわれている。それらの中で、以下の4つが日本遺産に認定されている。

◆**足利学校＜栃木県足利市＞**…室町時代から戦国時代は関東の最高学府。江戸時代に入ると郷学として繁栄。

◆**閑谷学校＜岡山県備前市＞**…庶民教育のための郷学。

◆**咸宜園＜大分県日田市＞**…身分を問わず入塾できた私塾。

◆**弘道館＜茨城県水戸市＞**…儒学教育を礎に文武を磨く教育機関。

■ 倉敷市 ★

　岡山市の南西に位置し、県内最大の観光都市として知られる。

　江戸時代初めに天領となって代官所が置かれ、幕府の保護のもとに商業都市・港町として繁栄し、さらに明治時代には、繊維製品の年間出荷額が日本一の「繊維のまち」となった。

地域・資源	概要
美観地区	江戸時代の倉敷川では潮の干満を利用して多くの船が行きかい、川沿いに商家の町並みが形成された。これらが良好な状態で保存され、白壁と川沿いの柳が美しい「美観地区」として知られている。
大原本邸（旧大原家住宅）と大橋家住宅	大原家、大橋家は、江戸時代後期に台頭した豪商であり、両家の古い住宅が残る。
大原美術館	明治時代の大原当主・大原孫三郎が設立した日本初の西洋美術館。エル・グレコ、ゴーギャン、モネなどのコレクションで知られる。敷地内の庭園である新渓園も有名。

倉敷アイビースクエア	大原家が経営した倉敷紡績（クラボウ）の旧工場を改修した複合観光施設。
児島	倉敷市内南部の児島は、岡山県と香川県を結ぶ瀬戸大橋の北端に位置する。**国産ジーンズ発祥の地**として有名でジーンズストリートがある。
鷲羽山（わしゅうざん）	瀬戸内海に面する山で、山頂からは、瀬戸大橋と瀬戸内海の絶景、倉敷市水島の臨海コンビナートなどを楽しむことができる。

美観地区

鷲羽山から見た瀬戸大橋

テーマで整理！ 本州四国連絡橋

◆**神戸・鳴門ルート**…1998年開通。兵庫県神戸市～徳島県鳴門市。道路単独橋。神戸市側に明石海峡大橋、間に淡路島、鳴子市側に大鳴門橋がある。

◆**児島・坂出ルート（瀬戸大橋）**…1988年開通。岡山県倉敷市～香川県坂出市。鉄道と自動車道の併用橋。

◆**尾道・今治ルート（しまなみ海道）**…1999年開通。広島県尾道市～愛媛県今治市。道路単独橋で、サイクリング道が併設されている。

■岡山県北部

地域・資源	概要
蒜山高原（真庭市）	岡山・鳥取県境の広大な草原があるリゾート地で、ジャージー牛の放牧でも知られる。大山隠岐国立公園に指定。
湯原温泉（真庭市）	県北部の観光拠点となっている温泉。巨大な露天風呂の砂湯で有名。同じく県北部の湯郷温泉、奥津温泉とともに美作三湯と呼ばれることもある。
津山市	岡山県北部の中心都市である城下町。「美作の小京都」と呼ばれる。

■ 岡山県の産業と特産物

農業

> ・ブドウ、モモ＜岡山平野＞…岡山県は全国有数の果物の産地として有名で、特に白桃、マスカット、ピオーネが有名。

食文化

> ・岡山ばらずし＜岡山市周辺＞…祭りの日などのごちそうで、魚や野菜を使ったちらし寿司。
> ・ままかり寿司＜全県＞…ままかりはニシン科の小魚で、これを使った料理は岡山県の名物。
> ほかに、吉備団子＜岡山市＞、蒜山やきそば＜真庭市＞、津山ホルモンうどん＜津山市＞。

伝統産業

> ・備前焼＜備前市＞…日本六古窯の一つ。釉薬を一切使わない赤みの強い味わいや、一つとして同じものがない模様が特徴。
> ・日本刀＜瀬戸内市＞…瀬戸内市の長船地域は、古くから備前長船兼光などの名工を輩出し、屈指の日本刀産地として知られる。

備前焼

4 広島県

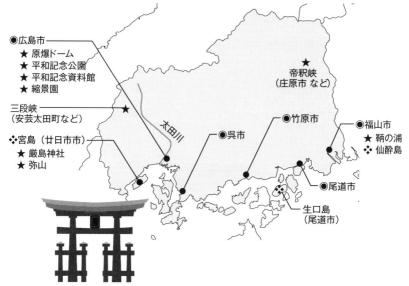

◎広島市
　★ 原爆ドーム
　★ 平和記念公園
　★ 平和記念資料館
　★ 縮景園

三段峡
（安芸太田町 など）

❖宮島（廿日市市）
　★ 厳島神社
　★ 弥山

太田川

★
帝釈峡
（庄原市 など）

●呉市

●竹原市

●福山市
　★ 鞆の浦
　❖ 仙酔島

●尾道市

生口島
（尾道市）

1 北海道　2 東北地方　3 関東地方　4 中部地方　5 近畿地方　6 中国・四国地方　7 九州・沖縄地方

■ 広島市と宮島

◎広島市

　県庁所在地の広島市は、中国・四国地方で最大の都市で、政令指定都市（人口約120万人）。江戸時代は広島藩42万石の城下町、明治時代以降は陸海軍の拠点が集中する軍事都市となった。

　南は広島湾に面し、市の中心部を流れる太田川の河口に開けた三角州上に市街地が形成されている。

　2023年に広島サミットが開催された。

地域・資源	概要
原爆ドーム ★★★	**世界文化遺産**。太平洋戦争末期の**1945年8月6日**、米軍は広島市に世界初のウラン原爆を投下し、爆心地から2km以内がほぼ全壊・全焼、同年末までに14万人が死亡したとされる。 原爆ドームは、太田川が形成したデルタ上の太田川（本川）と元安川の分岐する地点にあり1915年に**広島県物産陳列館**として建てられ、被爆後にいつしか市民から「原爆ドーム」と呼ばれるようになった。
平和記念公園	原爆ドームの南西に位置し、原爆死没者の慰霊と世界恒久平和を祈念して開設された都市公園。公園内には平和記念資料館、原爆死没者慰霊碑、原爆で亡くなった子どもたちの霊を慰めるための「原爆の子の像」などがある。

平和記念資料館 ★★★	平和記念公園にある資料館。重要文化財である西側の「本館」は被爆者の遺品や被爆資料を展示し、東側の「東館」は原爆が投下された経緯、核時代の現状や広島市の平和への取組みなどについて紹介している。
原爆死没者慰霊碑	平和記念公園にある慰霊碑。中央の石室には、国内外を問わず、原子爆弾に被爆し、亡くなった人の名前を記帳した原爆死没者名簿が納められている。
平和大通り	平和記念公園の南端を東西に走る広島市のメインストリート。毎年5月初めに**ひろしまフラワーフェスティバル**が開催される。
縮景園	広島藩浅野氏の別邸が起源であり、原爆投下により荒廃したが、1970年代までに復旧された。

原爆ドーム

平和記念資料館

 豆知識　**広島の平和記念施設の設計者と配置**

平和記念公園、平和記念資料館、原爆死没者慰霊碑は、いずれも丹下健三の設計による。丹下は設計コンペにおいて、広島市を東西に貫く現在の平和大通りと直交する南北軸線上に、平和記念資料館、原爆死没者慰霊碑、そして原爆ドームを一直線に配置することを提案し、そのスケールの大きな都市計画が、コンペで高く評価されたといわれている。

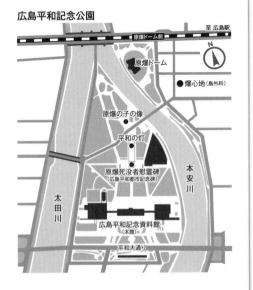
広島平和記念公園

◎ 宮島（廿日市市）★★★

地域・資源	内容
安芸の宮島（厳島）	広島市の南西、日帰り圏内に位置する。宮城の松島・京都の天橋立と並び、日本三景の一つとして知られる景勝地である。瀬戸内海国立公園。
厳島神社 ★★★	**世界文化遺産**。満潮時は海上に浮かぶ朱の大鳥居と社殿で知られる神社。本殿・幣殿・拝殿・廻廊はいずれも国宝であり、鎌倉・室町時代の再建ではあるが、平安時代末期の寝殿造の様式を伝えている。また、奉納された美術工芸品・武具類にも貴重なものが多い。
弥山（みせん）	宮島（厳島）の中央部にある標高535mの山。古くから信仰の対象になっており、現在は瀬戸内海などの絶景を楽しめる展望台、そして紅葉の名所として知られる。

厳島神社

■ 広島市周辺（呉市、東広島市、竹原市）

　広島市の南東～東方にある呉市、東広島市、竹原市は、何れも個性ある観光資源を有する都市として知られる。

地域・資源	概要
呉市 ★	広島市の南東に位置する呉市は、明治時代以降、軍港・**鎮守府**・造船の町として発展してきた。市内の**大和ミュージアム（呉市海事歴史科学館）**や海上自衛隊呉資料館で歴史に触れることができる。市内の島しょではレモンの栽培が盛ん。  大和ミュージアム
西条（東広島市）	広島市の東方に位置する東広島市の西条は、大正時代から昭和初期にかけて灘・伏見と並ぶ「日本三大銘醸地」に数えられた酒どころで、現在も酒蔵が集中する。

1 北海道
2 東北地方
3 関東地方
4 中部地方
5 近畿地方
6 中国・四国地方
7 九州・沖縄地方

地域・資源	概要
竹原市町並み保存地区	古い町並みが残り、「安芸の小京都」と呼ばれる。伝統的建造物群保存地区に選定されており、頼山陽旧居、塩田で財を成した経営者の旧笠井邸などがある。
大久野島（竹原市）	竹原市内東部の瀬戸内海に浮かぶ島。野生のウサギが数多く生息することで知られる。

■ 広島県東部沿岸（尾道市、福山市周辺）
◎尾道市と「しまなみ海道」

地域・資源	概要
尾道市 ★	尾道市は岡山市と広島市のほぼ中間に位置する。中世より港町として繁栄し、尾道三山と尾道水道の間の限られた生活空間に多くの寺社や庭園、住宅が造られ、入り組んだ路地・坂道とともに箱庭的都市が生み出された。 尾道市（千光寺山からの眺め）
千光寺山（尾道市）	尾道市街地の背後にある三山の一つで、春の桜と夜景が美しい**千光寺公園（尾道市）**、「おのみち文学の館」などがある。
しまなみ海道 ★	1999年に開通した全長約80kmの道路橋で、広島県尾道市本土から、向島、因島、生口島、（この間広島・愛媛県境）、大三島、伯方島、大島などを経て愛媛県今治市までを結ぶ。自動車道に併設されている**瀬戸内海横断自転車道**は、世界でも珍しい海上自転車ルートとして人気がある。
生口島（いくちじま）（尾道市）★	しまなみ海道ほぼ中間にある島。当地出身の日本画家・平山郁夫の作品を展示する**平山郁夫美術館**、日光東照宮の陽明門、平等院鳳凰堂などをモデルとした縮小模型が設置されている**耕三寺**などの見どころがある。レモンの栽培が盛ん。

豆知識　尾道のさまざまな別名

◆**坂の街**…尾道三山と尾道水道に挟まれた狭い場所に市街地があり、斜面に住宅などが密集し、その間を縫うように狭い路地や階段が走る。

◆**文学の街**…林芙美子、志賀直哉などが居を構え、尾道を舞台とした作品を発表した。

◆**映画の街**…その独特の風景から、数多くの映画やドラマなどのロケ地として使われてきた。

◎福山市

地域・資源	概要
鞆の浦（とものうら）★	瀬戸内海の潮の分かれ目となるところで、潮待ちの港や朝鮮通信使の拠点として栄え、古い町並みやシンボルの常夜燈が残る。宮崎駿監督の「崖の上のポニョ」の舞台にもなった。 鞆の浦と仙酔島
仙酔島	鞆の浦の東側に浮かぶ風光明媚な島。

■ 広島県山間部

地域・資源	概要
帝釈峡（庄原市など）	県北東部にある全長約18kmの峡谷。新緑と紅葉の名所。
三段峡（安芸太田町など）	県北西部、太田川上流にある渓谷。帝釈峡と並び称される自然景勝地。

■ 広島県の産業と特産物
農業

・**レモン＜芸予諸島＞**…広島県はレモン生産量日本一。呉市の島しょ部の「大長レモン」、尾道市生口島の「瀬戸田レモン」が有名。

食文化

・**牡蠣の土手鍋＜広島湾沿岸＞**…鍋の周りに味噌を塗り付け、カキと豆腐や野菜を煮ながら食べる鍋料理。広島湾は牡蠣の産地として有名。
・**あなご飯＜瀬戸内海沿岸＞**…甘辛く煮たり焼いたりしたアナゴを、ご飯にのせた丼もの又はお重。
・**お好み焼き＜全県＞**…そばが入った「広島風お好み焼き」で知られる。

1 北海道

2 東北地方

3 関東地方

4 中部地方

5 近畿地方

6 中国・四国地方

7 九州・沖縄地方

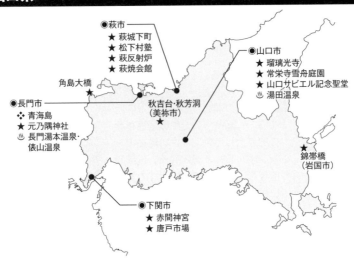

- ●萩市
  - ★萩城下町
  - ★松下村塾
  - ★萩反射炉
  - ★萩焼会館
- ●山口市
  - ★瑠璃光寺
  - ★常栄寺雪舟庭園
  - ★山口サビエル記念聖堂
  - ♨湯田温泉
- 角島大橋 ★
- ●長門市
  - ❖青海島
  - ★元乃隅神社
  - ♨長門湯本温泉・俵山温泉
- 秋吉台・秋芳洞（美祢市）★
- 錦帯橋（岩国市）★
- ●下関市
  - ★赤間神宮
  - ★唐戸市場

■ 山口県南東部（周防地域）

◎山口市

室町時代には日明貿易で富を蓄積した大内氏の本拠として繁栄した。応仁の乱以後には、乱を逃れてきた雪舟などの文化人を歓迎したので文化が栄え、「西の京」と呼ばれた。

地域・資源	概要
瑠璃光寺	大内氏全盛期の「西の京・山口」を代表する寺院。国宝の**五重塔**は大内氏が1442年ごろに建立したもので、京都の醍醐寺、奈良の法隆寺の五重塔と並び称される。境内は香山公園と呼ばれ、桜や梅の名所にもなっている。 瑠璃光寺五重塔
常栄寺雪舟庭	大内氏が別荘として、画僧雪舟に築庭させたものと伝えられる。
山口サビエル記念聖堂	**フランシスコ・ザビエル**は大内氏の保護のもとで布教をしている。彼の来日（山口での布教活動）400年記念として1952年に聖堂が建てられた。 ※聖堂の名前は「サビエル」（冒頭は濁らない）であることに注意。
湯田温泉 ★	山陽道随一の温泉街であり、山口市内や萩・津和野観光の拠点となっている。

1 北海道

2 東北地方

3 関東地方

4 中部地方

5 近畿地方

6 中国・四国地方

7 九州・沖縄地方

◎岩国市 ★

山口県の最東部、広島県との県境に位置する。

地域・資源	内容
錦帯橋（岩国市）★	錦川の川幅約200mの河川内に、4つの橋脚を持つ5連の木造橋。主要構造部は組木の技術によって釘は1本も使わずに造られている。1674年に建設され、その後補修などが行われつつ、建設当時の姿を保っている。 錦帯橋

テーマで整理！ 日本三名橋、日本三奇橋の両方に選ばれている錦帯橋

日本三名橋
◆錦帯橋＜山口県岩国市＞
◆日本橋＜東京都中央区＞
◆眼鏡橋＜長崎県長崎市＞

日本三奇橋
◆錦帯橋＜山口県岩国市＞
◆猿橋＜山梨県大月市＞
◆愛本橋＜富山県黒部市＞（現存せず）

※日本三名橋、日本三奇橋は諸説がある。

■ 山口県北西部（長門地域）
◎秋吉台（美祢市）

地域・資源	概要
秋吉台 ★	東西17km、南北8kmの日本最大の**カルスト台地**。草原の中に白い石灰岩が点在し、ドリーネ（すり鉢状の凹地）やウバーレ（盆地）など、起伏に富んだ壮大な光景が広がっている。地下には秋芳洞など400を超える鍾乳洞がある。
秋芳洞	秋吉台の地下にある日本最大規模の鍾乳洞で、約1kmが公開されている。総延長は約8500m。

秋吉台

秋芳洞「百枚皿」

◎萩市 ★

山口県北部の中心都市。かつては**長州藩**36万石の城下町として発展した。

地域・資源	概要
世界文化遺産「明治日本の産業革命遺産」	萩市は、世界文化遺産「明治日本の産業革命遺産」を構成する8つのエリアの一つである。 ◆**萩城下町**…江戸時代初頭に**毛利氏**が日本海に張り出した**指月山**の麓に萩城を築城した。その山麓にある**萩城下町**は旧態をよくとどめており、堀内地区は重要伝統的建造物群保存地区に選定されている。 ◆**松下村塾**…幕末に吉田松陰が主宰した私塾で、当時の建物が残る。ここで**高杉晋作・久坂玄瑞・伊藤博文**らが学び活躍した。 ◆**萩反射炉**…幕末に大砲鋳造用に築造した溶解炉の遺構。 ◆**恵美須ヶ鼻造船所跡**…洋式帆船を建造した造船所跡。 ◆**大板山たたら製鉄遺跡**…江戸時代の製鉄所跡。
旧萩藩校明倫館	全国屈指の規模を誇った藩校の跡。その後、日本最大の木造校舎が建てられ、現在は観光施設となっている。
萩焼会館	萩焼の体験、見学、買い物などができる施設。

萩城下町

松下村塾

◎長門市

地域・資源	概要
青海島（おおみじま）	島の北岸は奇岩が並び立ち「海上アルプス」とも称される。対岸の仙崎港から観光遊覧船が発着しており、島の外周を一周することができる。島の南西には砂州の波の橋立に囲まれた潟湖の青海湖がある。
元乃隅（もとのすみ）神社	島根県津和野町にある「太鼓谷稲成神社」が派生し建てられた神社で、海岸に鳥居が立ち並ぶ。アメリカのテレビ局CNNの調査で「日本で最も美しい場所31」の一つに選出され、世界中から注目を集めるようになった。

金子みすゞ記念館	大正時代末期から昭和時代初期にかけて活躍した童謡詩人の記念館。
長門湯本温泉と俵山温泉	長州藩の藩主も訪れたという歴史ある名湯。

◎下関市

山口県最大の人口を擁する。**関門海峡**を挟んで九州と対峙する位置にあり、山陽道と山陰道の交わるところで、古来より陸と海における交通の要衝だった。

源平合戦の最後となった壇ノ浦の戦い、宮本武蔵と佐々木小次郎の巌流島の決闘、幕末の四国艦隊下関砲撃事件（下関戦争）、日清戦争の下関条約など、数々の歴史の舞台となった。

地域・資源	概要
赤間神宮	壇ノ浦の戦いで、わずか8歳で入水して亡くなった**安徳天皇**を祀る。5月2日から3日間行われる例祭の**先帝祭**は、平家一門追悼祭、遊女の衣装をまとった行列の「上臈道中」などが行われる。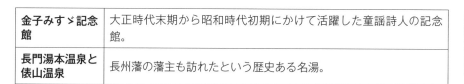
唐戸市場	下関にある市場で、名産のフグを中心に、タイやハマチなどの魚介類や農産物などがそろい、「関門の台所」と呼ばれる。小売や漁師の直売が充実しており観光客にも人気。
角島大橋	下関市北部にある、日本海に浮かぶ角島と本土を結ぶ橋。テレビCMのロケ地として多く採用され、新たな観光名所となっている。

豆知識　ふぐ料理公許第一号店の「春帆楼（しゅんぱんろう）」

春帆楼は、赤間神宮に隣接し、関門海峡を望む高台にある割烹旅館。伊藤博文が立ち寄った際、漁のない日で困り果てた女将は、当時禁止であったふく料理（下関ではふぐのことをふくと呼ぶ）を出したところ、博文はこれを絶賛した。そして翌年に禁令が解かれ、春帆楼はふぐ料理公許第一号店となった。

また、春帆楼は1895年に日清戦争の講和条約である**下関条約**が締結された会場としても知られる。

1 北海道
2 東北地方
3 関東地方
4 中部地方
5 近畿地方
6 中国・四国地方
7 九州・沖縄地方

■ 山口県の産業と特産物

食文化

- **ふく料理＜下関市＞**…下関は、当地で水揚げされる天然のトラフグなどのほか、長崎県や熊本県の養殖トラフグなども集まる一大集積地。フグは刺身、鍋物、唐揚げなどさまざまな料理法で食される。
- **岩国寿司＜岩国市＞**…押し寿司の一種で、酢飯の上に青菜、蓮根、椎茸、錦糸卵などをのせ、これを何層にも重ね、重石でしばらく押し固める。
- **瓦そば＜全県＞**…熱した瓦に茶そばと具材をのせて、温かいめんつゆで食べる料理。下関市の川棚温泉が発祥。

伝統産業

- **大内塗＜山口市＞**…椀・盆などの漆器。夫婦で一対になった大内人形も有名。室町時代に大内氏が輸出品として奨励したのが始まりといわれている。

知識　地域によって異なるフグの呼び名

　フグの本場である下関や北九州では、フグのことを濁らずに「ふく」と呼ぶ場合が多い。これは、フグが「不遇」に繋がり、フクが「福」に繋がるからだといわれているが、定かではない。

　また、フグをよく食べる大阪では、「当たれば死ぬ」ことの洒落から「テッポウ＝鉄砲」と呼ばれ、「てっさ」（フグの刺身）や「てっちり」（フグ鍋）はこれに由来する。

❻ 徳島県

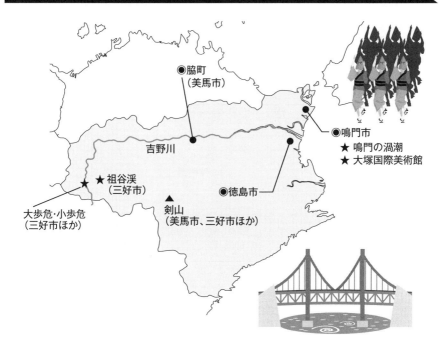

● 脇町
（美馬市）

吉野川

● 鳴門市
★ 鳴門の渦潮
★ 大塚国際美術館

★ 祖谷渓
（三好市）

大歩危・小歩危
（三好市ほか）

▲ 剣山
（美馬市、三好市ほか）

● 徳島市

1 北海道

2 東北地方

3 関東地方

4 中部地方

5 近畿地方

6 中国・四国地方

7 九州・沖縄地方

解説 徳島県を東西に貫く吉野川

　日本三大暴れ川の一つで、利根川（坂東太郎）、筑後川（筑紫次郎）と並び四国三郎の異名を持つ。讃岐山脈と四国山地に挟まれた中流～下流域では**徳島平野**を形成している。土地が肥沃な徳島平野では、かつては藍、今日では野菜類の生産が盛んであり、収穫された農産物は京阪神を中心に出荷される。

■ 徳島市と鳴門市（県沿岸部）

地域・資源	概要
徳島市	徳島県の県庁所在地。元城下町で、かつて藍産業の発展で栄えた。吉野川河口の徳島平野に位置し、ほぼ平坦であるが、中央にシンボルといえる**眉山（びざん）**がそびえる。8月の**阿波おどり**が有名だが、眉山のふもとの阿波おどり会館では年中実演が見られる。

鳴門の渦潮 （鳴門市）★	徳島県鳴門市と兵庫県南あわじ市の間にある鳴門海峡で発生する渦潮は、春と秋の大潮時に最大となり、直径20mにも達する大きさは世界一といわれる。観光船や大鳴門橋遊歩道「渦の道」から見学する。	
大塚国際美術館（鳴門市）	西洋名画1000余点をオリジナルと同じ大きさに複製し展示する陶板名画美術館。写真撮影が可能で、直接手を触れることもでき、一部作品を屋外に展示している。	

解説 阿波おどり ★

　徳島（阿波国）を発祥とする8月の盆踊りで、400年の歴史があり、夏になると徳島県内各地の市町村で開催される。中でも徳島市の阿波おどりは国内最大規模。近年では「東京高円寺阿波おどり」など全国各地で行われるようになっている。「えらいやっちゃ、えらいやっちゃ、ヨイヨイヨイヨイ、踊る阿呆に見る阿呆、同じ阿呆なら踊らな損々…」と唄われる。

■ 徳島県内陸部

地域・資源	内容	
脇町（美馬市）	吉野川中流にある城下町で、重要伝統的建造物群保存地区に選定されている。陸上交通と水運に恵まれ江戸時代に**藍の集散地**として栄えた。商人たちは繁栄ぶりを顕示するように豪勢な**うだつ（卯建）**を上げた町屋を建てた。	
剣山（美馬市、三好市ほか）	四国第2位・西日本第2位の高峰（標高1955m）。修験道の山として古くから知られ、山頂近くには「行場」と呼ばれる修行用の難所がある。	

祖谷渓（いやだに）（三好市）	吉野川支流の**祖谷川**にある全長10kmにも及ぶ渓谷で、「日本三大秘境」に数えられる。一帯は**平家の隠れ里**として知られ、隔絶された深山幽谷の山麓にへばりつくように家が点在する。なかでも、**落合集落**は急斜面に茅葺民家が点在し、「天空の村」といわれる。
かずら橋（三好市）★	西祖谷山には**かずら橋**、東祖谷山には**奥祖谷二重かずら橋**（かずら橋2本と「**野猿**」と呼ばれる人力ロープウェイ）がある。
大歩危・小歩危（おおぼけ・こぼけ）（三好市ほか）★	吉野川の上流にある約8kmにわたる渓谷で、大理石の彫刻がそそりたっているような美しい景観。遊覧船が運行されているほか、夏季にはラフティングなどの愛好者が集まる。

解説 うだつ（卯建）

　木造家屋の類焼を防ぐために、1階の屋根の上の隣家との間に作った防火壁のこと。財力を誇示するための手段として、立派なうだつが上げられるケースがあり、それが現在の「うだつが上がる／上がらない」という言い回しの語源となった。特に、**徳島県美馬市脇町、岐阜県美濃市、長野県東御市海野宿**が有名である。

テーマで整理！日本三大秘境

◆**祖谷渓＜徳島県三好市＞**…深い渓谷に集落が点在する。かずら橋で有名。

◆**白川郷＜岐阜県白川村＞**…合掌造り集落で有名。世界文化遺産。

◆**椎葉村＜宮崎県椎葉村＞**…山間部の秘境。焼畑など独自の文化が残る。

1 北海道
2 東北地方
3 関東地方
4 中部地方
5 近畿地方
6 中国・四国地方
7 九州・沖縄地方

■ 徳島県の産業と特産物

農業

- **すだち＜沿岸部＞**…徳島県はすだちの生産量が全国一で、徳島市から阿南市にかけて生産が盛ん。すだちは、鍋料理やサンマなどの焼き魚、刺身、松茸などに添えられる。

食文化

- **そば米汁＜みよし市＞**…山深い祖谷地方では米の代わりにソバが栽培され（祖谷そば）、そばの実を使って作った汁物料理が知られている。
- **ぼうぜの姿寿司＜県北部＞**…イボダイを頭の付いた丸のままで背開きにし、酢で締めて、寿司飯を詰めて押し寿司にした料理。

ほかに、**鳴門わかめ＜鳴門市＞**、**半田そうめん＜つるぎ町＞**。

伝統産業

- **阿波藍＜徳島平野＞**…江戸時代の徳島藩主が奨励し、生産が盛んになり、木綿の普及とともに高品質な「阿波藍」として別格の扱いを受けた。

7 香川県

- ❖小豆島
  - ★ 寒霞渓
  - ★ オリーブ公園
- ●高松市
  - ★ 栗林公園
  - ★ 屋島
  - ★ イサム・ノグチ庭園美術館
- 直島
- ●丸亀市
- ●善通寺市
- ◉観音寺市
- ★金刀比羅宮（琴平町）
- ★満濃池（まんのう町）

1 北海道
2 東北地方
3 関東地方
4 中部地方
5 近畿地方
6 中国・四国地方
7 九州・沖縄地方

■高松市

　香川県の県庁所在地である高松市は、高松城（玉藻城）を中心とする城下町かつ瀬戸内海に面する港町で、四国の政治経済の中心である。

地域・資源	概要	
栗林公園（りつりんこうえん）★	紫雲山を借景として6つの池と13の築山を巧妙に配した大名庭園。江戸時代の初めから造られ、高松松平家に引きつがれ5代約100年をかけて完成し、歴代藩主の別邸となった。	
屋島	高松市の東部にある半島。頂上が平坦な独特の形状で、展望台からは瀬戸内海の多島海の風景が美しい。東岸の入江の一帯は源平合戦の屋島古戦場。	
五色台	高松市の西側、坂出市との境界にある海岸の山地。瀬戸内海の風景が素晴らしい。	

イサム・ノグチ庭園美術館	世界的な彫刻家のイサム・ノグチ氏がアトリエを構えた高松市牟礼町にある庭園美術館。事前予約制。
鬼無	盆栽園が集中することで有名。

解説 日本三名園に匹敵する栗林公園

　日本を代表する大名庭園といえば、日本三名園（金沢の兼六園、岡山の後楽園、水戸の偕楽園）が知られる。栗林公園はこれに含まれていないが、1910年（明治43年）に文部省が発行した『高等小学読本 巻一』の第六課「公園」の末文には、「…高松ノ栗林公園ハ木石ノ雅趣却ツテ批ノ三公園（＝三名園）ニ優レリ」と記述されている。

　このように、三名園に匹敵する美しさを持つ栗林公園は、国際的な観光ガイドの「ミシュラン・グリーンガイド・ジャポン」では、「わざわざ訪れる価値のある場所」として最高評価3つ星に選定されている（後楽園、兼六園も3つ星）。

■ 金刀比羅宮と周辺（香川県西部）

地域・資源	内容
金刀比羅宮（ことひらぐう）（琴平町）★	**象頭山**（又は**琴平山**）の中腹に鎮座する神社で、「こんぴらさん」として親しまれている。海上交通の守り神として古くから信仰されている。長く続く参道の**石段**が有名で、奥社まで登ると1368段にもなる。参道沿いにある芝居小屋の**金丸座**も有名。 金刀比羅宮
丸亀市 ★	金刀比羅宮の北にある城下町かつ港町。**丸亀城**は現存12天守の一つで、その高く立派な石垣から「石垣の名城」として有名。**丸亀うちわ**の製造が伝統産業で、生産量は全国の9割をも占める。東には美しい山容を持つ**飯野山（讃岐富士）**がそびえる。 丸亀城
善通寺（善通寺市）	四国八十八箇所霊場第七十五番札所。**空海（弘法大師）生誕の地**であり、和歌山県の高野山、京都府の東寺（教王護国寺）とともに弘法大師三大霊場に数えられる。

香川県

1 北海道
2 東北地方
3 関東地方
4 中部地方
5 近畿地方
6 中国・四国地方
7 九州・沖縄地方

| 満濃池（まんのういけ）（まんのう町） | 日本最大の灌漑用のため池。空海が改修したことでも知られ、周囲は約20kmある。 |
| 観音寺市 | 寛永通宝の銭形砂絵で有名な**琴弾（ことひき）公園**が有名。 |

豆知識　讃岐平野と香川用水

　讃岐平野は、瀬戸内海と讃岐山脈に挟まれた四国地方最大の平野で、高松市、丸亀市、琴平町などの香川県主要部を全て含む。

　瀬戸内海式気候により雨が少ないので、古くからため池が多く造られてきたが、戦後になって香川用水が整備され、早明浦（さめうら）ダム（高知県）を水源とする用水が供給されるようになった。

■ 小豆島と直島
◎小豆島 ★

　高松市の約20km北東沖に位置し、瀬戸内海で淡路島に次いで2番目の面積がある。海岸線は変化に富み、多数の半島と入江があり、主要部は瀬戸内海国立公園に指定されている。オリーブ、醤油、そうめんの特産地としても知られる。

地域・資源	内容
寒霞渓（かんかけい）	断崖や奇岩からなる大渓谷と、海を一望できる景勝地。耶馬渓（大分県）、妙義山（群馬県）とともに日本三大奇勝に数えられる。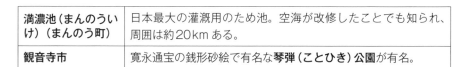
オリーブ公園	日本で初めて**オリーブ**が栽培された場所の隣接地に整備された公園。
二十四の瞳映画村	小豆島は、小説「二十四の瞳」の作者壺井栄の故郷であり、島をロケ地として2度映画化された。
エンジェルロード	小豆島の前島から沖に浮かぶ余島へと続く約500mの細長い砂州。1日2回の干潮時に道があらわれ、歩いて渡ることができる。

◎直島 ★★

　現代アートの島として内外の観光客を集める。草間彌生の作品「赤かぼちゃ」「黄かぼちゃ」は直島の顔。

地域・資源	内容
ベネッセアートサイト直島	教育関連企業ベネッセコーポレーションが、**直島・豊島（てしま）・犬島（いぬじま・岡山県岡山市）**で展開する現代美術に関わるさまざまな活動の総称。
地中美術館	山の上にある塩田跡の地下に建設された美術館。開口部が地上にある以外は、施設全体が地下に埋められている。**安藤忠雄**の設計。
家プロジェクト	古民家を改装し、現代の芸術家が家の空間そのものを作品化（インスタレーション化）した7つの建築からなるプロジェクト。
李禹煥美術館	現代美術の潮流「もの派」の中心的な存在で韓国生まれの李禹煥（リ・ウーファン）と安藤忠雄のコラボレーションによる美術館。

解説 瀬戸内国際芸術祭

　瀬戸内海の島々を舞台に開催される現代美術の国際芸術祭。**トリエンナーレ形式**（3年に一度開かれる形式）で、第1回は2010年に開催された。
　芸術祭のおかげで島に観光客や移住者が増加している。海外から訪れる人も多く、「島めぐり」という新しい観光スタイルも生まれた。
　2019年の会場は、香川県（直島・豊島・女木島・男木島・小豆島・大島・沙弥島・本島・高見島・粟島・伊吹島・高松港周辺）、岡山県（犬島・宇野港周辺）であった。

■ 香川県の産業と特産物

食文化

- **讃岐うどん** ★ **＜全県＞**…香川県ではうどんが特に好まれていて、一人あたりの消費量も日本全国の都道府県の中でずば抜けて多い。
- **骨付き鶏＜丸亀市＞**…鶏の骨付きもも肉を焼いたご当地グルメ。
- **小豆島の特産品**…オリーブ、醤油、そうめん。

伝統産業

- **盆栽＜高松市鬼無＞**…盆栽のシェア8割を占める。
- **丸亀うちわ＜丸亀市＞**…生産量は全国の9割を占める。金刀比羅宮への参拝客の土産物として人気となった。

1 北海道
2 東北地方
3 関東地方
4 中部地方
5 近畿地方
6 中国・四国地方
7 九州・沖縄地方

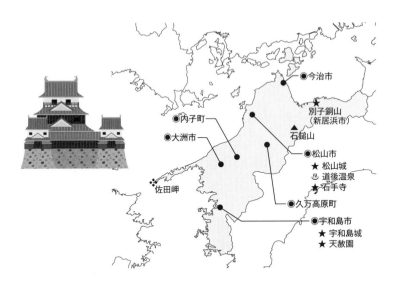

■ 松山市

　愛媛県の県庁所在地である松山市は、松山城を中心に発展して来た旧城下町で、四国地方で最大の人口を擁する。また、道後温泉を擁する温泉のまちでもある。

　俳人の**正岡子規**と種田山頭火、「坊っちゃん」の**夏目漱石**ゆかりの地、そして司馬遼太郎の「坂の上の雲」の舞台となったことでも知られる文学の街である。キャッチフレーズは「**いで湯と城と文学のまち**」。

地域・資源	概要
松山城 ★	勝山（標高132m）山頂に本丸を構え、裾野に二之丸、三之丸を構える広大な平山城。松山市の中心部、大天守は姫路城と同じく連立式で、現存12天守に数えられる。別名金亀城（きんきじょう）、勝山城という。
道後温泉 ★	松山市東部にあり、古代から知られ、伊予国風土記には、厩戸皇子（聖徳太子）が病気療養のため道後温泉に滞在したことが、万葉集にも詠まれている。共同浴場である**道後温泉本館**は、戦前に建築された近代和風建築で、夏目漱石が気に入っていた「坊ちゃんの間」がある。
石手寺	四国八十八箇所霊場の第五十一番札所で、国宝の山門をはじめ文化財が多いことで知られる。

文学にまつわる観光地	文学のまち・松山には、子規堂（正岡子規の生家を復元したもの）、子規記念館、坂の上の雲ミュージアムなどがある。

松山城

道後温泉本館

■ 今治市と愛媛県東部
◎今治市としまなみ海道

今治市は松山市に次ぐ愛媛県第二の都市で、全国のタオルの半分以上を生産している。しまなみ海道の南側にあたる大三島、伯方島、大島を市域に含む。

地域・資源	内容
大三島（おおみしま）	大三島は「神の島」として知られている。島の中心にある**大山祇（おおやまつみ）神社**は、伊予国一宮で、全国の三島神社や大山祇神社の総本社。多くの武将が武具を奉納して武運長久を祈ったため、**国宝・重要文化財の甲冑の約4割**がここにある。
伯方島（はかたじま）	イルカやクジラとふれあえる体験施設「**ドルフィンファームしまなみ**」がある。
大島	大島と四国本土との間にある来島海峡が海の難所であるため、そこを避けるように大島近辺に航路ができ、中世は**村上海賊（村上水軍）**の拠点として、近世は廻船操業で栄えた。
来島海峡	四国本土と大島との間を隔てる海峡。しまなみ海道の一部である来島海峡大橋は、世界初の3連吊り橋で、全長は4105m。

来島海峡大橋

1 北海道
2 東北地方
3 関東地方
4 中部地方
5 近畿地方
6 中国・四国地方
7 九州・沖縄地方

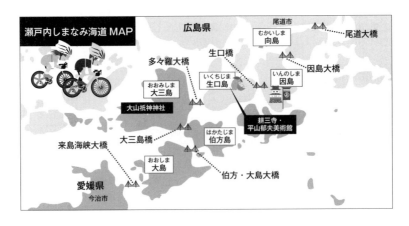

◎別子銅山と石鎚山

地域・資源	概要
別子銅山（新居浜市）	日本屈指の銅山として1691年から1973年まで操業した。**マイントピア別子**は銅山施設跡を利用したテーマパーク。標高750mの鉱山町跡は「東洋のマチュピチュ」と呼ばれる。
石鎚山（いしづちやま）	四国最高峰かつ西日本最高峰（1982m）。古くから山岳信仰（修験道）の山として知られ鎖場が連続する。山頂からは瀬戸内海や土佐湾などの大展望がのぞめる。
面河渓（おもごけい）（久万高原町）	石鎚山の南麓にあり、高知県方面に流れる仁淀川（によどがわ）上流の切り立った渓谷。石鎚山は北側の西条市から登るが、面河渓は西側の松山市からの方がアクセスがよい。
四国カルスト（久万高原町）	面河渓南方の高知県境にある。山口県の秋吉台、福岡県の平尾台とともに日本三大カルストに数えられる。

■愛媛県西部
◎内子町と大洲市

地域・資源	概要
内子町	八日市道路に沿って、木蝋と和紙で財を成した商家の町並みが残る。立派な芝居小屋の**内子座**でも有名。 ※木蝋…ハゼの実から採った脂肪で、和ロウソクなどに使われた。

大洲市	「伊予の小京都」と呼ばれる旧城下町。**臥龍山荘**や、冬に朝霧が吹き抜ける自然現象「肱川あらし」で知られる。
佐田岬（さだみさき）半島	中央構造線の南縁に沿って長さ約40kmにわたって突き出す半島で、先端には佐田岬がある。

内子座

⚠ **間違いに注意！**

◆**佐田岬（さだみさき）**…愛媛県西端にある岬。佐田岬半島の先端。
◆**佐多岬（さたみさき）**…鹿児島県本土の南端にある岬。大隅半島の先端。

◎宇和島市

　愛媛県東部にある城下町で、仙台伊達家の分家にあたる宇和島藩が統治していた。市の中心部は歴史・文化資源が豊富であり、郊外は足摺宇和海国立公園の大自然に恵まれている。

地域・資源	概要
宇和島城	現存12天守の一つで、江戸時代初期の天守、上り立ち門、石垣が現存する。現在は城山公園として整備されている。
天赦園	2代藩主が造成した御殿の一部を、幕末の7代藩主が隠居所として池泉回遊式庭園を造営したもの。
闘牛	古くから闘牛が盛んな宇和島には市営の闘牛場があり、年に5回定期闘牛大会が行われている。
遊子水荷浦の段畑（ゆすみずがうらのだんばた）	急傾斜面に小さな石を積み上げた雛段状の畑地。宇和海沿岸のリアス式海岸で営まれてきた半農半漁の景観を見せている。現在はジャガイモが栽培されている。
滑床渓谷	四万十川の支流の源流部にある渓谷。長年の浸食で岩肌が滑らかになっている様子から「滑床」と名付けられた。雪輪の滝などの景勝地が連続する。

1 北海道
2 東北地方
3 関東地方
4 中部地方
5 近畿地方
6 中国・四国地方
7 九州・沖縄地方

宇和海（宇和島市ほか）	豊後水道に面する愛媛県側の海。沿岸は変化に富み複雑な構造のリアス海岸が発達する。真珠や真鯛の養殖は全国有数。内陸では温州みかんなどかんきつ類の栽培が盛ん。

テーマで整理！ 中国・四国地方の代表的な大名庭園

◆後楽園＜岡山県岡山市＞…日本三名園の一つ。ミシュラン三ツ星。
◆栗林公園＜香川県高松市＞…ミシュラン三ツ星。
◆縮景園＜広島県広島市＞
◆天赦園＜愛媛県宇和島市＞

■ 愛媛県の産業と特産物

農業

・いよかん、温州みかん＜宇和海沿岸、佐田岬半島＞…愛媛県は柑橘類全体の生産量が全国有数であり、いよかんの生産量が全国１位。

食文化

・宇和島鯛めし＜宇和島市＞…タレと生卵にからめた生の鯛をご飯にかけて食べる。宇和島沖の離島を根拠地としていた水軍が船上で食べたのが起源といわれる。
・じゃこ天＜県西部＞…魚のすり身を、形を整え油で揚げた魚肉練り製品。揚げかまぼこに分類される。
ほかに、今治焼き鳥、焼豚玉子飯＜今治市＞（ともにＢ級グルメとして知られる）。

伝統産業

・砥部焼＜砥部町＞…松山市のすぐ南の砥部町で生産される磁器。やや厚手の白磁に、呉須と呼ばれる薄い藍色の手書きの図案が特徴。

高知県

1 北海道
2 東北地方
3 関東地方
4 中部地方
5 近畿地方
6 中国・四国地方
7 九州・沖縄地方

9 高知県

★龍河洞（香美市）

仁淀川

四万十川

◎高知市
★高知城
★桂浜
★高知県立牧野植物園

室戸岬（室戸市）

★竜串海岸（土佐清水市）

柏島
（大串町）

足摺岬（土佐清水市）

■ 高知市と周辺（高知県中央部）

◎高知市

県庁所在地の高知市は、土佐藩の旧城下町で、県内人口の40%を占めている。日本の都道府県庁所在地の中で最も降水量が多く（約2500mm）、それでいて日照時間も長い。毎年8月の**よさこい祭り**でも知られる。

地域・資源	内容
高知城 ★	現存12天守の一つであり、江戸時代初期に建造された天守。追手門など、**本丸の建造物が完全に残る全国唯一の城**として知られる。現在は高知公園として公開されている。
桂浜	市街地南方にある海岸景勝地で、古くから月見の名所として知られた。幕末に活躍した**坂本龍馬**の銅像が立つ。
高知県立牧野植物園	市街地西方の五台山にある植物園。高知県出身で「日本の植物学の父」といわれる牧野富太郎を記念する植物園。
はりまや橋	高知市の中心部にある小さな橋。高知県を代表する民謡「よさこい節」で歌われていることで有名。

341

ひろめ市場	高知城とはりまや橋の間にある屋台村。飲食店や土産物店などが集まり賑わっている。
日曜市	高知市の目抜き通りである追手筋で毎週日曜日に行われる青空市。江戸時代から300年も続いている

解説 よさこい祭り ★

　　毎年8月に開催される高知県最大のお祭り。戦後の昭和29年に経済復興と地域活性化を目指して高知県で誕生した。「鳴子を両手に持って踊る」のが基本。鳴子はもともと、稲に群がるスズメを追い払うための道具だった。現在では全国に広がっており、北海道札幌市の「YOSAKOIソーラン祭り」などが知られる。

テーマで整理！ 四国の現存天守

四国には、現存12天守のうち4つがある。
- **◆丸亀城＜香川県丸亀市＞**…「石垣の名城」として有名。
- **◆松山城＜愛媛県松山市＞**…勝山に本丸を構え、連立式天守を持つ。
- **◆宇和島城＜愛媛県宇和島市＞**…上り立ち門、石垣が現存する。
- **◆高知城＜高知県高知市＞**…本丸の建造物が完全に残る全国唯一の城。

なお、四国地方以外の現存天守は以下のとおり。
- ・東北地方…弘前城＜青森県弘前市＞
- ・中部地方…丸岡城＜福井県坂井市＞、松本城＜長野県松本市＞、犬山城＜愛知県犬山市＞
- ・近畿地方…彦根城＜滋賀県彦根市＞、姫路城＜兵庫県姫路市＞
- ・中国地方…松江城＜島根県松江市＞、備中松山城＜岡山県高梁市＞

◎高知市周辺

地域・資源	内容
龍河洞（香美市）	高知市の東方にある鍾乳洞。日本三大鍾乳洞の一つに数えられる。弥生時代に洞内に人が居住した痕跡が残る。
いの町	高知市の西方にある町。**土佐和紙**で知られ、いの町紙の博物館、土佐和紙工芸村「くらうど」などで見学や体験ができる。

高知県

1 北海道

2 東北地方

3 関東地方

4 中部地方

5 近畿地方

6 中国・四国地方

7 九州・沖縄地方

仁淀川	愛媛県の石槌山付近を源流とし、高知市西方の土佐市で土佐湾に注ぐ河川。中流の美しい水の色が「仁淀ブルー」として人気であり、キャンプ、釣り、カヌーなどさまざまなレジャーの場となっている。	

テーマで整理！三大鍾乳洞

◆秋芳洞＜山口県美祢市＞
◆龍泉洞＜岩手県岩泉町＞
◆龍河洞＜高知県香美市＞

■ 高知県東部

地域・資源	内容
室戸岬（室戸市）	土佐湾を挟む2つの岬のうち、東側の岬（西側は足摺岬）。西側は海岸段丘が発達している。強風の日が多いことで知られ、黒潮の流れる沖合いは台風銀座でもある。室戸岬灯台は第1等灯台の一つ。
御厨人窟（みくろどくつ）（室戸市）	**室戸岬**の東側の崖にある洞窟。隣にある神明窟（しんめいくつ）とともに、若き**空海**が修行した場所として知られており、洞窟内から見える景色が空と海だけだったことから「空海」の法名を得たと伝わる。
馬路村（うまじむら）	高知県東部の山間部は、天然の杉に恵まれ林業が栄えた地域であったが、現在はゆず栽培に力を注いでいる。中でも馬路村は「柚子の村」として知られる。

◎四万十川 ★

地域・資源	内容
四万十川（しまんとがわ）	四国内で最長の川で、流域面積は吉野川に次いで第2位。本流に大規模なダムが建設されていないことから「**日本最後の清流**」と呼ばれており、屋形船やカヌーが行き交う。
沈下橋	増水時には水中に沈む低い橋。流木などが引っかかるのを防ぐため欄干は付いていないことが多い。四万十川には多数の沈下橋があり、地域らしい風景として親しまれている。

◎足摺宇和海国立公園

　高知の足摺岬周辺は、黒潮に洗われた隆起海岸の豪快な景観が見られる。一帯は**足摺宇和海国立公園**に指定されている。

地域・資源	内容
足摺岬（土佐清水市）	土佐湾西端の岬。黒潮が打ち寄せる約80mの断崖にあり、当地出身のジョン万次郎（中浜万次郎）の銅像が立つ。周囲は亜熱帯植物が密生する。沖合はカツオの好漁場。台風銀座でもあり、しばしば暴風に見舞われる。
竜串海岸（土佐清水市）	足摺岬近くの奇勝地で、大竹・小竹などの名所がある。砂岩と泥岩の層が互いに重なって、その層が波食、風食を受け形成されている。周辺の海域は竜串海中公園に指定されており、水中展望塔が設けられている。
柏島（大月町）	足摺岬の西方にある島。1000種類近い魚が生息し、テーブルサンゴがある。スキューバダイビング、釣りなどのレジャーで賑わう。

高知県

1 北海道

2 東北地方

3 関東地方

4 中部地方

5 近畿地方

6 中国・四国地方

7 九州・沖縄地方

■ 高知県の産業と特産物

農業・漁業

◆農業
- **ゆず<県東部山間部>**…高知県は全国シェアの約5割を占める最大の産地。
- **超早場米<高知平野>**…高知平野ではかつて米の二期作が行われていた。現在は超早場米に力を入れ、7月に新米を出荷している。
- **野菜の促成栽培<高知平野>**…ナス、ピーマン、キュウリなどの夏野菜を冬に出荷している。

◆漁業
- **カツオ一本釣り漁<土佐清水市・室戸市ほか>**
  …高知県は、カツオ一本釣り漁の本場として知られる。また、県内のカツオ消費量は日本一である。

食文化

- **カツオのたたき<全県>**…カツオの表面を炙ったのちに冷やし、切り分けて薬味とタレをかけて食べるもの。
- **皿鉢（さわち）料理<全県>**…大皿に 刺身、カツオのタタキ、すし、海と山の季節の旬を盛り込んだ料理。宴会や法事などで供される。

伝統産業

- **土佐和紙<県中央部>**…平安時代に朝廷への献上品とされており、明治時代には国内最大の産地であった。

　四国にある88か所の**空海（弘法大師）**ゆかりの**札所**（お札を納める寺）の総称。これらを巡礼することを**四国遍路**という。1回で全て巡礼した場合の全長は約1400kmで、一般的に徒歩の場合は50日程度、観光バスや自動車を利用する場合は10日程度を要する。88か所全てを廻りきると「結願」（けちがん、結願成就）となり、その後、**高野山（奥の院）**に詣でて「満願成就」となる。

　一つひとつの札所では、**本堂**と**大師堂**を参詣し、それぞれお経（**般若心経**）を奉納した後に、納経所に行き、お経を納めた証しとして**納経帳**や、納経軸、白衣などにご宝号印（**御朱印**）をいただく。

　一般的に白装束をまとうこととされ、すげ笠に「**同行二人（どうぎょうににん）**」と書き付ける。これは、弘法大師とともにあるという意味である。道中では、「**お接待**」と呼ばれる、宿や食べ物の無償提供などのおもてなしを受けることがある。

　主な札所として次の寺院がある。

霊山寺

◆**第1番・霊山寺（りょうぜんじ）**＜徳島県鳴門市＞
　…最初の札所。発願の寺。

◆**第24番・最御崎寺（ほつみさきじ）**＜高知県室戸市＞
　…空海修行の地。室戸岬にある。

◆**第31番・竹林寺（ちくりんじ）**＜高知県高知市＞…土佐随一の名刹。

◆**第38番・金剛福寺（こんごうふくじ）**＜高知県土佐清水市＞…足摺岬にある。

◆**第51番・石手寺（いしてじ）**＜愛媛県松山市＞…多数の文化財を持つ寺。

◆**第75番・善通寺（ぜんつうじ）**＜香川県善通寺市＞…空海生誕の地。

◆**第88番・大窪寺（おおくぼじ）**＜香川県さぬき市＞…最後の札所。結願の寺。

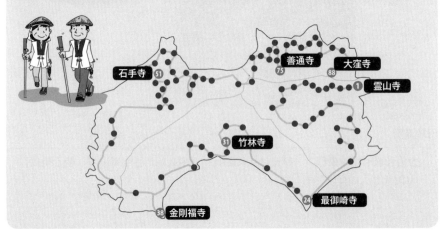

中国・四国地方のチェックテスト

● ● ●　　　　● ● ●　　　　● ● ●

1　鳥取県の三徳山（みとくさん）にあり、垂直に切り立った絶壁の窪みに建てられている「投入堂」で有名な寺院はどれか。
　　①耕三寺　②三佛寺　③西大寺　④瑠璃光寺

2　鳥取県の弓ヶ浜にある、山陰地方随一の規模を誇る温泉はどれか。
　　①三朝温泉　②はわい温泉　③浜村温泉　④皆生温泉

3　島根県松江市に旧宅が残されている文学者はだれか。
　　①森鷗外　②小泉八雲　③志賀直哉　④正岡子規

4　島根県の隠岐諸島にあり、海食崖の海岸線が見事で、その上に牛馬の牧草地がある場所はどれか。
　　①浦富海岸　②竜串海岸　③白兎海岸　④国賀海岸

5　岡山県の都市名と観光地の正しい組み合わせはどれか。
　　①高梁市－備中松山城
　　②倉敷市－林原美術館
　　③備前市－大原本邸（旧大原家住宅）
　　④岡山市－閑谷学校

6　岡山県瀬戸内市長船地区の特産品はどれか。
　　①陶器　②玉鋼　③日本刀　④漆器

7　都道府県と郷土料理に使われる食材の正しい組み合わせはどれか。
　　①山口県－ままかり　②高知県－フグ　③広島県－牡蠣　④岡山県－カツオ

1 北海道
2 東北地方
3 関東地方
4 中部地方
5 近畿地方
6 中国・四国地方
7 九州・沖縄地方

8 世界文化遺産の厳島神社の背後にあり、瀬戸内海の展望や紅葉の名所である山はどれか。
①蒜山 ②大山 ③弥山 ④剣山

9 山口県の錦川に架かる5連の木造アーチ橋で、日本三名橋や日本三奇橋にも数えられることがある有名は橋はどれか。
①通潤橋 ②河童橋 ③幣舞橋 ④錦帯橋

10 山口県下関市にあり、壇ノ浦の戦いで、わずか8歳で入水して亡くなった安徳天皇を祀る神社はどれか。
①赤間神宮 ②元乃隅神社 ③大山祇神社 ④日御碕神社

11 四国八十八箇所霊場第75番札所で、空海（弘法大師）生誕の地として知られる寺院はどれか。
①霊山寺 ②善通寺 ③石手寺 ④大窪寺

12 香川県の小豆島にある、断崖や奇岩からなる大渓谷と海を一望できることで有名な景勝地はどれか。
①三段峡 ②寒霞渓 ③祖谷渓 ④帝釈峡

13 瀬戸内海の島と所在する県の組み合わせで正しいものはどれか。
①淡路島－徳島県 ②直島－岡山県 ③生口島－山口県 ④大三島－愛媛県

14 八日市道路に沿って商家の町並みが残り、立派な芝居小屋でも有名な場所はどれか。
①宇和島市 ②大洲市 ③砥部町 ④内子町

1 北海道

2 東北地方

3 関東地方

4 中部地方

5 近畿地方

6 中国・四国地方

7 九州・沖縄地方

15 徳島県鳴門市にある四国八十八箇所第1番札所で、「発願の寺」と呼ばれる寺院はどれか。
　①霊山寺　②善通寺　③竹林寺　④大窪寺

16 徳島県の特産物で、全国一の生産量を誇る柑橘類はどれか。
　①かぼす　②すだち　③温州みかん　④ゆず

17 観光地と所在する都市の組み合わせで正しいものはどれか。
　①桂浜−高知市　②道後温泉−高松市　③眉山−松山市　④屋島−徳島市

18 日本三大鍾乳洞に数えられる高知県の鍾乳洞で、弥生時代に人が居住した痕跡があることでも知られる場所はどれか。
　①龍泉洞　②龍河洞　③玄武洞　④秋芳洞

正解　1. ②　2. ④　3. ②　4. ④　5. ①　6. ③　7. ③　8. ③　9. ④　10. ①　11. ②　12. ②　13. ④
14. ④　15. ①　16. ②　17. ①　18. ②

7章

九州・沖縄地方

主要都市、国立公園、世界遺産

地域	概要
福岡県	・ 県庁所在地の**福岡市**、第二の都市**北九州市**は政令指定都市。 ・ 瀬戸内海国立公園、世界文化遺産「**神宿る島・宗像、沖ノ島と関連遺産群**」「**明治日本の産業革命遺産**」がある。
佐賀県	・ 県庁所在地は**佐賀市**。 ・ 世界文化遺産「**明治日本の産業革命遺産**」がある。
長崎県	・ 県庁所在地は**長崎市**。 ・ 西海国立公園、雲仙天草国立公園、世界文化遺産「**長崎と天草地方の潜伏キリシタン関連遺産**」「**明治日本の産業革命遺産**」がある。
熊本県	・ 県庁所在地の**熊本市**は政令指定都市。 ・ 阿蘇くじゅう国立公園、雲仙天草国立公園、世界文化遺産「**長崎と天草地方の潜伏キリシタン関連遺産**」「**明治日本の産業革命遺産**」がある。
大分県	・ 県庁所在地は**大分市**。 ・ 阿蘇くじゅう国立公園、瀬戸内海国立公園がある。
宮崎県	・ 県庁所在地は**宮崎市**。 ・ 霧島錦江湾国立公園がある。
鹿児島県	・ 県庁所在地は**鹿児島市**。 ・ 霧島錦江湾国立公園、屋久島国立公園、奄美群島国立公園、世界文化遺産「**明治日本の産業革命遺産**」がある。
沖縄県	・ 県庁所在地は**那覇市**。 ・ 西表石垣国立公園、慶良間諸島国立公園、やんばる国立公園、世界文化遺産「**琉球王国のグスク及び関連遺産群**」がある。

地形

◆**九州北部（福岡県、佐賀県、長崎県）**：標高は低いものの山がちで、筑後川下流の**筑紫平野**を除けば平地は多いとはいえない。海岸線は複雑で、**雲仙岳**がある**島原半島**など半島が多く、沖合には**壱岐・対馬・五島列島**が浮かぶ。

◆**九州中部・南部（熊本県、大分県、宮崎県、鹿児島県本土）**：火山とカルデラが多く、**阿蘇山、九重山、霧島山、桜島、鹿児島湾**などが連なる。海岸は、西側に**天草諸島**、南端に**薩摩半島（長崎鼻）**と**大隅半島（佐多岬）**、北東側に**国東半島**がある。

◆**南西諸島（鹿児島県島しょ部、沖縄県）**：多数の島が弓状に連なっており、いくつかの島の塊に分かれる。**サンゴ礁**が発達している。

気象

・九州は、沿岸を暖流の黒潮と対馬海流が流れるため、冬でも温暖。

・南西諸島は、九州よりさらに温暖で、四季が不明瞭な亜熱帯性気候。

・九州、南西諸島ともに、台風が勢力を落とすことなく接近しやすい。

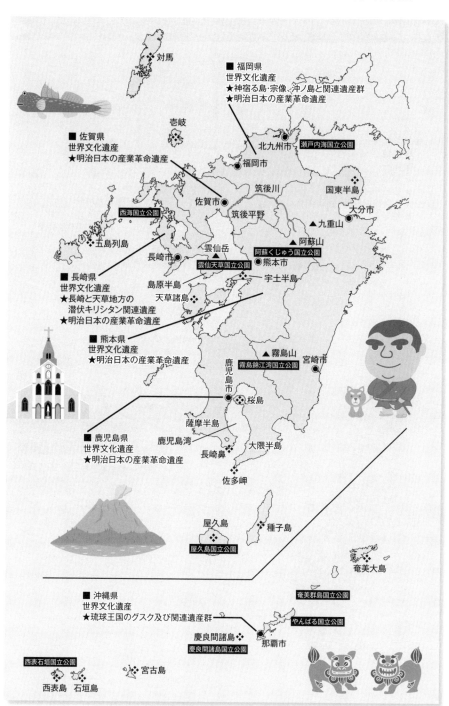

★対馬

■ 福岡県
世界文化遺産
★神宿る島・宗像、沖ノ島と関連遺産群
★明治日本の産業革命遺産

壱岐

■ 佐賀県
世界文化遺産
★明治日本の産業革命遺産

北九州市　瀬戸内海国立公園

福岡市

筑後川

国東半島

佐賀市　大分市

西海国立公園　筑後平野

★九重山

五島列島　雲仙岳　阿蘇山

長崎市　阿蘇くじゅう国立公園

雲仙天草国立公園　熊本市

■ 長崎県　島原半島　宇土半島
世界文化遺産
★長崎と天草地方の　天草諸島
　潜伏キリシタン関連遺産
★明治日本の産業革命遺産

■ 熊本県
世界文化遺産
★明治日本の産業革命遺産

★霧島山
鹿児島市　宮崎市
霧島錦江湾国立公園

桜島

薩摩半島

鹿児島湾　大隅半島

■ 鹿児島県　長崎鼻
世界文化遺産
★明治日本の産業革命遺産

佐多岬

屋久島　種子島
屋久島国立公園

奄美大島

■ 沖縄県
世界文化遺産　奄美群島国立公園
★琉球王国のグスク及び関連遺産群　やんばる国立公園

慶良間諸島　那覇市
慶良間諸島国立公園

西表石垣国立公園

宮古島

西表島　石垣島

1 北海道
2 東北地方
3 関東地方
4 中部地方
5 近畿地方
6 中国・四国地方
7 九州・沖縄地方

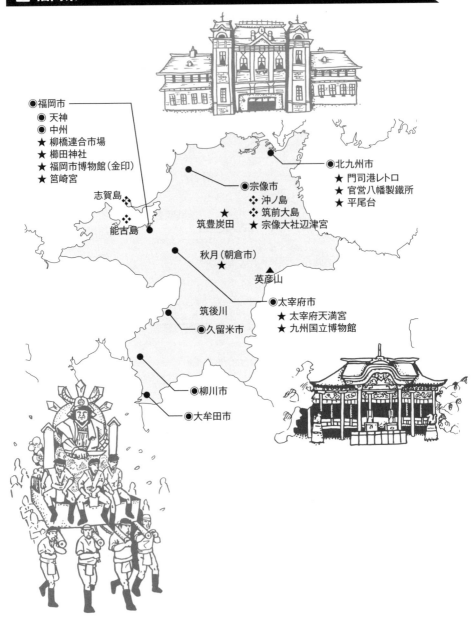

◉福岡市
　◉ 天神
　◉ 中州
　★ 柳橋連合市場
　★ 櫛田神社
　★ 福岡市博物館（金印）
　★ 筥崎宮

志賀島

能古島

◉北九州市
　★ 門司港レトロ
　★ 官営八幡製鐵所
　★ 平尾台

◉宗像市
　❖ 沖ノ島
　❖ 筑前大島
　★ 宗像大社辺津宮

★
筑豊炭田

秋月（朝倉市）
★

▲
英彦山

筑後川

◉久留米市

◉太宰府市
　★ 太宰府天満宮
　★ 九州国立博物館

◉柳川市

◉大牟田市

■ 福岡市と周辺

　博多湾に面する地域は天然の良港であり、古代から博多津と呼ばれ、大陸方面への玄関口だった。江戸時代に福岡城とその城下町が築かれたことで、那珂川を境に西が城下町の「**福岡**」、東が商人町の「**博多**」となった。そして、明治時代に博多・福岡を含む**福岡市**となった。

　現在は人口約 160 万人と全国第 6 位の大都市に成長し、九州の経済・行政・文化の中心となっている。

◎福岡市中心部

　那珂川の西側には繁華街の**天神**と**大濠公園**と**福岡城址**があり、東側の博多には博多駅と福岡空港がある。また、これらの中間に全国有数の歓楽街である**中洲**（なかす）がある。これらの界隈で夜間に常設される**屋台**の数は日本一。

地域・資源	内容	
天神	私鉄のターミナル駅を中心に、百貨店などの商業施設が高度に集積した九州最大の繁華街で、ビジネス地区でもある。	
大濠公園	かつての福岡城の外濠で、海の入り江をもとにした大きな池が特徴的な公園。市民の憩いの場。なお、東に隣接する福岡城址は**舞鶴公園**として整備されている。	
中洲	名前のとおり那珂川の中州にあって、新宿の歌舞伎町、札幌のすすきのと並ぶ日本三大歓楽街の一つ。	
櫛田神社	博多の総鎮守といわれる神社で、7月の**博多祇園山笠**などの祭事を行う。また、5月の**博多どんたく**は櫛田神社の祭事ではないが、ここから出発するしきたりになっている。	

1 北海道
2 東北地方
3 関東地方
4 中部地方
5 近畿地方
6 中国・四国地方
7 九州・沖縄地方

楽水苑	明治時代に博多商人が造った別荘跡地の日本庭園。
柳橋連合市場	博多の台所と呼ばれ、全長約100mのアーケードに新鮮な食材が並ぶ。
福岡市博物館	福岡市の志賀島で出土した「漢委奴国王」の金印がある。
シーサイドももち	市街地西部にある埋め立てウォーターフロント開発地区。日本初の開閉式ドーム球場である**福岡ドーム**、**福岡タワー**、前出の福岡市博物館などがある。
筥崎宮	市街地北東部にある古社で、鎌倉時代の元寇で「神風」がモンゴル軍を撃退したとの伝説から、厄除・勝運の神として有名になった。1月に開催される**玉取祭（玉せせり）**は、締め込み一丁の男たちが木製の宝珠を奪い合う奇祭として有名。

シーサイドももち

解説　博多どんたく

　室町時代に始まった領主への年賀行事「博多松囃子（はかたまつばやし）」を原型とする祭りで、オランダ語で休日を意味する「ゾンターク」から名付けられた。5月3日と4日（ゴールデンウィーク）に実施し、動員数は200万人を超える。

解説　博多祇園山笠（やまかさ）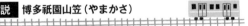

　7月1日から7月15日にかけて開催される700年以上の伝統のある祭り。博多総本社の櫛田神社に祀られる素戔嗚尊（スサノオノミコト）に対して奉納される祇園祭の一つ。車輪のない「山笠」を担（いな）って奉納する。最終日の「追い山」は5kmの道を駆け抜けるタイムトライアルのレースとなる。女人禁制の祭り。**ユネスコ無形文化遺産「山・鉾・屋台行事」**に登録されている。

◎博多湾の島（福岡市）

地域・資源	概要
志賀島（しかのしま）	砂州（**海の中道**）により本土と繋がっている陸繋島。博多湾と玄界灘に面する。「**漢委奴国王**」の金印の出土地。
能古島（のこのしま）	博多港から船で10分の身近な行楽地。菜の花・桜・コスモス・水仙の名所。

◎太宰府市

　博多市の南東にある。大宰府は7世紀に政庁が置かれ、奈良・平安時代を通して九州をおさめ、我が国の西の守り（防衛）、外国との交渉の窓口となった。また、条坊が敷かれた都市が形成された。

地域・資源	概要
大宰府政庁跡	大宰府政庁跡には立派な礎石が残り、そこを中心に門や回廊、周辺の役所等が整備されていたと考えられている。現在は公園になっている。
太宰府天満宮 ★	菅原道真を祭神として祀る天満宮。京都の北野天満宮とともに全国天満宮の総本社とされている。
九州国立博物館 ★	太宰府天満宮の裏にあり、2005年に開館した。東京・京都・奈良の3つの国立博物館が美術系博物館であるのに対して、九州国立博物館は歴史系博物館として設立された。

1 北海道
2 東北地方
3 関東地方
4 中部地方
5 近畿地方
6 中国・四国地方
7 九州・沖縄地方

■北九州市、宗像市と筑豊地域
◎北九州市

　北九州市は福岡県第2の都市で、政令指定都市（人口約90万人）。関門海峡に面し、九州の玄関口に位置する。隣接する山口県下関市とともに関門都市圏を形成する。

地域・資源	内容
門司港レトロ	市街地の北東に位置する門司港は、明治以降国際貿易港として繁栄し、重厚な近代建築が続々と建設された。現在はこれらを移転・修復した「門司港レトロ」という街区が整備されており、ノスタルジックな雰囲気を味わうことができる。
官営八幡製鐵所	明治時代後期の1901年に、我が国初の銑鋼一貫操業を開始した製鉄所。**世界文化遺産「明治日本の産業革命遺産」**の構成資産を含み、現在は民間企業として現役で操業している。
平尾台	福岡県北東部に位置するカルスト台地。いくつもの鍾乳洞、大小のドリーネがあり、特に**千仏鍾乳洞**が知られる。半自然の草原景観を守るために、毎年3月ごろに野焼きが行われる。
皿倉山	市街地の南側にある山で、眺望と夜景が美しい。
河内藤園	毎年5月の藤のトンネルが見事。海外メディアでも取り上げられ、国内外で注目されている。

門司港レトロ

平尾台

テーマで整理！ 日本三大カルスト

◆秋吉台＜山口県美祢市＞
◆平尾台＜福岡県北九州市＞
◆四国カルスト＜愛媛県久万高原町＞

◎世界文化遺産「神宿る島・宗像、沖ノ島と関連遺産群」（宗像市・福津市）

　沖ノ島は九州と朝鮮半島を結ぶ玄界灘のほぼ中央にあり、4世紀後半から9世紀末ごろまで、航海の安全などを願う祭祀が行われていた。

　沖ノ島と、関連する宗像大社などの資産が、2017年に世界文化遺産に登録された。

沖ノ島

地域・資源	内容
沖ノ島（おきのしま）（宗像市）	宗像大社辺津宮から北東60kmにある小さな島で、**宗像大社沖津宮**（おきつみや）がある。国家的な祭祀の遺跡があり、約8万点の国宝が出土したことから**「海の正倉院」**と呼ばれる。住人はなく、女人禁制、上陸時の海中での禊などの掟が、今でも厳重に守られている。
筑前大島（宗像市）	宗像大社辺津宮から北東11kmにある有人島。**宗像大社中津宮**（なかつみや）と、**宗像大社沖津宮遥拝所**（おきつみやようはいじょ）がある。
宗像大社辺津宮（へつみや）（宗像市）	**沖津宮、中津宮、辺津宮の宗像三女神**をまとめて祀っており、一般的に**宗像大社**というと、この辺津宮を指す。境内に神宝館があり、沖ノ島から出土した国宝が陳列されている。
新原・奴山古墳群（しんばる・ぬやまこふんぐん）（福津市）	沖ノ島祭祀を担った古代豪族である**宗像氏**が、5世紀前半から6世紀後半にかけて築いた古墳群。筑前大島、沖ノ島などを一望することができる。

1 北海道

2 東北地方

3 関東地方

4 中部地方

5 近畿地方

6 中国・四国地方

7 九州・沖縄地方

　宗像三女神は、宗像大社を総本宮として、日本全国各地に祀られている三柱の女神で、航海の安全や交通安全の神として崇敬を集めている。宗像大社を構成する3つの神社と祀られている神様は以下のとおり。

◆**沖ノ島の沖津宮…多紀理毘売命 (たきりびめ)**

◆**筑前大島の中津宮…市寸島比売命 (いちきしまひめ)**

◆**辺津宮 (へつみや)…多岐都比売命 (たぎつひめ)**

　毎年10月1日に行われる宗像大社の祭礼「みあれ祭」では、宗像三女神の神輿をのせた御座船が、200隻ほどの船団に供奉されて会場を巡行し、一年の豊漁を感謝する。

◎筑豊地域

地域・資源	概要
筑豊炭田	福岡県中心部の筑豊地域は、かつての日本最大の炭鉱地帯であり、遠賀川の水運で北九州市に運ばれた。
英彦山 (ひこさん) (添田町)	福岡県と大分県にまたがる岩山で、山形県の出羽三山、奈良県の大峰山と並ぶ日本三大修験道場として信仰を集めてきた。

■筑後地方 (福岡県南部)

地域・資源	概要
久留米市	筑後地方の中心都市。綿織物の**久留米絣**と、ブランドイチゴの「**あまおう**」★ で有名。
秋月 (あきづき) (朝倉市)	黒田氏5万石の旧城下町で、重要伝統的建造物群保存地区の町並みが残り、「筑紫の小京都」と呼ばれる。秋月城に向かう杉の馬場通りは、桜の名所として知られる。

1 北海道
2 東北地方
3 関東地方
4 中部地方
5 近畿地方
6 中国・四国地方
7 九州・沖縄地方

柳川市	有明海に面する城下町であり、市内を掘割が縦横に流れることから水の都と呼ばれる観光都市。 ◆**川下り**…掘割を**どんこ船**で周遊する。 ◆**御花西洋館**…藩主立花氏の別邸で、庭園の松濤園、殿の倉（立花家資料館）がある。 ◆**北原白秋記念館**…近代の詩人北原白秋は当地の出身。 ◆**ウナギ料理**…柳川の名物料理で、料亭が立ち並ぶ。	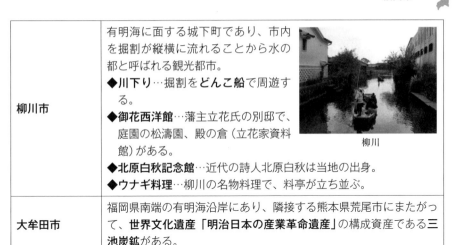 柳川
大牟田市	福岡県南端の有明海沿岸にあり、隣接する熊本県荒尾市にまたがって、**世界文化遺産**「**明治日本の産業革命遺産**」の構成資産である**三池炭鉱**がある。	

解説 筑後川とクリーク

　阿蘇山を水源とする九州地方最大の河川。利根川（坂東太郎）、吉野川（四国三郎）とともに日本三大暴れ川の一つに数えられ、**「筑紫次郎」**とも呼ばれる。下流域に九州地方最大の筑紫平野（福岡県、佐賀県）があり、**クリーク**と呼ばれる灌漑用の用排水路が網の目状に発達している。

　筑後平野の南側にある有明湾は、最大で5～6mに及ぶ干満差があり、満潮時には川が逆流して水かさが増す。それを昔は水車（朝倉の**三連水車**が有名）や踏み車、後年はポンプでクリークに引き込み、田んぼを潤す。

■ 福岡県の産業と特産物
農業

・**イチゴ＜筑紫平野＞**…イチゴの生産量は栃木県に次ぐ全国第2位で、大粒で甘みが強いブランドイチゴの**「あまおう」**で知られる。

食文化

- **水炊き＜全県＞**…鍋に水を張り、鶏肉、野菜などの食材を煮込んで調理する料理。
- **がめ煮＜全県＞**…鶏肉、コンニャク、ゴボウ、レンコン、ニンジン、ダイコン、タケノコ、サトイモなどを味付けして煮た料理。
- **辛子明太子＜福岡市＞**…スケトウダラの卵巣（たらこ）を唐辛子などで漬け込んだもの。
- **博多ラーメン＜福岡市＞**…白濁した豚骨スープのラーメン。

伝統産業

- **久留米絣＜久留米市＞**…綿織物で、藍染めが主体。あらかじめ藍と白に染め分けた糸（絣糸）を織って文様を表す。

❷ 佐賀県

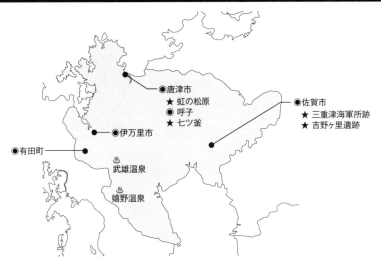

唐津市
★ 虹の松原
◉ 呼子
★ 七ツ釜

◉佐賀市
★ 三重津海軍所跡
★ 吉野ヶ里遺跡

◉伊万里市

◉有田町

♨武雄温泉

♨嬉野温泉

1 北海道

2 東北地方

3 関東地方

4 中部地方

5 近畿地方

6 中国・四国地方

7 九州・沖縄地方

■ 佐賀市と有明海沿岸（佐賀県東部）

県庁所在地の佐賀市は、江戸時代は外様の**鍋島氏**の城下町であった。

地域・資源	内容
三重津海軍所跡（佐賀市）	幕末の佐賀藩の海軍訓練場・造船所で、日本に現存する最古の乾船渠（ドライドック）の遺構が残る。1865年には、ここで日本初の実用蒸気船凌風丸を建造した。**世界文化遺産「明治日本の産業革命遺産」**の構成資産。
吉野ヶ里歴史公園（佐賀市）	国営公園として整備され、弥生時代の環壕集落（周囲に堀をめぐらせた集落）が復元されている。ここで1989年に「魏志倭人伝」に描かれた邪馬台国に類似した遺構や遺物が次々と発見され、全国的な古代史ブームを巻き起こした。
祐徳稲荷神社（鹿島市）	伏見稲荷大社、笠間稲荷神社とともに日本三大稲荷の一つに数えられる（諸説あり）。豪華な社殿から「鎮西日光」の異名を持つ。

三重津海軍所絵図

吉野ヶ里遺跡

　九州最大の湾。潮の干満差が大きく、筑後川を
はじめ多くの川が流入することから、沿岸各地に
は広大な干潟が広がる。干潟には**ムツゴロウ**が住
み、**海苔の養殖**が盛ん。中世より人間の手によっ
て少しずつ干拓が進められ、江戸時代に加速して
多くの農地が生まれた。

■ 佐賀県中部

◎有田町と伊万里市周辺

地域・資源	内容
有田町 ★・伊万里市	日本を代表する磁器である**有田焼（伊万里焼）**の里。有田焼は伊万里港から積み出されたため伊万里焼と呼ばれることもある。多数の窯元、ギャラリー、県立九州陶磁文化館などで展示、体験、販売が行われている。
大川内山（おおかわちやま）（伊万里市）	鍋島藩が藩の御用窯を置き、朝廷や幕府に献上するための磁器などを焼いた場所。窯元の煙突や塀が脈々と続く窯業の営みを物語っている。 大川内山
武雄温泉（武雄市）	山間部にある古湯で、朝鮮出兵の指揮で訪れた豊臣秀吉が記した「入浴心得」や、伊達政宗、宮本武蔵、伊能忠敬、シーボルトらが入浴した記録も残る。2022年に開業した西九州新幹線の駅がある。
嬉野温泉（嬉野町）	武雄温泉と並び、県を代表する温泉。美人の湯として知られる。2022年に開業した西九州新幹線の駅がある。

◎唐津市 ★

　唐津城の旧城下町で、**唐津焼**、毎年11月の**唐津くんち**などが有名。

地域・資源	内容
虹の松原 ★	唐津湾に沿って弧状に約5km続く松原。福井県敦賀市の気比松原、静岡県静岡市の三保の松原とともに、日本三大松原に数えられる。

呼子（よぶこ）	唐津市北部の半島の先端にあり、**呼子の朝市 ★** と**イカ**の活き造りで知られる。近くに、海岸景勝地の**七ツ釜**（呼子から遊覧船が出発）、豊臣秀吉が朝鮮侵略のときに築城した**名護屋城**跡がある。

解説 唐津くんち

　毎年11月2日〜4日にかけて行われる、唐津神社の秋季例大祭。2016年に「山・鉾・屋台行事」としてユネスコ無形文化遺産に登録された。漆で装飾された14台の豪華な曳山が巡行する。

　「くんち」とは、九州北部の秋祭りの呼称で、「おくんち」と称される場合もある。語源として、旧暦の9月9日（重陽の節句）に行われたため「九日（くんち）」という呼び名が定着したという説がある。

■ 佐賀県の産業と特産物

食文化

- **呼子イカの活き造り＜唐津市呼子＞**…呼子名産の鮮度抜群のイカを、すばやく活き造りにしたもの。
- **海苔＜有明海沿岸＞**…佐賀県は海苔の生産量が日本有数である。
- **ムツゴロウの蒲焼＜有明海沿岸＞**…郷土料理として知られる。

伝統産業

- **有田焼（伊万里焼）＜有田町・伊万里市＞**…日本を代表する磁器。有田焼は豊臣秀吉の朝鮮出兵の際、鍋島氏が日本に連れて来た陶工たちによって始められた。陶工の**李参平**によって磁器を焼くための陶石が発見され（**泉山磁石場**）、江戸時代の**酒井田柿右衛門**が**赤絵**磁器の製造に成功して発展した。

- **唐津焼＜唐津市ほか＞**…唐津は陶器で、古くから茶器の焼き物で知られる。特に茶碗は「一楽二萩三唐津」（京都の楽焼、萩の萩焼、唐津焼）と称されて名高い。

1 北海道　2 東北地方　3 関東地方　4 中部地方　5 近畿地方　6 中国・四国地方　7 九州・沖縄地方

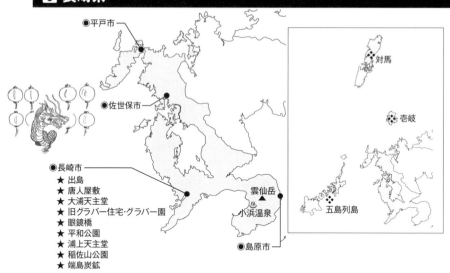

- ●平戸市
- ●佐世保市
- ●長崎市
  - ★ 出島
  - ★ 唐人屋敷
  - ★ 大浦天主堂
  - ★ 旧グラバー住宅・グラバー園
  - ★ 眼鏡橋
  - ★ 平和公園
  - ★ 浦上天主堂
  - ★ 稲佐山公園
  - ★ 端島炭鉱
- ▲雲仙岳
- ♨小浜温泉
- ●島原市
- ◆対馬
- ◆壱岐
- ◆五島列島

■ 長崎市 ★★

　長崎県の県庁所在地である長崎市は天然の良港であり、古くは遣唐使の派遣拠点、江戸時代は国内唯一の貿易港かつ天領であった港町、さらに近代も国際貿易港・工業都市として発展してきた。平地が狭く、斜面にも市街地が広がって「坂の町」が形成された。また、広島市とともに原爆が投下されたことでも知られる。

　2022年に佐賀県の武雄温泉駅と長崎駅を結ぶ**西九州新幹線**が開業し、アクセスが改善された。

◎市街地中心部・南部（長崎湾東側）

地域・資源	概要
出島 ★	鎖国の約200年間、日本で唯一の貿易の窓口だった。かつては海に浮かぶ人工島だったが現在は陸続きとなっている。19世紀の建物の復元事業が進められている。
唐人屋敷	江戸幕府は、出島の南東に唐人屋敷を設けて、中国人を収容して密輸を取り締まった。現在もその遺構が残る。
長崎新地中華街	日本三大中華街の一つ。出島と唐人屋敷の間に位置する。
オランダ坂	かつての外国人居留地で、洋館が建ち並ぶ趣のある坂道。出島の南方、大浦天主堂やグラバー園との間に位置する。

大浦天主堂	市街地南部にある我が国現存最古の洋風建築かつカトリック教会で、国宝に指定。1597年に長崎で殉教した**二十六聖人**にささげられたもの。1865年の**キリシタン復活の場**として知られる。**世界文化遺産「長崎と天草地方の潜伏キリシタン関連遺産」**の構成資産。 大浦天主堂
旧グラバー住宅 ★ とグラバー園	大浦天主堂に隣接する高台にある、我が国現存最古の洋風木造住宅。**世界文化遺産「明治日本の産業革命遺産」**の構成資産。これを中心に市内の洋館が移築され、**グラバー園**として公開されている。グラバーはスコットランド出身の商人で、幕末の倒幕と明治維新後の産業近代化に貢献した人物。 旧グラバー住宅
小菅修船場跡	1868年（明治元年）に完成した日本初の西洋式ドック。**世界文化遺産「明治日本の産業革命遺産」**の構成資産。大浦天主堂・グラバー園のさらに南方にある。
眼鏡橋 ★	出島の北東にある石造二連アーチ橋で、日本初の石造りアーチ橋（但し当時の琉球王国を除く）。長崎市のシンボルの一つ。
シーボルト記念館	シーボルトはドイツ人で1823年に長崎オランダ商館の医師として来日し、長崎郊外に診療所を兼ねた蘭学塾**「鳴滝塾」**を開いた。その跡地が記念館として公開されている。

テーマで整理！ 日本三大中華街

◆**横浜中華街＜神奈川県横浜市＞**
◆**南京町＜兵庫県神戸市＞**
◆**長崎新地中華街＜長崎県長崎市＞**

1 北海道
2 東北地方
3 関東地方
4 中部地方
5 近畿地方
6 中国・四国地方
7 九州・沖縄地方

◎市街地北部・西部（長崎湾北側・西側）と郊外

地域・資源	内容
平和公園	市街地北部の、1945年8月9日の原子爆弾落下中心地（爆心地）と、その北側の丘の上とを含めた地域にある公園。**平和祈念像**が設置されている。
浦上天主堂	江戸時代から明治時代初期にかけての隠れキリシタン弾圧の悲劇、そして、原爆投下によって天主堂を訪れていた信徒全員が死亡した悲劇で知られる。建物は戦後に再建された。
稲佐山公園	市街地の北西にあって市内随一の眺望を誇り、函館市の函館山、神戸市の摩耶山とともに日本三大夜景の一つ。
三菱長崎造船所	長崎湾の西岸（中心市街地の対岸）にある、我が国の造船業の近代化をリードした工場で、現在も三菱重工業長崎造船所のドックとして稼働中。5つの資産が**世界文化遺産「明治日本の産業革命遺産」**に登録されている。
端島炭坑（はしまたんこう）（長崎市）	1870年に石炭の採掘が始まり、最盛期には約5000人の鉱山関係者と家族が暮らしていた炭鉱の島。その姿から**軍艦島**とも呼ばれる。**1974**年に閉山したが、地下を含めて多くの生産施設や護岸遺構が残っており、現在は見学施設内に限り上陸可能。**世界文化遺産「明治日本の産業革命遺産」**の構成資産。

浦上天主堂

端島炭坑

 間違いに注意！

長崎市の二大天主堂
◆**大浦天主堂**…我が国現存最古の洋風建築かつカトリック教会で、国宝に指定。世界文化遺産の構成資産。グラバー園の隣にある。
◆**浦上天主堂**…キリシタン弾圧と原爆投下の悲劇の舞台。建物は戦後に再建された。中心市街地の北方にある。

解説 異国情緒あふれる長崎の祭り

◆**長崎くんち**…毎年10月に行われる諏訪神社の祭礼。ポルトガルやオランダ、中国など南蛮文化の風合いを色濃く残し、独特な演し物（奉納踊）を特色とする。博多おくんち（福岡市櫛田神社）、**唐津くんち**（唐津市唐津神社）と並んで日本三大くんちと呼ばれる。

◆**長崎ランタンフェスティバル**…中国の旧正月を祝う「春節祭」を起源とし、中国の旧暦1月1日から15日まで行われる。**新地中華街**を中心に1万数千個のランタンや点灯式のオブジェが飾られる。

■ 佐世保市、平戸市と離島
◎佐世保市、平戸市

地域・資源	概要
佐世保市	長崎市に次ぐ県内第2の都市。かつて旧海軍4軍港（横須賀・呉・佐世保・舞鶴）の一つとして**鎮守府**が置かれ、現代でも自衛隊や在日米軍の基地として伝統を受けつぐ。ハンバーガー伝来の地としても知られる。
ハウステンボス（佐世保市）	オランダを中心にヨーロッパの街並みを再現した日本最大のテーマパーク。
九十九島（くじゅうくしま）（佐世保市、平戸市）	佐世保市、平戸市にかけての北松浦半島の西岸に連なるリアス海岸の群島で、全域が**西海国立公園**に指定されている。半島を縫って走る遊覧船と、弓張岳展望台、展海峰、石岳展望台（映画ラストサムライのロケ地）、長串山公園（ツツジの名所）などからの絶景が知られる。
平戸島（平戸市）★	古くから海外との交流拠点であり、16世紀後半〜17世紀初期には南蛮貿易の港として繁栄し、鎖国後は城下町となった。西海岸の海食崖は**西海国立公園**に指定されている。

1 北海道
2 東北地方
3 関東地方
4 中部地方
5 近畿地方
6 中国・四国地方
7 九州・沖縄地方

◎長崎県の離島

地域・資源	内容
五島列島	長崎県の西方沖合に、大小合わせて140余りの島々が連なる。自然が豊かでほぼ全域が**西海国立公園**に指定されており、断崖の**大瀬崎、高浜ビーチ**（何れも福江島）などの景勝地がある。またキリスト教会が多いことでも知られる。**福江島**は人口および面積が列島最大で、空港がある観光拠点。 五島列島（大瀬崎）
壱岐	九州本土と対馬の中間に位置するなだらかな島。農業と漁業が盛んで、海のレジャーや壱岐焼酎で知られる。弥生時代の環濠集落跡「**原（はる）の辻遺跡**」は国の特別史跡。
対馬	九州本土よりも朝鮮半島の方が近いため、古くから大陸との交流の窓口であった。山がちで耕地が少ない漁業の島。絶滅危惧種のツシマヤマネコが生息する。

■雲仙と島原半島 ★

地域・資源	概要
雲仙岳 ★	島原半島の中央にそびえる火山で、主峰は**普賢岳**（1359m）、最高峰は1990年代の火山活動で形成された**平成新山**（1483m）。古くから景勝地として有名で、我が国初の国立公園に指定された（現・雲仙天草国立公園）。南側の山腹には「地獄めぐり」で有名な**雲仙温泉**がある。 雲仙（普賢岳）
島原市	島原城の旧城下町で、武家屋敷の古い街並みが残る。「水の都」と呼ばれ、市内のあちこちに湧水がある。
小浜温泉（雲仙市）	雲仙岳の西側山麓にある、高温で湯量豊富な温泉。
原城跡（南島原市）	江戸時代初期の島原の乱で、反乱軍が立てこもった城の跡。**世界文化遺産「長崎と天草地方の潜伏キリシタン関連遺産」**の構成資産。

1 北海道

2 東北地方

3 関東地方

4 中部地方

5 近畿地方

6 中国・四国地方

7 九州・沖縄地方

解説　長崎と天草地方の潜伏キリシタン関連遺産

江戸時代初期17世紀から200年以上にわたるキリスト教禁教政策のもとで、**潜伏キリシタン**により育まれた独特な宗教的伝統が評価され、2018年に世界文化遺産に登録された。

構成資産は、島原の乱でキリシタンたちの最後の拠点となった**原城址**、潜伏キリシタンがほかの宗教と共生してきた集落、信仰を維持するため移住した離島部の集落、明治時代初期に「信徒発見」の舞台となった**大浦天主堂**など、長崎・熊本両県8市町の12資産。

平戸の聖地と集落
野崎島の集落跡
頭ヶ島の集落
奈留島の江上集落
黒島の集落
外海の大野集落
外海の出津集落
大浦天主堂
久賀島の集落
天草の﨑津集落
長崎県
日野江城跡
原城跡
熊本県

■ 長崎県の産業と特産物

農業

・ビワ<全県>…江戸時代以来の産地であり、群を抜いて生産量が多い。

食文化

・**卓袱（しっぽく）料理<長崎市>**…大皿に盛られたコース料理を、円卓を囲んで味わう。和食、中華、洋食の要素が交じり合っている。

・**ちゃんぽん・皿うどん<全県>**…長崎市で明治時代に開発された、中華料理をベースとした麺料理。その後、県内や九州に広がった。

・**佐世保バーガー<佐世保市>**…終戦後に米軍関係者がハンバーガーのレシピを伝えたといわれている。

ほかに、**具雑煮<島原半島>、カステラ<長崎市>**。

4 熊本県

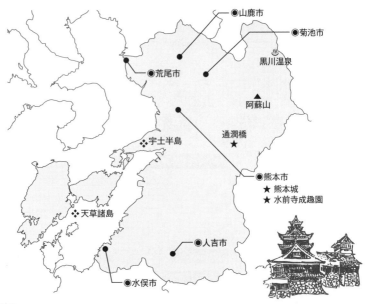

■ 熊本市と周辺

　熊本県の県庁所在地であり、政令指定都市（人口約74万人）を擁する熊本市は、熊本藩細川氏54万石の城下町を基礎に発展してきた。

地域・資源	概要
熊本城（熊本市）⭐	**加藤清正**が築城した堅固な城で、上に行くほど勾配が急になる「武者返し」の石垣が有名。明治維新後の**西南戦争**で建造物を焼失しつつも耐えぬいた。戦後になって天守閣その他が再建されたが、2016年の熊本地震で大きな被害を受けた。 熊本城（地震前の姿）
水前寺成趣園（じょうじゅえん）（熊本市）⭐	初代藩主が築いた「水前寺御茶屋」が始まり。池泉回遊庭園で、東海道五十三次の景勝を模したといわれる。通称は**水前寺公園**。近くに夏目漱石第3旧居がある。 水前寺
山鹿（やまが）市	熊本市の北にあり、県内有数の歴史を持つ**山鹿温泉**と、毎年8月中旬に行われる**灯籠まつり**で有名。

菊池市	熊本市の北東、山鹿市の東にあり、「熊本の奥座敷」と呼ばれ古い街並みが残る**菊池温泉**と、「渓谷美の極致」と称えられる**菊池渓谷**で知られる。
荒尾市	熊本市の北西、有明海沿岸にあり、隣接する福岡県大牟田市にまたがって、**世界文化遺産「明治日本の産業革命遺産」**の構成資産である**三池炭鉱**がある。

解説 熊本地震による熊本城への被害

　　熊本地震は、2016年4月14日以降に熊本県と大分県で相次いで発生した地震。熊本城で被害を受けた石垣は64か所あり、全体の3割以上にのぼる。さらに、重要文化財に指定されている建物（全13棟）は全てが損傷を受けた。

　　現在は懸命の修復作業が進められており、天守閣の内部を含めた修復完了は2021年に完了し、城域内全体の復旧完了は2037年度になる計画である。

■ 阿蘇山と周辺

地域・資源	内容
阿蘇山 ★	世界有数の大型カルデラと雄大な外輪山を持ち、数個の中央火口丘から成る。「火の国」熊本県のシンボル的な存在。2009年には世界ジオパークに認定されている。
阿蘇五岳	中央火口丘群のうち代表的な五峰を阿蘇五岳と呼ぶ。中心は**中岳**（1506m）であり、火口には「湯だまり」と呼ばれる火口湖が形成されている。また、**杵島岳（きしまだけ）**は山頂からの絶景で有名。
外輪山と展望台	阿蘇山の外輪山は南北25km、東西18kmに及び、国内では屈斜路湖に次いで2番目に大きく、その中に5万人もの人々が暮らす。北側の外輪山にある**大観峰**は絶景で有名。
草千里（くさせんり）	標高1140mにある火口跡で、浅い皿形の大草原。牛馬の放牧にも利用され、牧歌的な風景が有名。すぐ下にある**米塚**は、きれいな円錐形の寄生火山。

1 北海道
2 東北地方
3 関東地方
4 中部地方
5 近畿地方
6 中国・四国地方
7 九州・沖縄地方

黒川温泉（南小国町）⭐	阿蘇山の北に位置し、全国屈指の人気温泉地として知られる。入湯手形による各旅館の露天風呂めぐりが有名。	
通潤橋（つうじゅんきょう）（山都町）	阿蘇山の南方にある、江戸時代末に肥後の石工たちの技術を用いて建設された石造アーチ橋。農地灌漑を目的とする水路橋で、大迫力の放水が人気。	

■ 八代海沿岸と天草諸島

地域・資源	内容
八代海（やつしろかい）	九州本土と天草諸島に囲まれた内海。旧暦の8月1日の深夜に海上にあらわれる不知火（蜃気楼の一種）から**不知火海**（しらぬいかい）とも呼ばれる。
天草諸島	上島と下島を主島とし、大小110の島々からなる。かつてキリスト教が広まり、弾圧悲劇があった。崎津教会のある**崎津集落**は世界文化遺産「**長崎と天草地方の潜伏キリシタン関連遺産**」に登録されている。 崎津天主堂
宇土半島	天草諸島に向かって突き出した半島で、先端に**世界文化遺産「明治日本の産業革命遺産」**の構成資産である**三角西港**（宇城市）がある。
水俣市	八代海に面する熊本県南部の工業都市。かつて公害病である「**水俣病**」が発生した。

■ 人吉市

地域・資源	内容
人吉市	熊本県南端の山間部に位置し、**人吉藩相良氏**（さがらし）の城下町として栄えた。市内中心部に熊本県唯一の国宝を有する**青井阿蘇神社**がある。相良氏は、急峻な山地を活かして外敵の侵入を拒み、日本史上稀な「相良700年」と称される長きにわたる統治を行った。 青井阿蘇神社
球磨川	**人吉盆地**を貫流し支流を併せながら八代平野にいたり八代海（不知火海）に注ぐ。最上川・富士川と並ぶ日本三大急流の一つで、**球磨川下り**が有名。

テーマで整理！ 日本三大急流

◆**最上川＜山形県＞**
◆**富士川＜山梨県・静岡県＞**
◆**球磨川＜熊本県＞**

■ 熊本県の産業と特産物

農業

・**トマト＜全県＞**…熊本県はトマトの生産量日本一。
・**イグサ＜八代平野＞**…16世紀初めに領主が保護・奨励したのが始まり。生産量・作付面積ともに全国の約9割を占める一大産地。

食文化

・**馬刺し＜全県＞**…熊本県は馬肉生産量の4割を占め、日本一の産地となっている。
・**辛子蓮根＜全県＞**…麦みそに和からしを混ぜた"からしみそ"をレンコンの穴に詰め、黄色い衣を付けて油で揚げたもの。
・**球磨焼酎＜人吉盆地＞**…人吉盆地で生産される米焼酎。
ほかに、**いきなり団子、太平燕**。

国東半島

★
耶馬渓　宇佐神宮

●日田市

●杵築市

別府温泉

●大分市

由布院温泉

●臼杵市

●竹田市

■ **大分県中央部**
◎**大分市と別府市**

別府湾岸に連なる大分県の二大都市。

地域・資源	概要
大分市	大分県の県庁所在地で、古くは豊後国の国府が置かれ、戦国時代にはキリシタン大名・**大友宗麟**のもとで南蛮文化が花開いた。ニホンザルの生息地として知られる**高崎山自然動物園**、サバとアジで知られる**佐賀関半島**などの見所がある。
別府温泉 ★	**鉄輪（かんなわ）温泉**など「**別府八湯**」からなる大規模な温泉地で、源泉数、湧出量ともに日本一を誇る。広々としたひょうたん温泉、風情がある竹瓦温泉など、個性的な浴場や宿泊施設が数多くある。**別府地獄めぐり**が有名。背後にそびえる**鶴見岳**（1375m）はロープウェイで登ることができ、展望と四季折々の自然が楽しめる。

別府温泉と鶴見岳

別府地獄めぐり

◎由布院と九重山

地域・資源	内容
由布院温泉（由布市）★	**由布岳**（1584m）山麓の湯量豊富で高い人気を誇る温泉地。由布院駅から「由布見通り」が温泉街へと向かい、さらに景勝地の**金鱗湖**（きんりんこ）へと続く「**湯の坪街道**」は雑貨店やレストランが立ち並び観光客で賑わう。また、**観光辻馬車**で田園風景を楽しむこともできる。
湯平（ゆのひら）温泉（由布市）	由布院温泉の南西にある歴史ある温泉。近年外国人観光客が増加している。
九重山（くじゅうさん）	由布院温泉の南西に位置する火山群。最高峰は九州本土最高峰でもある中岳（1791m）。阿蘇くじゅう国立公園。
九重"夢"吊橋	九重山麓にある、高さ173m（水面より）、長さ390mで、歩行者専用橋としては日本一の高さ、そして日本第2位の長さを誇る（1位は静岡県の三島スカイウォーク）。

由布院温泉の観光辻馬車

九重"夢"吊橋

◎日田市

日田市は筑後川上流に位置し、福岡県に接する。**杉の美林**と**下駄**が有名なほか、水郷（すいきょう）としても知られる。江戸時代の日田は**天領**として栄えた。

地域・資源	内容
豆田町	江戸時代以降に建てられた建築群が現存し、国の重要伝統的建造物群保存地区に選定されている。
咸宜園（かんぎえん）	江戸時代後期に開かれた私塾。万民平等の精神による全寮制で武士、平民を問わず各層に広く開放され、閉塾までに約5000人が学んだといわれる。
日田温泉	筑後川支流の三隈川に沿った温泉で、屋形船や鵜飼で有名。

1 北海道
2 東北地方
3 関東地方
4 中部地方
5 近畿地方
6 中国・四国地方
7 九州・沖縄地方

■ 国東半島と周辺（大分県北部）

地域・資源	概要
国東半島 ★	瀬戸内海に突き出る半島で、全体が円に近い火山地形。古代に**宇佐八幡**の八幡信仰を取り入れた仏教文化が形成され、山岳信仰の場となった。**両子寺**（ふたごじ）など多数の寺院があり、これらを総称して**六郷満山**（ろくごうまんざん）と呼ばれている。 両子寺
杵築市	国東半島の南側にある城下町。北と南の二つの台地に武家屋敷（重要伝統的建造物群保存地区）、その間の谷が町人地となっており、**サンドイッチ型城下町**と呼ばれる独特の構造。
豊後高田市	国東半島の西側にある城下町。中心市街地にある昭和の風情を再現した「**昭和の町**」と、平安時代後期の磨崖仏である**熊野磨崖仏**が知られる。
宇佐神宮（宇佐市）	全国に4万社あまりある八幡宮の総本社であり、日本三大八幡宮の一つ。国東半島の西の付け根にある。
耶馬渓	日本三奇勝に数えられる景勝地で、山水画のような風景が続く。一帯には、石仏3700体以上が並ぶ**羅漢寺**、その僧侶がノミ1本で掘り抜いたトンネル**青の洞門**などがある。

テーマで整理！ 日本三大八幡宮

◆宇佐神宮＜大分県宇佐市＞
◆石清水八幡宮＜京都府八幡市＞
◆筥崎宮＜福岡県福岡市＞ 又は鶴岡八幡宮＜神奈川県鎌倉市＞

■ 大分県南部

地域・資源	概要
臼杵（うすき）市 ★	戦国時代にキリシタン大名である大友宗麟によって城が築かれたことに始まり、城下町として発展した。国宝の60余体の磨崖仏である臼杵石仏、風連鍾乳洞、醤油の製造で有名。 ![臼杵石仏] 臼杵石仏
竹田（たけた）市	瀧廉太郎が「荒城の月」を作曲する際にモデルとした岡城で知られる城下町。

豆知識　大分県に多い磨崖仏

　磨崖仏（まがいぶつ）は、自然の岩壁や露岩、あるいは転石に造立された仏像を指す。大分県には全国の磨崖仏の6〜7割が集中しているといわれる。その理由として、国東半島を中心に独自の山岳仏教の文化が栄えたこと、磨崖仏の彫刻に適した比較的柔らかい岩盤が露出していたことが考えられる。

1 北海道
2 東北地方
3 関東地方
4 中部地方
5 近畿地方
6 中国・四国地方
7 九州・沖縄地方

■ 大分県の産業と特産物

農林水産業

◆農業
- かぼす<全県>…生産日本一で、全国の90％以上を占める。
- 干しシイタケ<全県>…生産日本一。シイタケの人工栽培は江戸時代の大分県で始まったという説がある。

◆林業
- スギ<日田市>…日田市は杉の産地として有名。

◆漁業
- 関さば・関あじ<大分市佐賀関>…大分県と愛媛県の間の豊予海峡は好漁場であり、大分市の佐賀関の漁港に水揚げされるさばやあじをいう。品質がよいことで知られる。
- 城下かれい<日出町>…別府市の北東にある日出町（ひじまち）で漁獲される上品な味わいのマコガレイ。江戸時代には武士しか食べられなかった。

食文化

- ブリのあつめし<県南部沿岸>…魚を一口大に切って醤油・酒・砂糖で和え、薬味をかけ、熱いご飯に載せ混ぜて食べる料理。
- ごまだしうどん<県南部沿岸>…魚の身、すり胡麻、醤油等を混ぜて「ごまだし」という調味料を作り、それを湯に混ぜて食べるうどん。
- 手延べだんご汁<全県>…小麦粉で作った平たい麺（だんご）を、野菜や豚肉とともに味噌（又は醤油）仕立ての汁に入れたもの。

ほかに、中津唐揚げ<中津市>、日田やきそば<日田市>。

伝統産業

- 小鹿田焼（おんたやき）<日田市>…登り窯を用い、道具を用いて刻まれた幾何学的紋様を特徴とする陶器。

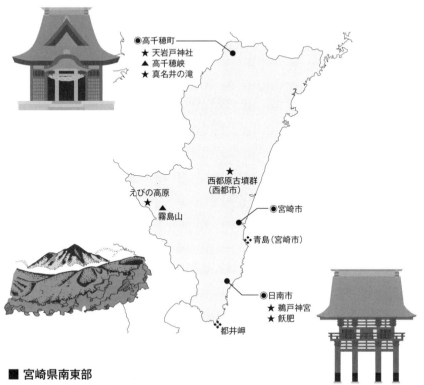

宮崎県

1 北海道
2 東北地方
3 関東地方
4 中部地方
5 近畿地方
6 中国・四国地方
7 九州・沖縄地方

6 宮崎県

◎高千穂町
★ 天岩戸神社
▲ 高千穂峡
★ 真名井の滝

★ 西都原古墳群
（西都市）

えびの高原
★

▲ 霧島山

◎ 宮崎市

青島（宮崎市）

◎ 日南市
★ 鵜戸神宮
★ 飫肥

都井岬

■ 宮崎県南東部

◎宮崎市と日南海岸

　宮崎市は県庁所在地で、県内最大の都市。

　宮崎市の青島から都井岬までの約90kmにわたって続く日南海岸は透明度が非常に高く、テーブルサンゴが繁殖し、景勝地として知られる。

地域・資源	概要
青島（宮崎市） ⭐	宮崎市南東部にある小島で、青島神宮が鎮座する。周囲を「鬼の洗濯板」と呼ばれる奇勝が取り巻いている。また、ビロウの大群落など亜熱帯植物の宝庫としても知られる。 鬼の洗濯板と青島
堀切峠（宮崎市）	青島のすぐ南にあり、日南海岸を眺める景勝地。道の駅が隣接している。

鵜戸神宮（うどじんぐう）（日南市）	日向灘に面する洞窟内に本殿が鎮座し、神社としては珍しく参拝者が石段を降りる「下り宮」となっている。かつては「西の高野」とも呼ばれる修験道の道場として栄えた。 鵜戸神宮
サンメッセ日南（日南市）	鵜戸神宮のすぐ北にある、イースター島から正式許可を得て復元されたモアイ像が立ち並ぶ観光名所。
猪八重（いのはえ）渓谷（日南市）	日南市の内陸にある渓谷で、20数か所の滝群が点在し、貴重なコケ類の宝庫としても知られる。
飫肥（おび）（日南市）	飫肥城を中心とする旧城下町。江戸時代の町並みが多く残され、重要伝統的建造物群保存地区として選定されている。「九州の小京都」の異名がある。
都井岬（串間市）	日南海岸の南端にあり、天然記念物の**御崎馬**（みさきうま）が棲息することで知られる。この都井岬から見える小島が、イモを洗う猿で有名な幸島（こうじま）である。

◎宮崎市周辺

地域・資源	内容
西都原古墳群（西都市）	日本最大級の古墳群で、丘陵上に大小約330の古墳が点在する。春は菜の花と桜が古墳を彩る。 西都原古墳群
綾の照葉樹林（綾町）	日本最大級の原生的な照葉樹林。生物圏保護区（ユネスコエコパーク）に登録された。照葉樹林を望む**照葉**（てるは）**大吊橋**は、歩道橋としては全国屈指の長さと高さを誇る。

■ 宮崎県北部

◎高千穂町

　日本神話における**天孫降臨**の地という説がある（霧島連峰の高千穂峰にも同様の伝承がある）。

地域・資源	内容
天岩戸神社	アマテラスが隠れていた「天岩戸」と伝わる洞窟があり、周辺には神話にまつわる場所が多くある。
高千穂峡 ★	高千穂町を流れる五ヶ瀬川にかかる峡谷。高さ80m〜100mにも達する断崖が7kmにわたり続いている。峡谷は貸しボートで遊覧できる。
真名井の滝	高千穂渓谷に流れ落ちる「日本の滝百選」の滝。神話によれば、天孫降臨の際に、神がもたらした水種が滝になったとされている。
高千穂の夜神楽	高千穂町に伝わる民俗芸能で、毎年11月中旬から2月上旬にかけて、町内のおよそ20の集落で奉納される。高千穂神社の神楽殿では年間を通じて鑑賞できる。

高千穂渓谷と真名井の滝

知識　**高千穂町の南にある秘境・椎葉村**

　高千穂町の南にある椎葉村は、平家の落人伝説がある山奥の村で、岐阜県の白川郷、徳島県の祖谷渓とともに「日本三大秘境」に数えられる。毎年冬に村内各地で行われる夜神楽、焼畑農業など、古くからの山村文化が継承されている。

■ 宮崎県南西部

地域・資源	内容
えびの高原	霧島山最高峰である韓国岳の北麓に広がる高原。六観音池、白紫池などの火口湖のトレッキングなどを楽しめる。
霧島山腹・山麓の温泉（宮崎県側）	霧島山腹・山麓には温泉が多く、宮崎県側には、西郷隆盛が滞在したという白鳥温泉、県内随一の温泉地である京町温泉などがある。

1 北海道
2 東北地方
3 関東地方
4 中部地方
5 近畿地方
6 中国・四国地方
7 九州・沖縄地方

■ 宮崎県の産業と特産物

農業

> ・**野菜の促成栽培＜宮崎平野＞**…ピーマンの生産量は全国有数。

食文化

> ・**地鶏の炭火焼き＜全県＞**…宮崎県は養鶏が盛んで、地鶏の生産にも力が注がれ
>   ている。
> ・**冷汁＜全県＞**…出汁と味噌で味を付けた、冷たい汁物料理。
> ・**チキン南蛮＜全県＞**…鶏肉に小麦粉をふり卵液を絡めたものを揚げ、甘酢に浸
>   した料理。

7 鹿児島県

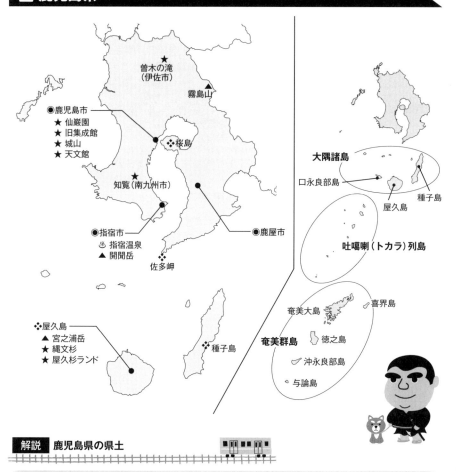

1 北海道
2 東北地方
3 関東地方
4 中部地方
5 近畿地方
6 中国・四国地方
7 九州・沖縄地方

解説 鹿児島県の県土

　鹿児島県は、かつて西側の**薩摩国**と東側の**大隅国**に分かれていた。薩摩国は**薩摩半島**（先端は**長崎鼻**）とその北部、大隅国は**大隅半島**（先端は**佐多岬**）とその北部であり、2つの半島の間に**桜島**が浮かぶ**錦江湾（きんこうわん）（鹿児島湾）**がある。

■鹿児島市と薩摩半島
◎鹿児島市
　古くから薩摩藩島津氏の城下町として栄えてきた。幕末から明治初期にかけて、西郷隆盛、大久保利通らが活躍した。

385

地域・資源	概要
桜島 ⭐	市域中心部の対岸（直線距離約4km）に位置する鹿児島のシンボル。活発な火山活動を続けており、市中心部にもしばしば降灰する。以前は「島」だったが、大正噴火で大隅半島と陸続きとなった（その時に地中に埋まった**黒神埋没鳥居**が有名）。**霧島錦江湾国立公園**に指定。
仙巌園（せんがんえん）	市街地の北方にある島津氏の別邸とその庭園で、**磯庭園**とも呼ばれる。桜島を築山に、錦江湾を池に見立てた借景は雄大な景色。
旧集成館 ⭐	幕末の藩主島津斉彬が、仙巌園の隣接地に設置した日本最初の洋式産業群。旧機械工場を博物館とした**尚古集成館**、反射炉跡、旧鹿児島紡績所技師館（異人館）があり、これらは世界文化遺産「明治日本の産業革命遺産」の構成資産。
城山	西南戦争最後の激戦地。現在も西郷軍司令部の置かれた洞窟（西郷洞窟）、西郷隆盛終焉の地などが残る。城山の麓には**鹿児島城（鶴丸城）**と**西郷隆盛銅像**がある。
維新ふるさと館	幕末と明治維新を中心に、薩摩藩や日本の歴史についての展示を行う資料館。
天文館	鹿児島市の中心にある、県下最大の繁華街・歓楽街。

◎薩摩半島

地域・資源	内容
知覧（南九州市）⭐	鹿児島市南方の内陸にある小さな町で、美しい垣根を持つ「**知覧武家屋敷群**」は重要伝統的建造物群保存地区に選定されており、「薩摩の小京都」と呼ばれる。太平洋戦争末期の特攻の資料を展示する「**知覧特攻平和会館**」がある。 知覧
指宿温泉（指宿市）⭐	薩摩半島の南東にある大規模な温泉。**砂蒸し風呂**が有名。

開聞岳 (指宿市)	薩摩半島の南端に位置する火山 (924m)で、秀麗な山容から**薩摩富士**ともいわれる。付近に**池田湖** (カルデラ湖・巨大ウナギが生息) や**鰻池** (火口湖)、薩摩半島最南端の**長崎鼻** (カルデラ外輪山の一部) などの火山地形が多く見られる。**霧島錦江湾国立公園**に指定。
坊津 (南さつま市)	薩摩半島の南西にあり、古代から江戸時代中期まで港町として栄えた。フランシスコ・ザビエルは坊津に上陸し、鹿児島市で最初の布教を行った。

開聞岳

豆知識　下甑島のトシドン

　薩摩半島の西方沖に浮かぶ甑島列島で行われている奇祭。毎年大晦日に仮面やマントを身に付けた恐ろしい姿に変装した青年が、子供のいる家を訪れ、あらかじめ親から聞いていた子供の悪い点を直すように約束させる。2009年にユネスコ無形文化遺産に登録され、さらに2018年には男鹿のナマハゲなどを加えて「**来訪神：仮面・仮装の神々**」に拡張された。

■ 霧島山と大隅半島
◎霧島山と周辺

地域・資源	内容
霧島山 ★	国内で最も活発な活火山の一つで、鹿児島県と宮崎県にまたがる20以上の山からなる火山群。それらの多くが山頂に丸い火口を持ち、火口湖が多い。自然林が豊富に残り、春には**ミヤマキリシマ**が咲き誇る。**霧島錦江湾国立公園**に指定。
韓国岳 (からくにだけ)	霧島山の最高峰(標高1700m)で、南側の山腹に霧島山最大の火口湖である**大浪池**がある。
高千穂峰	**天孫降臨**の伝説がある火山(標高1574m)。山頂に**天逆鉾**(あまのさかほこ)が立つ。
新燃岳 (しんもえだけ)	活発な火山活動を続ける火山(標高1421m)。

霧島神宮（霧島市）	天孫降臨伝説のニニギノミコトを祀る。歴代の島津氏の尊崇が篤かった。元旦に奉納される九面太鼓も有名。
霧島温泉郷（霧島市）	霧島山麓には温泉が多く、温泉郷の中心で**丸尾滝**がある丸尾温泉、名水の鉱泉で知られる**関平温泉**、坂本龍馬夫妻が訪れた硫黄谷温泉と栄之尾温泉などが有名。
曽木の滝（伊佐市）	幅210m、高さ12mの壮大な滝で、「東洋のナイアガラ」とも呼ばれる。

霧島山

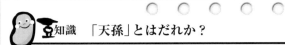

豆知識　「天孫」とはだれか？

　霧島山の高千穂峰（鹿児島県）と、宮崎県の高千穂町は、何れも「天孫降臨」の伝説を持つ。「天孫」とは、日本神話の主神であるアマテラスの孫にあたるニニギミコトのことで、さらにその曾孫が初代天皇の神武天皇となる。

　ニニギミコトは、霧島山麓の霧島神宮と、高千穂町の高千穂神宮で祭神とされている。

◎大隅半島

地域・資源	内容
鹿屋市	大隅半島の中央にあり、零戦などが展示されている**鹿屋基地航空資料館**が有名。
佐多岬	大隅半島および九州の最南端で、ソテツ、ビロウなどの亜熱帯植物が群生する。

■ 大隅諸島（屋久島と周辺）

◎屋久島 ★

　屋久島は佐多岬の南西60kmにある起伏が大きい島。

解説　世界自然遺産・屋久島の豊かな自然

　屋久島は、九州最高峰の**宮之浦岳**（標高1936mをいただく山岳島で、標高1000mを超える山が45座ほどあり、洋上アルプスと呼ばれている。高低差が大きいため、亜熱帯性植物を含む海岸植生から、冷温帯性のササ草地まで**植生の垂直分布**が存在する。また、屋久島は昔から「人2万、シカ2万、サル2万」といわれるようにシカとサルが多い。

　このような自然環境の高い価値が認められ、**屋久島国立公園**に指定されていることに加え、1993年には**世界自然遺産**に登録された。また、地元では自然と共生した**エコツーリズム**が盛んである。

地域・資源	内容
縄文杉	宮之浦岳の中腹にある、樹齢1000年を超える**屋久杉**の巨樹。屋久杉は屋久島の標高500m以上の場所に自生し、縄文杉以外にも紀元杉、大王杉などの巨木がある。
白谷雲水峡（しらたにうんすいきょう）	白谷川流域にある自然休養林、林床にシダ、コケなどが生い茂る深い森で、宮崎駿監督のアニメ映画「**もののけ姫**」の原始の森のモデルになったといわれている。
ヤクスギランド	標高1000m地点に入口がある自然休養林で、ヤクスギ、ツガ、モミなどの大木で構成される深い森。トレッキングを楽しめる。
永田浜	島北部にある永田浜は世界有数の**アカウミガメ**の産卵地。ラムサール条約登録湿地となっている。
西部林道	西海岸の永田と栗生を結ぶ海岸沿いの道路、通称「西部林道」。全長20kmのうち15kmが世界自然遺産地域に含まれ、海岸の天然林、ヤクザル、ヤクシカを観察できる。

縄文杉

白谷雲水峡

1 北海道
2 東北地方
3 関東地方
4 中部地方
5 近畿地方
6 中国・四国地方
7 九州・沖縄地方

◎種子島と口永良部島

屋久島の東に種子島、西に口永良部島があり、大隅諸島を構成している。

地域・資源	内容
種子島宇宙センター	島の南東端にある日本最大のロケット発射場。宇宙航空研究開発機構（JAXA）の施設。 種子島宇宙センター
口永良部（くちのえらぶ）島	温泉が豊富で、海釣りのポイントも多いため、1年を通して観光客が訪れる。全域が屋久島国立公園。

■ 奄美群島

奄美群島はかつて琉球王国の統治下にあったが、1609年以来島津氏が領有し、明治以後は鹿児島県となった。

珊瑚礁の海から山深い原生林まで、多様な亜熱帯の自然が息づいており、2017年に国内34か所目の国立公園として**奄美群島国立公園**に指定された。

地域・資源	内容
奄美大島（あまみおおしま）	沖縄本島、佐渡島に続いて大きな島。特別天然記念物の**アマミノクロウサギ**などの貴重な動物が生息する。**田中一村記念美術館**、伝統工芸を鑑賞・体験できる**大島紬村**、透き通る海の**大浜海浜公園**などの見所がある。 アマミノクロウサギ
喜界島（きかいじま）	全島ほとんどが珊瑚を起源とする石灰岩でできている。低い丘陵地が多く、サトウキビ畑などの開発が進んでいる。
徳之島（とくのしま）	奄美群島では最も広い耕地面積を持つ。牛同士を戦わせる**闘牛**は島民が古くから親しんできた伝統行事。
沖永良部島（おきのえらぶじま）	カルスト地形が多く見られ、地下には大小200〜300の鍾乳洞がある。江戸時代後期に**西郷隆盛**は奄美大島と沖永良部島で合計5年間の流人生活を送った。
与論島（よろんじま）	奄美群島最南端に位置し、沖縄本島最北端の辺戸岬が見えるほど沖縄県に近い。サンゴの死骸が白砂となって堆積した**大金久海岸**とその沖合に浮かぶ**百合ヶ浜**が有名。

1 北海道

2 東北地方

3 関東地方

4 中部地方

5 近畿地方

6 中国・四国地方

7 九州・沖縄地方

■ 鹿児島県の産業と特産物

農業

- **さつまいも＜本土＞**…生産量日本一。
- **畜産＜本土＞**…肉牛と豚の飼養頭数が日本一。
- **茶＜本土＞**…生産量は静岡県に次いで第2位。知覧茶などが名高い。

上記は何れもシラス台地に適した農業の形態として発展した。

解説 シラス台地と農業開発

溶岩台地の上に火山灰や軽石が厚さ数m堆積したもので、白っぽいことから「シラス」と名付けられた。鹿児島県本土の52%を占める。

シラス台地は地表水が乏しく、地下水位が低いために、古くから水不足に悩まされてきた。江戸時代に、**サツマイモ**が栽培されるようになってから急速に開発され、現在はそれに加えて**茶**の栽培、**畜産**も盛んとなっている。

食文化

- **鶏飯（けいはん）＜奄美群島＞**…米飯に、ほぐした鶏肉、錦糸卵、野菜などの具材と薬味をのせ、丸鶏を煮て取ったスープをかけて食べる料理。
- **薩摩焼酎＜本土＞**…全原料を鹿児島県産サツマイモ、水、米麹又はさつまいも麹を使用し、鹿児島県内で蒸留、容器詰めされた焼酎。
- **奄美黒糖焼酎＜奄美群島＞**…奄美群島で作られる、米麹とサトウキビからとれた純黒砂糖を原料に醸造した焼酎。
- **かるかん＜本土＞**…鹿児島をはじめとする九州南部の和菓子。米粉、砂糖、山芋で作る。

ほかに、**つけあげ（薩摩揚げ）、黒豚料理、黒酢、きびなご料理**。

伝統産業

- **大島紬＜奄美大島＞**…奄美大島の特産品で、手で紡いだ絹糸を泥染めしたものを手織りした平織りの織物。
- **薩摩焼＜本土＞**…「白もん」と呼ばれる豪華絢爛な色絵錦手の陶器と「黒もん」と呼ばれる大衆向けの雑器に分かれる。
- **薩摩切子＜本土＞**…薩摩藩が幕末から明治初頭にかけて生産したガラス細工・カットグラス（切子）。現在は復刻生産されている。

構成資産が全国に散らばっており、以下の8エリアに分かれている。

◆**エリア1 萩＜山口県萩市＞**…萩反射炉、恵美須ヶ鼻造船所跡、大板山たたら製鉄遺跡、萩城下町、松下村塾

◆**エリア2 鹿児島＜鹿児島県鹿児島市＞**…旧集成館反射炉跡、旧集成館機械工場、旧鹿児島紡績所技師館ほか

◆**エリア3 韮山＜静岡県伊豆の国市＞**…韮山反射炉

◆**エリア4 釜石＜岩手県釜石市＞**…橋野鉄鉱山

◆**エリア5 佐賀＜佐賀県佐賀市＞**…三重津海軍所跡

◆**エリア6 長崎＜長崎県長崎市＞**…小菅修船場跡、三菱長崎造船所、高島炭鉱、端島炭鉱、旧グラバー住宅

◆**エリア7 三池＜福岡県大牟田市、熊本県荒尾市・宇城市＞**…三池炭鉱（宮原坑、万田坑）、三池港、三角西港ほか

◆**エリア8 八幡＜福岡県北九州市ほか＞**…官営八幡製鉄所ほか

※上記は世界文化遺産の構成資産の名称であり、観光地としての呼称と若干異なる場合があることに注意。

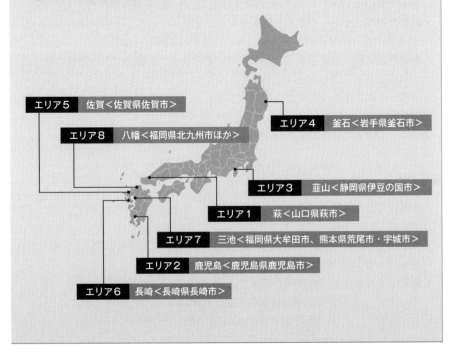

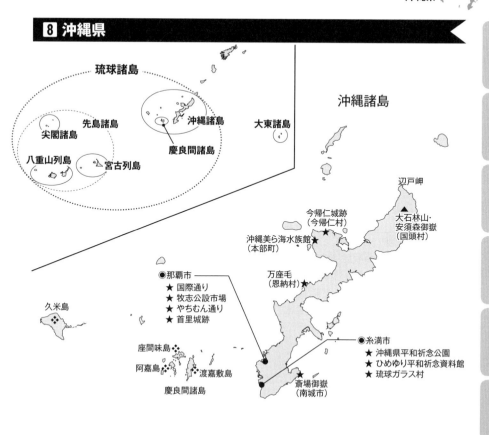

沖縄県

1 北海道
2 東北地方
3 関東地方
4 中部地方
5 近畿地方
6 中国・四国地方
7 九州・沖縄地方

8 沖縄県

琉球諸島

先島諸島

尖閣諸島

八重山列島　宮古列島

慶良間諸島

沖縄諸島

大東諸島

沖縄諸島

辺戸岬

今帰仁城跡
（今帰仁村）

大石林山・
安須森御嶽
（国頭村）

沖縄美ら海水族館
（本部町）

万座毛
（恩納村）

◎那覇市 ★
　★ 国際通り
　★ 牧志公設市場
　★ やちむん通り
　★ 首里城跡

久米島

座間味島

阿嘉島　渡嘉敷島

慶良間諸島

◎糸満市
　★ 沖縄県平和祈念公園
　★ ひめゆり平和祈念資料館
　★ 琉球ガラス村

斎場御嶽
（南城市）

解説　沖縄県の超略史

　1429年に中山王の**尚巴志**によって三山（北山、中山、南山）が統一され**琉球王国**が成立した。1609年に薩摩藩に支配されたが、「日中両属」の状態で王国は存在し続け、1879年の**琉球処分**で沖縄県となった。
　第二次大戦の末期には**沖縄戦**が行われ、地上戦における戦死者は20万人に上った。戦後は米軍による占領が1972年まで27年間続いた。

■ 沖縄本島
◎那覇市 ★

　那覇市（32万人）は、古くから琉球王国の首都・首里の貿易港であった。

地域・資源	内容
国際通り	県庁前から1.6kmにわたって続く道路。沖縄県で最も賑やかな通りであり、那覇最大の繁華街。
牧志公設市場	購入した魚介類・肉類などを調理してもらうことができ、また土産物類も豊富にそろうため、観光客にも人気が高い。
やちむん通り	沖縄の伝統工芸である壺屋焼の窯元や販売店が並ぶ。
国営沖縄記念公園（首里城地区）★	かつて海外貿易の拠点であった那覇港を見下ろす丘陵地にある。県内最大規模の**琉球王朝の城（グスク）**があった。現在は一帯が、国営沖縄記念公園（首里城地区）として整備されている。 ◆**首里城跡**…首里城は1945年の沖縄戦で完全に破壊され、1992年に正殿が再建されたが、2019年の火災で全焼し、2026年の復元を目指して取り組まれている。 ◆**園比屋武御嶽石門（そのひゃんうたきいしもん）**…国家の聖地である御嶽に続く石門。 ◆**玉陵（たまうどぅん）**…尚氏の陵墓。 ◆**守礼門**…首里城の楼門で、中国からの冊封使が来た際には国王や高官がここまで出迎えた。1958年に再建。
識名園（しきなえん）	琉球王家の別邸で、国王一家の保養や外国使臣の接待などに利用された。

識名園

解説 世界文化遺産「琉球王国のグスク及び関連遺産群」★

グスクとは琉球の城のことで、奄美大島から琉球列島全域にかけて、戦闘や祭祀のために造られた施設で多数存在する。

世界文化遺産として、右の図に示した9か所のグスク及び関連資産が登録されている。

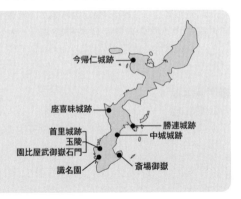

今帰仁城跡
座喜味城跡
勝連城跡
首里城跡
中城城跡
玉陵
園比屋武御嶽石門
識名園
斎場御嶽

1 北海道

2 東北地方

3 関東地方

4 中部地方

5 近畿地方

6 中国・四国地方

7 九州・沖縄地方

テーマで整理！ 日本の主要な市場

本書で登場した市場（市場としての機能を持つ商店街を含む）は以下のとおり。

◆北海道札幌市…二条市場

◆北海道釧路市…和商市場

◆青森県八戸市…八食センター

◆茨城県ひたちなか市…那珂湊おさかな市場

◆宮城県塩竈市…塩釜水産物仲卸市場

◆東京都中央区…築地場外市場、豊洲市場

◆石川県金沢市…近江町市場

◆愛知県名古屋市…柳橋中央市場

◆京都府京都市…錦市場

◆大阪府大阪市…黒門市場

◆兵庫県明石市…魚の棚商店街

◆山口県下関市…唐戸市場

◆高知県高知市…ひろめ市場

◆福岡県福岡市…柳橋連合市場

◆沖縄県那覇市…牧志公設市場

◎那覇市周辺（沖縄本島南部）

地域・資源	内容	
斎場御嶽（せーふぁうたき）（南城市）	国家的な祭事が行われてきた沖縄を代表する聖地。「せーふぁ」とは「最高位」、「うたき」とは「聖地」のこと。	斎場御嶽
沖縄県平和祈念公園（糸満市）	本島南端にある沖縄戦最後の激戦地で、**摩文仁の丘**とも呼ばれる。現在は公園として整備され、沖縄戦を中心とする歴史資料を展示する**平和祈念資料館 ★**、全ての戦没者の氏名を刻んだ**平和の礎（いしじ）**などがある。	
ひめゆり平和祈念資料館（糸満市）	沖縄戦で死亡した学徒隊の悲劇を伝える資料館。隣には慰霊碑（納骨堂）が建てられている。	

沖縄ガラス村 (糸満市)	琉球ガラス工芸協業組合が運営する共同生産・販売施設で、体験もできる。
玉泉洞(南城市)	沖縄県最大の鍾乳洞であり、洞窟全体の総延長は5000mに達する(公開部分は890m)。

豆知識　沖縄本島の南部に平和祈念施設がある理由

　アメリカ軍は4月1日に沖縄本島中部西海岸(北谷村、読谷村)から上陸し、首里方面へ向けて進撃した。これに対して日本軍は首里陣地本部を死守しようと反撃し、40日間もの攻防戦を展開した。

　5月下旬、司令部は首里を放棄して本島南端の**摩文仁**(まぶに)へ撤退し、沖縄戦の組織だった抵抗は6月23日に終了した。しかし、司令部を本島南部に移したことで、軍人のみならず多くの一般住民を犠牲にしてしまった。

◎沖縄本島中部

地域・資源	内容
今帰仁城跡(なきじんじょうあと)(今帰仁村)	琉球王国成立以前に存在した**北山**の王の居城であった。門から城の中心部へと向かう階段(戦後に造られたもの)の左右には**カンヒザクラ**の並木があり、毎年1月末〜2月初めに開花し、日本の桜前線の最初を告げる。
万座毛(恩納村)★	高さ約20mの絶壁で、象の鼻に似た奇岩がある。名前は、琉球王が岩の上の草地を「一万人が座れる広い原っぱ(毛は原っぱのこと)」と評したことに由来する。東側の**万座ビーチ**は本島随一のビーチリゾートとして知られる。
真栄田岬(恩納村)	東シナ海に突き出た岬で、本島屈指のダイビング・シュノーケリングスポット。近くの「青の洞窟」の人気が高い。
琉球村(恩納村)	伝統的な沖縄の村を再現したテーマパーク。文化に根ざしたショーや参加型ワークショップを開催。
国営沖縄記念公園(海洋博覧会地区)(本部町)	沖縄県の日本復帰を記念して1975年に開催された「沖縄国際海洋博覧会」を記念し、その跡地に整備された公園。

沖縄美ら海水族館(おきなわちゅらうみすいぞくかん)★	記念公園内の世界最大級の水族館。「ちゅらうみ」とは沖縄の方言で「清〔きよ〕ら(しい)海」という意味。現生最大の魚であるジンベエザメやマンタが回遊する姿が見られる。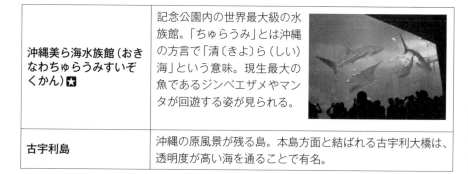
古宇利島	沖縄の原風景が残る島。本島方面と結ばれる古宇利大橋は、透明度が高い海を通ることで有名。

◎沖縄本島北部(やんばる国立公園)

2016年、国内33か所目の国立公園として、沖縄本島北部地域が「やんばる国立公園」として指定された。「やんばる(山原)」とは、「山々が連なり森の広がる地域」を意味する。

地域・資源	内容
辺戸岬(へどみさき)(国頭村)	沖縄本島の最北端にある岬で、好天の日は22km離れた奄美群島の与論島などを望むことができる。サンゴ質の絶壁から成り、岬上は広い台地となっている。
大石林山(だいせきりんざん)(国頭村)	辺戸岬の近くにある。日本唯一の熱帯カルストで、巨岩巨石が林立している。巨大なガジュマルや、6万本以上のソテツが自生する。
安須森御嶽(あしむりうたき)(国頭村)	大石林山の南にある琉球最高の御嶽(聖地)の一つ。沖縄の島々で最初に造られたとされる。辺戸御嶽とも呼ばれる。
茅打バンタ(国頭村)	高さ約100mの断崖絶壁。バンタとは方言で崖のこと。
与那覇岳(よなはだけ)(国頭村)	沖縄本島における最高峰で、標高は503m。

1 北海道
2 東北地方
3 関東地方
4 中部地方
5 近畿地方
6 中国・四国地方
7 九州・沖縄地方

豆知識　やんばる地域の生物多様性

やんばる地域は日本全体の0.1%にも満たない狭い面積であるが、全国で確認されている生物種の数に対して、鳥類の約半分、在来のカエルのうち約4分の1の種類が確認されている。

また、ノグチゲラ（沖縄県の県鳥）やヤンバルクイナをはじめとする多くの固有種が生息する。

ヤンバルクイナ

■ 慶良間諸島と久米島

ともに沖縄本島の西方にあり、沖縄諸島に属する。

地域・資源	内容
慶良間諸島	那覇市から西に約40km、フェリー等で1～2時間で行ける。大小20余りの島と周囲のサンゴ礁からなり、ケラマブルーと呼ばれる透明度の高い海で、ダイビングのポイントとして人気が高い。2014年に**慶良間諸島国立公園**に指定された。 ◆**座間味島**…古座間味（ふるざまみ）ビーチは白い砂浜とエメラルドグリーンの海で有名。**ザトウクジラ**の繁殖地であり、ホエールウォッチングができる。 ◆**渡嘉敷島**…諸島最大の島で、阿波連ビーチが有名。 ◆**阿嘉島**…北浜（にしばま）ビーチが有名。 渡嘉敷島（阿波連ビーチ）
久米島	全体に山がちだが、東海上に「**ハテの浜**」と呼ばれる全長5km以上もの美しいサンゴ洲島が連なる。また、史跡や昔ながらの雰囲気を残す集落もある。

1 北海道

2 東北地方

3 関東地方

4 中部地方

5 近畿地方

6 中国・四国地方

7 九州・沖縄地方

■ 先島諸島

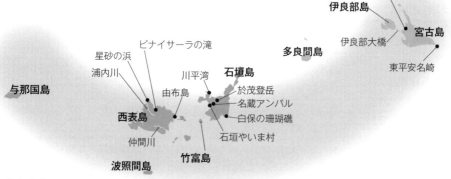

沖縄県

漲水御嶽

伊良部島

宮古島

伊良部大橋

東平安名崎

多良間島

星砂の浜

ピナイサーラの滝

石垣島

浦内川

川平湾

於茂登岳

名蔵アンバル

与那国島

由布島

西表島

白保の珊瑚礁

石垣やいま村

仲間川

竹富島

波照間島

◎宮古島 ★

沖縄本島から宮古海峡を経て南西に約300kmある。

地域・資源	内容
東平安名崎（ひがしへんなざき）	宮古島の最東端に位置する隆起サンゴ礁からなる岬。突端には「平安名埼灯台」があり、オーシャンビューのパノラマを見渡せる。
伊良部大橋	宮古島と伊良部島とを結ぶ橋。通行料金を徴収しない橋としては日本最長で、道路全体でも第4位。
漲水御嶽	琉球王国建国以前から信仰を集めている御嶽であり、宮古島の創生神話などの舞台でもある。

◎石垣島 ★

石垣島は**八重山諸島**の政治・経済などの中心地。那覇市から南西に410km離れており、その一方で、台湾までの距離は270kmしかない。海岸ではサンゴ礁の発達がよく、日本を代表するダイビングエリアの一つとして知られる。

地域・資源	内容
川平湾（かびらわん）	島北西部にある美しい湾。小島（くじま）などの小さな島が湾内に点在する。海中には数多くの種類の造礁サンゴが群落を形成しており、観光用のグラスボートから鑑賞することができる。潮流が強いため遊泳は禁止されている。

御神崎（おがんざき）	島の北西端の岬。海の展望と夕日の名所として知られる。
於茂登岳	石垣島最高峰、かつ沖縄県最高峰の山。頂上からは、川平湾を見渡せる。
名蔵アンパル	島西部にある、干潟とマングローブ林からなる景勝地で、ラムサール条約登録湿地。
石垣やいま村	名蔵アンパルを望む場所にある、古きよき八重山の家並みを再現した日本最南端のテーマパーク。
観音崎	島の南西にある岬。海の展望と唐人墓（奴隷貿易で犠牲になった中国人の慰霊碑）で知られる。
宮良殿内（みやらどぅんち）	島南西部の市街地にある琉球時代の屋敷。
白保の珊瑚礁	石垣島を代表する珊瑚礁で、シュノーケリングやダイビングスポットとして知られる。

解説　マングローブ ★

　熱帯や亜熱帯の河口など、満潮になると海水が満ちてくる潮間帯に生えている植物をまとめてマングローブと呼ぶ。マングローブの森は、カニ、魚、貝、エビなどが住み、水鳥の住処になっている。また、マングローブは、海の水質浄化という重要な役割を果たしていることが知られている。

◎八重山諸島の島々

地域・資源	内容
竹富島 ★	石垣島から高速船で約10分程（約6km）の距離にある。**白い石垣と赤瓦の家の町並み**は重要伝統的建造物群保存地区。この町並みを三線の演奏を聴きながら、**水牛車**に乗って観光することができる。

1 北海道

2 東北地方

3 関東地方

4 中部地方

5 近畿地方

6 中国・四国地方

7 九州・沖縄地方

西表島 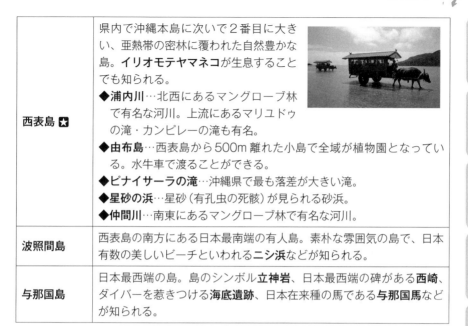	県内で沖縄本島に次いで2番目に大きい、亜熱帯の密林に覆われた自然豊かな島。**イリオモテヤマネコ**が生息することでも知られる。 ◆**浦内川**…北西にあるマングローブ林で有名な河川。上流にあるマリユドゥの滝・カンピレーの滝も有名。 ◆**由布島**…西表島から500m離れた小島で全域が植物園となっている。水牛車で渡ることができる。 ◆**ピナイサーラの滝**…沖縄県で最も落差が大きい滝。 ◆**星砂の浜**…星砂(有孔虫の死骸)が見られる砂浜。 ◆**仲間川**…南東にあるマングローブ林で有名な河川。
波照間島	西表島の南方にある日本最南端の有人島。素朴な雰囲気の島で、日本有数の美しいビーチといわれる**ニシ浜**などが知られる。
与那国島	日本最西端の島。島のシンボル**立神岩**、日本最西端の碑がある**西崎**、ダイバーを惹きつける**海底遺跡**、日本在来種の馬である**与那国馬**などが知られる。

■ 沖縄県の産業と特産物

食文化

- **沖縄そば＜全県＞**…中華麺に由来する製法の麺と和風のだしを組み合わせた、沖縄県の麺料理。
- **ゴーヤーチャンプルー＜全県＞**…ゴーヤー(ニガウリ)と豆腐などを炒めた沖縄料理。チャンプルーとは沖縄方言で「混ぜこぜにした」という意味。
- **いかすみ汁＜全県＞**…イカの墨を使った真っ黒の汁物料理。具材はイカ、豚肉、豆腐、葉物野菜など。

ほかに、**ちんすこう** ★ (小麦粉と砂糖とラードで作ったシンプルなお菓子)、**サーターアンダギー** (沖縄の揚げドーナッツ)、**海ぶどう**、**黒糖**、**泡盛** (沖縄県特産の蒸留酒)。

伝統産業

- **壺屋焼＜那覇市、読谷村＞**…沖縄を代表する陶器。登り窯を中心に灯油窯やガス窯なども用いながら伝統の技術と技法を受けついでいる。シーサーが有名。

解説 シーサー

　家の守り神・魔除けとして、建物の門や屋根など
に据え付けられる。名前の由来は、「獅子（しし）」が
沖縄の方言で「シーサー」にいい換えられたことが始
まりといわれる。

豆知識　沖縄の盆踊り「エイサー」

　本土の盆踊りにあたる沖縄の伝統芸能の一つで、主に各地域の青年会がそれ
ぞれの型を持ち、旧盆の夜に地域内を踊りながら練り歩く。

九州・沖縄地方のチェックテスト

1　毎年7月の博多祇園山笠などの祭事を行い、また、毎年5月の博多どんたくの
　　出発地にもなっている神社はどれか。
　　①宗像大社　②櫛田神社　③筥崎宮　④宇佐神宮

2　有明海に面した旧城下町で、どんこ船の川下りや、ウナギ料理で有名な街は
　　どれか。
　　①秋月　②柳川　③久留米　④大宰府

3　幕末の佐賀藩の海軍訓練場・造船所で、日本に現存する最古の乾船渠（ドライ
　　ドック）の遺構はどれか。
　　①三重津海軍所跡　②小菅修船所跡　③旧集成館　④三菱長崎造船所

4　古くから陶器の産地として知られ、特に茶碗は「一楽二萩三○○」と称されて
　　名高い場所はどれか。
　　①有田　②唐津　③伊万里　④呼子

5　長崎市にある我が国現存最古の洋風建築かつカトリック教会で、国宝に指定
　　されているものはどれか。
　　①田平天主堂　②浦上天主堂　③崎津教会　④大浦天主堂

6　火山と温泉が同じ県内の組み合わせになっているものはどれか。
　　①鶴見岳－指宿温泉
　　②阿蘇山－由布院温泉
　　③雲仙岳―小浜温泉
　　④霧島山－黒川温泉

7　阿蘇山の北側の外輪山にある、絶景で有名な場所はどれか。
　　①展海峰　②稲佐山　③大観峰　④皿倉山

1 北海道
2 東北地方
3 関東地方
4 中部地方
5 近畿地方
6 中国・四国地方
7 九州・沖縄地方

8　球磨川上流の盆地に広がる城下町で、熊本県唯一の国宝を有する神社と米焼酎で有名な場所はどれか。

①人吉市　②水俣市　③菊池市　④山鹿市

9　大分県北東部の瀬戸内海に突き出た半島で、古来より山岳信仰の場となり、両子寺などの寺院や磨崖仏が見られる場所はどれか。

①島原半島　②大隅半島　③佐賀関半島　④国東半島

10　大分県の特産品で、全国生産量の90%以上を占める柑橘類はどれか。

①かぼす　②ゆず　③すだち　④温州みかん

11　日南海岸南端にあり、天然記念物の御崎馬が棲息することで知られる岬はどれか。

①長崎鼻　②都井岬　③佐多岬　④大瀬崎

12　高千穂町に伝わる民俗芸能で、毎年11月中旬から2月上旬にかけて、町内のおよそ20の集落で奉納されるものはどれか。

①玉せせり　②トシドン　③夜神楽　④九面太鼓

13　歴史資源と自然資源の組み合わせのうち、鹿児島県にあるものはどれか。

①咸宜園―耶馬渓
②識名園－浦内川
③水前寺成趣園－菊池渓谷
④仙嶽園－曽木の滝

14　屋久島にある九州最高峰の山岳はどれか。

①中岳　②韓国岳　③高千穂峰　④宮之浦岳

1 北海道

2 東北地方

3 関東地方

4 中部地方

5 近畿地方

6 中国・四国地方

7 九州・沖縄地方

15 世界文化遺産「琉球王国のグスク及び関連遺産群」の構成資産である、国家的な祭事が行われてきた沖縄を代表する聖地はどれか。

①玉陵　②御神崎　③斎場御嶽　④万座毛

16 先島諸島の島を西から東に並べた場合に、正しいものはどれか。

①宮古島－西表島－竹富島―石垣島

②西表島－竹富島－石垣島―宮古島

③石垣島－宮古島－西表島－竹富島

④竹富島－石垣島－宮古島－西表島

さらに合格を確実なものにするために

～ 3 Step advice ～

　本書を熟読された皆さん、いかがでしたか？　今、皆さんの日本地理に関する基礎力は確実に向上したと思います。しかし、皆さんの合格をさらに確実なものにするためには、あともう少し必要なことがあります。

　本書冒頭の「はじめに」でもご説明したように、2015年の試験ガイドラインの改定と2018年の通訳案内士法の改正に伴い、地理試験は出題範囲も出題内容も大きく変化し、結果として、法改正後初めて実施された2018年度の全国通訳案内士試験では、最終合格率が9.8％という、直近12年間で最も低い合格率となりました。

　私たち新日本通訳案内士協会では、毎年合格したての新人ガイドさん向けに新人研修を実施していますが、9.8％の壁を乗り越えた2018年度の新人ガイドさん達は、語学力・知識力・プレゼンテーション力・臨機応変力・モチベーションなど、一段レベルの高い選りすぐりの人材であるというのが、私たち現場の講師の実感です。そして、この1年目の新人ガイドさんたちが2019年の春の繁忙期に全国通訳案内士として日本全国で活躍されました。

　試験制度や合格基準は確かに厳しくなりましたが、その結果として本当に実力のある方やガイドとしての適性のある方が合格する試験になったと言えるのではないでしょうか。

　以上のことから、これからの全国通訳案内士試験は、これまで通りの対策では合格が難しくなると言えます。そこで皆さんが1次試験の日本地理の筆記試験に合格し、2次口述試験という次のステップに進めるようにするために以下の3 Step advice をさせていただきます。

1st Step

↳【「つながりの地理」を観光地に結びつけよう!】

　本書を熟読することで、冒頭の講師メッセージでもお伝えした「地理がつながりの学問である」ことを皆さん実感されたと思いますし、皆さんの日本地理の基礎力も確実に向上したと思います。しかし、合格安全圏である70点を確実に取得するには、あともう一歩乗り越えるべき壁があります。それは、「地理情報を観光地に結び付ける」ということです。

　なぜなら、最新の地理問題の出題傾向は、固有の観光地に関する地理的事項が問われるからです。この新傾向に対応するためには、基本となる地域ごとの地理を押さえるだけでなく、個別の観光地に地理情報を結び付けていく必要があります。

　本書を監修している True Japan School では、観光地固有の地理や歴史を学ぶための講座を開催しています。本書で基礎的なつながりの地理を学んだら、ぜひ True Japan School に「観光地の地理」を学びに来てください。

2nd Step

↳【公開模試を受験しよう!】

　試験の合格を確実なものにするためにはなるべく多くの予想問題を解くことが重要です。そのためには公開模試の受験がお勧めです。全国通訳案内士試験対策講座を行っているどこの団体でも良いのでなるべく多くトライし、たくさんの問題演習に臨みましょう。模試を受験する際には、なるべく本番に即した問題を扱っている模試を選べると良いですね。

　なお、本書を監修した True Japan School では、年に4回、1月・3月・5月・7月に公開模試を開催しています。そこで力試しをすることをお勧めします。遠隔地の方のための自宅受験システムもあります。

3rd Step

【リアルな講師から学ぼう！】

　観光地固有の地理という出題形式は、実はガイドの現場に即した出題形式でもあります。ガイドは今目の前にある観光資源についての地理や歴史に関する話題を掘り下げてお客様に提供します。ですから、実際ガイドとして活躍している講師に学ぶことが何よりも有効です。

　True Japan School ではトップクラスの現役全国通訳案内士が講師を務め、単なる試験対策としてだけではなく、ガイドとしてデビューしてからも役立つ情報が満載の講座を開講しています。

【参考まで】

　現役の全国通訳案内士が指導する True Japan School では、公開模試・座学講義・関東と関西での夏季集中講義、eーランニング等で、１次試験対策や２次試験対策の各種講座を実施しています。

詳細は、ホームページ

https://ijcee.nbs-truejapan.jp/tjschool/

にて、ご確認下さい。

著者紹介及び関連組織紹介

| 著者 | 河島泰斗（かわしま　たいと） |

・全国通訳案内士（英語）
・総合旅行業務取扱管理者

　大学卒業後、公共政策コンサルタント会社に18年間勤務し、世界文化遺産登録推薦書作成（文化庁）、国立公園管理・利用計画策定（環境省）、その他多数の政策立案や行政計画策定に携わった後、観光業界に転職し現在に至る。

　幼少の頃から地図を読むことと旅行が趣味で、大学時代は地理学系の研究室に所属。また、30代に入ってからは日本酒に開眼し、日本酒の製造・販売に1年間従事した経験もある。これまで全都道府県で宿泊しており、各地の自然・観光・地酒・グルメなどに詳しい。

過去の執筆履歴：全国通訳案内士試験「実務」合格！対策

| 監修 | True Japan School（以下 TJS） |

　IJCEE 会員の出資により、通訳案内士の仕事の確保を目的とした True Japan Tour 株式会社（以下 TJT）が設立されました。TJT の旅行会社としての活動により、2017年の IJCEE 所属会員の年間総就業日数は述べ5,000日を超えました。

　TJT は全国通訳案内士への就業機会の提供だけでなく、資格を取得しようとしている方の合格へのサポート役として、2015年に予備校部門である TJS を立ち上げました。

　TJS では全国通訳案内士試験対策講座を年間を通して行っています。英語（ガイド受験英語・通訳技術・模擬面接等）、日本地理、日本歴史、一般常識、通訳案内の実務などの講座を行っています。これらの科目について従来の通学受講だけでなく、e－ラーニングによる講座提供を可能にすることで、全国津々浦々の受験生を支援しています。

　TJS の講座はトップクラスの現役全国通訳案内士が講師を務め、単なる試験対策としてだけではなく、ガイドとしてデビューしてからも役立つ情報が満載で大変好評です。2015年の設立以来、毎年多くの合格者を輩出しています。

| 関連組織 | 特定非営利活動法人日本文化体験交流塾 |

　NJGO、TJT、TJS の母体組織である IJCEE は、日本文化の継承・発展・創造を目指して2008年に設立されました。主に訪日外国人ゲストに対する通訳案内士の派遣や文化体験プログラム（寿司づくり、茶道、着物着付け、折り紙、風呂敷等）の提供と、全国通訳案内士や日本文化の講師に対する教育を2本の柱として活動してきました。

　2023年現在会員数は1,200名を超え、その中には全国通訳案内士や日本文化の体験講師が含まれます。

編集・校正協力　　　エディット
カバーデザイン　　　tobufune
本文デザイン・DTP　一柳　茂（クリエーターズユニオン）

改訂版
全国通訳案内士試験
「地理」合格！対策

2024 年 3 月 20 日　第 1 刷発行

著　者　河島泰斗
監修者　True Japan School
発行者　前田俊秀
発行所　株式会社三修社

〒 150-0001　東京都渋谷区神宮前 2-2-22
TEL 03-3405-4511　FAX 03-3405-4522
振替 00190-9-72758
https://www.sanshusha.co.jp
編集担当　黒田健一

印刷製本　日経印刷株式会社